친밀감이
부부갈등의
벽을 허문다

친밀감이 부부갈등의 벽을 허문다

개정 1쇄 펴낸 날 · 2011년 11월 1일 | **개정1쇄 찍은 날** · 2011년 10월 25일
지은이 · 성혜옥 | **펴낸이** · 김승태
등록번호 · 제2-1349호(1992. 3. 31) | **펴낸 곳** · 예영커뮤니케이션
주소 · (136-825) 서울시 성북구 성북1동 179-56 | **홈페이지** www.jeyoung.com
출판사업부 · T. (02)766-8931 F. (02)766-8934 e-mail: edit1@jeyoung.com
출판유통사업부 · T. (02)766-7912 F. (02)766-8934 e-mail: sales@jeyoung.com

Copyright ⓒ 2011 성혜옥
ISBN 978-89-8350-767-9 (03230)

값 13,000원

친밀감이 부부갈등의 벽을 허문다

성혜옥 지음

예영커뮤니케이션

차례

머리말

오늘날 사회는 여성의 사회적 활동의 참여가 늘어나면서 전문직 여성으로 인한 맞벌이 부부의 증가, 교육 및 경제적 부담으로 인한 낮은 출산율, 다문화 가족이 늘어남에 따른 문화적 변인 등으로 가족구조와 부부역할에 커다란 변화를 가져오게 되었다. 특히 부부의 역할이 자녀 양육과 경제적 책임을 감당하는 기능적인 역할뿐만 아니라 서로에게 개인의 가치를 인정하고 자아 존중감과 자신감을 갖게 만드는 친밀한 관계로 발전하는 정서적 역할을 더 많이 요구하고 있다.

많은 부부들이 완전한 사랑을 꿈꾸며 결혼을 통하여 안정적인 삶을 누리기를 원하지만 부부간의 정서 표출과 친밀감의 부족으로 인한 애착 갈등을 겪고 있다. 친밀감의 부족으로 인한 불안정한 정서적 유대는 신뢰가 바탕이 되는 관계 형성에 어려움을 주게 되어 비난하기, 경멸하기, 담쌓기 등 부정적인 고리를 만들게 된다. 이런 순환하는 부정적인 고리는 관계를 매우 어렵게 만들어 극단적인 상황으로 몰아가는 파괴적인 힘을 발휘하여 부부 관계를 더욱 악화시킨다.

통계청 발표에 의하면 해마다 부부 불화로 인하여 이혼하는 사례가 빈번하게 발생하고 20년 이상 동거한 부부의 이혼 비율이 계속 증가하고 있다. 이러한 사회적 현상과 아울러 사회, 교회, 가족 공동체 안에서 부부의 불화로 고민하며 갈등하는 사람들을 대하면서 그 해결책은 없는지를 고민하게 되었다. 또한 관계의 어려움으로 상담자를 찾아오는 부부·가족들은 이구동성으로 소중한 사람, 사랑하는 사람과 친밀감을 경험하지 못할 때 존중받지 못하고 무시당하는 느낌, 절망감을 경험하였다는 것이다.

현대의 가정은 서로 가치를 인정해 주지 않으면 가정생활이 위협을 받게 된다. 자아존중감이 낮아지고 부부 사이의 친밀감이 결여되면 개인의 행복이라는 가정의 목적이 달성될 수 없다. 왜냐하면 모든 갈등은 한 사람의 문제가 해결된다고 끝나는 것이 아니라, 관계 안에서 상호작용을 통하여 일어나는 부정적인 고리와 내적 작동모델이 되는 애착과 함께 움직이는 정서의 문제가 서로 연결되어 있기 때문이다.

프로이트는 "우리가 사랑을 할 때와 마찬가지로 고통을 받을 때도 방어를 계속한다."라고 하였다. 여성목회자로 목회사역의 현장에서 가정, 교회, 사회 안에서 부부·가족들이 겪는 갈등을 상담하면서 두려움 때문에 정서반응을 보이지 못하고, 억제하고 무시하거나 왜곡시킴으로써 역기능이 발생하여 고통을 경험하는 많은 사람들을 만나게 되었다.

필자는 단단하게 굳어진 갈등의 벽을 허물기 위하여 애착 갈등의 해독제가 되는 정서중심 부부치료(EFT)는 심각한 갈등을 겪고 있는 부부에게 큰 도움을 줄 것으로 확신한다. 먼저 정서중심 부부치료는 두려움, 외로움, 상처, 존재에 대한 상실감 등으로 드러나지 않고 숨겨져 있는 감정을 I-Message로 표현하게 함으로써 고통스럽게 하는 부정적인 고리를 약화시켜 갈등을 해소한다. 둘째 정서중심 부부치료는 관계 안에서 생기는 경직되고 좁아진 상호작용에 접근하여 이전에 가졌던 부정적 정서경험의 과정을 정서표현을 통하여 재처리해 줌으로써 갈등의 벽을 허문다. 셋째 정서중심 부부치료는 각각 상호작용을 통하여 일어났던 새로운 경험을 수용하기, 격려하기, 인정하기 등을 통하여 교정적 경험을 함으로써 부정적 고리를 긍정적 고리로 바꾸고 부부갈등의 벽을 허물어 친밀감을 형성하게 한다. 이와 같은 과정을 통하여 부부·가족이 안정적 결합을 하도록 접근하고, 상대 배우자의 경험과 반응을 인정해 주어 딱딱하고 좁아졌던 경험과 상호작용을 확대시켜 관계를 치료하고 회복하는 것이다.

그러므로 친밀감과 정서표출을 통하여 부부 갈등의 벽을 허무는 정서중심 부부치료(EFT)는 관계 안에서 갈등과 갈등이 해결되는 중요한 해독제로 작용함으로써 부부·가족치료에 혁명적인 역할을 감당하여 한국교회 기독교가정의 부부·가족뿐 아니라 커플, 친구, 선후배, 동료, 상사 등 다양한 인간관계의 갈등을 해소하고 행복한 삶을 만들어 가기를 소망하고 기대한다.

2011년 4월 30일
아름다운 이야기가 있는 **미담상담센터**에서
성혜옥

서론

　오늘날의 사회는 여성의 활동과 사회적 참여가 증가해 가고 있다. 이러한 문화적인 변인은 가족제도에 많은 변화를 가져왔다. 대가족 형태에서 핵가족 형태로 변화하고 있는 것이 가장 큰 예이다. 이런 가족 구조의 영향으로 부부의 역할은 더욱 중요하게 되었다. 이런 변화로 인하여 전통적인 여성의 역할을 요구하는 고정관념도 바뀌어 부부 관계의 패턴이 달라지고 있다. 특히 가정의 역할이 자녀 양육과 경제적 책임을 감당하는 기능적인 역할뿐만 아니라 서로에게 신뢰, 배려 및 존중을 요구하는 정서적인 역할로 변하고 있다.

　필자는 여성 목회자로서 남성들과 함께하는 사역의 현장에서 활동하면서 가정, 사회 그리고 교회 안에서 겪게 되는 갈등 때문에 고민을 하게 되었다. 그리고 더 나아가 교회현장의 소그룹 모임에서 가정 문제, 특히 부부의 불화로 생기는 갈등이 심각한 정도에 이르게 된 것을 발견하였다.

　많은 가정들이 결혼을 통하여 안정적인 삶을 영위하기보다는 부부간의 불화로 인해 삶의 질이 떨어지고 있는 것을 발견할 수 있다. 통계청에서 발표한 주요 이혼 사유와 같이 배우자의 부정, 가족간의 불화, 경제문제, 성격차이 등으로 매년 십만 쌍 이상이 이혼을 하였고, 특히 2008년도에는 11만 6천 건으로 많은 가정들이 부부 불화로 이혼하는 사례가 빈번하게 발생하였다.[1] 필자는 이러한 사회 현상과 아울러 사회, 교회, 가족 공동체 안에서 부부의 불화로 고민하며 갈등하는 사람들을 대하면서 그 해결책을 모색하게 되었다. 모든 갈등은 한 사람의 문제가 해결된다고 끝나는 것이 아니라 관계 안에서 상호작용을 통하여 일어나는 정서의 문제임을 알게 되었다.

정서중심 부부치료(Emotionally Focused Couple Therapy)는 제한되고 경직된 상호작용에 접근하여 정서경험을 재처리하고, 안정적 결합을 형성시키는데 중요한 접근성과 반응성을 유도한다. 이런 목표 달성을 위하여 정서중심 부부치료[2]는 정신 내적인 면과 대인관계적인 면을 다룬다. 즉 정서중심 부부치료는 애착과 관련된 정서반응을 통하여 개인의 내적 경험을 변화시키는 경험적 접근과 상호 작용 패턴을 변화시키는 체계론적 접근을 통합한 치료기법이다.

필자는 여성 목회자로 활동하면서 가정, 교회, 사회 안에서 교우들이 겪게 되는 갈등을 상담하는 과정에서 정서중심 부부치료가 부부 불화를 해결할 수 있는 좋은 치료법임을 발견하게 되었다. 정서중심 부부치료는 관계 안에서의 갈등과 갈등이 해결되는 가장 중요한 요소가 바로 '정서'(emotion)임을 밝히고 있기 때문이다.[3] 정서중심 부부치료 기법은 부부의 반응성과 접근성을 유도하여 정서적 경험을 재처리하고 재결합하게 하며, 또 정서적 교류가 힘들어지는 경우에는 분명하게 자신의 입장을 정리해 줄 수 있도록 개입 방법과 변화 과정을 명확하게 제시하고 있다. 북미, 핀란드, 호주, 대만, 중국 등 다양한 문화권에서 정서중심 부부치료가 이미 폭넓게 활용되고 있으며,[4] 한국에서도 정서를 도입한 아동, 사회 심리 등에서 여러 연구[5]들이 나왔지만 이것을 부부 치료에 적용한 것은 전무한 상황이다.

정서중심 부부치료의 공헌자로는 존슨(Johnson), 그린버그(Greenberg), 가트맨(Gottman) 등이 있다. 본 책은 1982년 정서중심 부부치료의 이론을 처음으로 전개한 수잔 존슨(Susan M. Johnson)[6]의 연구를 바탕으로 하였다.

존슨은 치료 과정에서 제3기 9단계적 접근 방식으로 상담을 전개한다. 하지만 본 연구에서는 제3기 7단계로 단축하여 적용하였다. 과거나 현재에 대한 진단이나 평가보다는 미래의 문제 해결 중심으로 나아가기를 선호하는 한국의 결과 중심적인 사회구조와 정서의 속성을 고려하여 제3기 7단계로 단축한 것이다. 정서중심 부부치료에서 중요하게 다루는 상호작용의 고리는 신속성(speed), 자동성(automaticity), 그리고 경직성(rigidity)으로 빠른 영속성의 특성을 가지고 있다. 그래서 파괴적이고 부정적인 고리를 빠르게 처리하지 않을 때 현재를 왜곡하고 제한하게 된다. 이런 부정적 고리의 특성을 감안하여 제 1기의 3 · 4단계를 하나로 묶어서 일련의 과정으로 처리하는 것이 안정성을 빠르게 찾을 수 있는 접근법이라는 사례 결과가 나왔다. 그 결과에 따라서 제 3기 7단계의 방법으로 진행하게 된 것이다.

일찍이 빌 게이츠(Bill Gates)가 2000년대의 키워드를 '속도'(speed)로 예견한 것처럼, 현대 사회는 개인이든 조직이든 속도를 가장 중요한 미덕으로 여기는 사회임에는 틀림없다. 그러므로 이 시대에 알맞은 빠른 판단, 빠른 행동, 빠른 변신이 요구된다. 이러한 관점에서 IT 산업을 위시하여 조선, 건설, 자동차, 철강 등의 분야에서 빠른 속도로 다른 나라를 앞설 수 있게 된 한국인의 문화전통[7]은 빠른 결과를 볼 수 있는 상담을 요구한다. 이에 정서중심 부부치료는 한국인의 사회적 맥락에도 잘 부합한다는 결론을 갖게 되었다.

또한 정서중심 부부치료는 중앙대학교 최상진[8] 교수가 정의한 한국인의 정서와도 적절하게 적용된다는 것을 밝힌다. 최상진 교수가 정의하고 있는 한국인의 심정심리[9] 중에서도 관계의 틀 속에서 자신을 규정하고 상대의 심정에 민감하게 반응한다는 점은 한국인의 사회적 행동을 이해하는데 정서중심 부부치료는 아주 적합한 상담 도구가 된다. 한국인은 심정심리의 중요한 요소인 정(情)과 한(恨)으로 문화적 감정을 표현한다. 한국인은 한(恨)의 억울한 감정과 자책 감정이 혼재된 상태에서 자기 수용과 수용부정의 모순된 감정을 교차적으로 경험하면서 안정적인 감정 체계로 된다. 또한 한(恨)을 표현하므로 상대의 공감을 얻어 오히려 한(恨)을 감소시킨다는 관점에서 보면, 정서중심 부부치료의 치료기법과 적절하게 부합한다. 정서중심 부부치료의 치료기법인 제한되고 경직된 상호작용의 정서반응에 접근하고 정서경험을 처리하여 안정적 결합을 치료 목적으로 하는 것과 같은 맥락이다.

또한 정서의 경험과 상호작용을 확장하여 안정적 결합을 만들어 가는 정서중심 부부치료는 리처드 니스벳(Richard E. Nisbett)이 자신의 책 『생각의 지도』에서 주장한 것과 같이, 논리를 중시하는 서양과 경험을 중시하는 동양의 차이점을 인정하므로 한국인에게 더 잘 적용될 것이다.[10] 한국인의 경우 유교문화의 영향으로 감정을 표출하기보다는 표현을 다소 억압받았기 때문에, 정서적 경험과 반응을 인정하여 내재된 정서를 표출하게 하는, 정서중심 부부치료의 치료법이 적합한 치료 기법이 될 것이다.

정서 경험과 반응을 표현하고 확장하여 정서를 표현하고 내담자의 고통스러운 정서를 인정하고 지지하여 안정적 결합을 할 수 있게 하는 정서중심 부부치료의 치료기법은 한국인의 정서에 더 효과적이다. 즉 이규태[11]의 『한국인의 힘』에서 말하는 겉으로 웃고 속으로 울며, 격한 감정의 노출을 은폐함으로써 남으로부터 자신을 보호하려는 한국인의 의식구조는 정서중심 부부치료가 적합함을 알 수 있다.

이어령의 『디지로그』에 담고 있는 한국인의 정서, 즉 조화와 융합을 상징하는 김치 패러다임, 독립된 개별의 음식 맛을 즐기는 서양과는 달리 혼성된 맛을 즐기는 비빔밥의 융합, 총체적 감각의 쌈 문화, 조화와 균형으로 물건을 운반하는 지게 문화 등에서 부분보다 전체를, 개인보다 관계를 우선시하는 한국인의 상호의존성과 관계성에 나타난 독특한 한국적 정서를 엿볼 수 있다. 정서중심 부부치료 모델에서 말하는 건강이란 자부심을 갖거나 타인과 분리되는 것이 아니라 상호의존성을 유지하는 것이다. 이에 개인보다 관계를 우선시 하여 상호의존성과 관계성을 갖는 한국인의 정서는 정서중심 부부치료의 치료에 좋은 강점으로 부각될 것이다. 이렇게 관계를 중시하는 한국인의 정서를 고려할 때 과거의 관계에 얽힌 문제에 대한 새로운 해결책을 촉진하는 8단계와 애착 행동의 새로운 태도와 고리를 강화하는 9단계를 한 단계로 묶어서 단축 치료하는 것이 더욱 효과적이다.

장로회신학대학교 오규훈 교수는 정(情)을 한국 사람들만이 느끼고 경험할 수 있는 독특한 뉘앙스를 지닌 문화적 감정으로 보고 있다. 그 정(情)은 한국 역사 속에서 사회적 및 문화적 영향을 받아 독특하게 형성된 "서로 좋아하는 것" 또는 "상호간의 친밀한 감정"이라고 하였다.[12] 이런 상호간의 친밀한 감정을 가지는 한국인 고유한 정(情)의 정서 바탕은 관계의 성공을 통하여 신뢰감과 친밀감을 회복함으로써 정서적 변화를 목적으로 하는 정서중심 부부치료와도 잘 부합된다.

오늘날 경제발전으로 생활의 편리함은 있지만 스트레스가 가중되고 있는 현실에서, 스트레스는 불안, 우울증을 동반하며 심리적 고통을 야기시킨다. 특히 여성들의 사회참여와 더불어 더 많은 사람이 우울증에 노출되고 있다. 스트레스는 한 개인의 문제뿐만 아니라 가족간의 문제와도 연결되어 가정의 안정에도 커다란 충격을 주고 부부 관계를 악화시킨다. 와이스먼(Weissman)[13]은 결혼생활의 불화는 스트레스, 우울증 발병의 중요한 요인이라고 보고 있다. 또한 부부의 불화로 인한 불행한 결혼 생활은 우울증에 걸릴 확률도 25배나 증가한다고 하였다. 본 연구는 정서중심 부부치료가 가족의 만성적 스트레스나 슬픔을 경험한 부부들에게 효과가 높다는 고든워커(Gordon-Walker), 존슨(Jonson), 매니언(Manion), 클로티어(Clothier)[14]의 연구에 근거하고 있다. 정서중심 부부치료는 오늘날 한국의 가족 현황에 매우 적합한 부부 치료의 모델이 될 것이다. 그리고 메타분석 결과 10-12회기의 치료 과정에서 행동적 개입을 받았던 불화 부부는 35%의 회복률을 보인 반면, 정서중심 부부치료에 참여한 자는 70-73%의 회복률을 보이는 등 90%가 중요한 진전을 보인 결과에 따라 정서중심 부부치료가 한국의 실정에 꼭 필요한 주요 이유가 되는 것이다.[15] 또한 일반적으로 정서중심 부부치료는 치료 종결 후에도 재발률이 낮아서[16] 부부 치료에 좋은 모델이 되고 있다.[18]

오늘날 우리가 경험하는 공동체의 생활은 개인의 독특성(uniqueness)과 관계성의 문제를 간과한 채 보편성만을 생각하고 처리하는 경우가 흔히 있다.[18] 특히 하나님이 주신 가장 기본적인 단위인 가정안의 부부 관계가 교회, 사회 공동체에 커다란 영향을 미치므로 정서중심 부부치료를 통하여 나타나는 관계성의 회복은 참으로 중요하며 꼭 필요한 치료법인 것이다. 정서를 무시한 채 잘못된 관계로 인하여 많은 사람이 고통에 갇혀 헤어나지 못하면 점점 해결의 실마리를 찾지 못하며 공동체 속에서 어려움을 겪게 된다.

정서는 기본적으로 분명하고 강한 동기를 가지고 있다. 예를 들어, 분노와 같은 정서는 싸울 힘을 실어 주어 공격자에게 대항하게 하고, 슬픔과 같은 정서는 상실감에 대항하여 타인의 관심을 유발시켜 도움을 받는다고 생각한다. 또한 수치심과 같은 정서는 타인에게 자신을 숨기고 사회 집단에서 스스로 물러나게 만들고, 두려움과 같은 정서는 투쟁심과 회피반응을 일으켜 상대방에게 배려의 마음을 유발하게 만든다. 그렇기 때문에, 약점을 표현하면 배려의 마음이 생겨 상대를 무장 해제시키고, 두려움과 갈등을 표현하면 동정적인 마음과 위로하고 싶은 마음이 생긴다. 그러므로 정서는 친밀한 관계에서 더욱 강제적이고, 강력하게 나타나는 특성을 가지고 있다.[19] 부정적인 정서가 지속되면 삶을 황폐화시키고, 또 부부의 문제가 가정, 사회, 교회에까지 영향을 미쳐 악순환은 반복된다. 그러나 부부 상호작용을 통하여 이러한 정서를 잘 처리해 주면 상대 배우자를 새로운 시각으로 바라볼 수 있게 되며, 실패로 인해 움츠려 들었던 배우자는 자신감을 회복하고 용기를 가질 수 있게 된다. 또 자기 안의 상처와 존재감의 상실로 서로 비난하던 배우자는 순화되어서 새로운 부부관계의 패턴인 긍정적인 정서를 갖게 되고, 건강한 부부관계를 회복할 것으로 기대된다.

본 연구는 한국의 특수한 정서와 문화에 적합한 한국적 7단계 정서중심 부부치료 모델을 한국 부부에게 적용할 것이다. 오늘날 가정, 사회, 교회 공동체 안에서 의사소통(communication), 친밀감(intimacy), 상호작용(interaction)의 문제로 어려움을 겪고 있는 현실에서, 정서적 교류와 친밀감 형성을 중요시하는 정서중심 부부치료는 가정과 사회, 교회 공동체에 많은 유익한 영향을 줄 것으로 기대된다.

이 책은 존슨의 정서중심 부부치료 이론에 근거하여 한국적 7단계 정서중심 부부치료 모델을 개발하고, 이를 적용하여 갈등하는 불화부부를 치료하는데 그 목적이 있다. 이러한 7단계 정서중심 부부치료가 관계불화로 제한되고 경직되어 있는 정서경험과 상호작용을 어떻게 확장하며, 또한 부부관계의 중요한 요소인 신뢰감과 친밀감의 문제가 어떤 정서적 변화를 일으켜 안정적 애착결합을 형성하고, 치료 및 회복되는지를 연구하며, 실제 상담사례를 제시하여 이론의 적합성을 검증하고자 한다.

정서는 관계를 유지하거나 또는 분열하게 하는 관계적 행동성향이라 정의할 수 있다. 정서의 역할을 중요하게 다루는 정서중심 부부치료는 상호작용 이면에 숨겨져 있는 정서에 접근하여 문제를 부정적 고리, 내재된 정서 및 애착의 관점으로 재구성한다. 그래서 부정적 고리를 약화시키고, 상호작용 태도를 변화시켜 어떻게 부부의 안정적 결합을 형성해 가는 것인지를 밝히는 것이 이 책의 주된 관심이다.

이 책은 존슨의 정서중심 부부치료를 소개하는 것에 그치는 것이 아니고, 정서중심 부부치료가 한국인의 정서에 왜 더 효과적이고 7단계 정서중심 부부치료 모델이 한국 부부에게 더 적합한지를 논하려는 것이다. 따라서 이 책의 논지를 전개하기 위하여 부부치료에 대한 모든 치료기법을 다루지는 않을 것이다. 다만 정서중심 부부치료의 한국적 적용에 있어서 불화 부부의 갈등해결을 위한 부부관계에 작용하는 정서에 대하여 논의하고자 한다. 다음 부부 관계에서의 정서에 대한 세 가지 예를 들어서 이 책의 전개의 출발점으로 삼고자 한다.

첫째, 존슨과 함께 정서중심 부부치료를 창설한 레슬리 그린버그(Leslie S. Greenberg)[20]는 부부 관계에서의 정서에 대하여 다음과 같이 말한다.

> 사랑하는 사람과의 관계에서 정서적 갈등은 빈번하게 나타난다. 그럴 때마다 배우자는 종종 후회스럽고 부적절하다고 느낄 때, 또는 사랑하지 않거나 사랑받지 않고 또 사랑할 수 없다고 느낄 때 무엇을 해야 할지를 모르게 된다. 사람들은 배우자에게 정서적으로 무엇을 희망할 수 있는지, 상대 배우자가 느끼는 것이 성숙하여 수용할 만한 것인지 또는 유치하여 받아들일 수 없는 것인지를 잘 모른다. 사람들은 정서에 대한 잘못된 인식으로 자신의 정서를 통제하는 것이 정서를 다루는 최선의 해결책인 것으로 믿고 있었으며, 오늘날과 같은 과학의 시대에서도 대중 앞이나 공식적인 자리에서 이성적이 되거나 감정을 억제하라고 교육을 받아왔다.[21]

그러나 부부관계에서 우리가 "사랑을 할 때와 같이 고통을 받을 때도 방어는 계속된다"는 프로리드(Freud)의 말처럼, 두려움과 같은 정서적 반응을 억제하거나 무시하거나 왜곡하면 역기능이 발생된다.[22] 또한 정서적 경험과 반응이 표현되지 않고 억압될 때, 부정적 고리가 생겨 인간의 고통을 야기하는 부정적 행동, 사고, 감정의 반복적 패턴이 나타난다. 이런 부정적 고리는 부부 불화의 주요 요인으로 대인관계에 어려움을 줄 뿐만 아니라, 이러한 정서 작용에서 받은 상처는 관계의 악순환을 되풀이하게 한다.[23] 그러나 정서적 경험과 표현은 치료자가 상호작용을 돕는 강력한 도구가[24] 되어, 부부의 안정적 결합과 결혼 만족도를 높여 준다.[25] 애착 지향적인 정서가 깔려 있는 배우자의 접근과 표현을 돕는 정서중심 부부치료는 결혼 만족도를 상승시키는데 아주 효율적이다.[26] 이렇게 정서중심 부부치료를 적용함으로써, 정서적 접근과 표현을 도와 불화의 원인인 부정적 고리를 약화시키고, 부부의 안정적 결합과 결혼 만족도를 높여 주고, 부부관계에 고통을 겪고 있는 불화 부부를 치료하는 것이 이 책의 주된 관심이다.

둘째, 존슨은 정서중심 부부치료에서의 불화 관계를 다음과 같이 말한다.

> 정서중심 부부치료에서는 불화 관계는 원래 부족하였거나 발달에 문제가 있어 지연되었거나 또는 사회적 기술이 미숙한 것이라고 생각하지 않는다. 오히려 배우자의 욕구, 욕망, 일차적 정서 반응을 건강하고 적응적인 것으로 보며, 이런 욕구가 위협받고 취약해졌다고 인식될 때 어떻게 반응하느냐에 초점을 둔다. 부부관계의 불화는 서로에게 결함이 있어서가 아니라 정서적인 몰입 상태에서 상호작용 고리의 강력한 반응으로 교착상태에 빠질 때 일어나는 현상이다. 이런 정서에서는 치료자가 내담자에게 다른 행동을 가르치는 것이 아니라, 배우자의 경험과 반응을 인

정해 주어 관계를 회복시켜 나가게 하는 것이다.[27]

정서중심 부부치료를 통하여 부부 관계에서 발생하는 파괴적이고 비합리적인 반응 이면에 "숨겨진 이유"(hidden rationality)[28]를 파악하여 성인 사랑(romantic love)의 기초가 되는 애착 욕구를 표현하게 함으로써 새로운 정서적 경험을 하고, 관계 회복이 되도록 하는데 그 목적이 있다. 정서적 경험과 표현은 친밀감의 중요한 일차적 요소로써 부부는 상호 작용 안에서 의식적으로 전달된 의사소통보다 비언어적인 정서를 더 신뢰하는 것을 관찰할 수 있다.[29]

사람들간의 상호관계는 정서적 경험의 원천이며, 정서는 일상적 삶에서 매우 중요하다. 정서는 우리가 무엇을 잘못했을 때 드러나며, 또한 우리의 욕구가 충족되지 않았을 때도 나타날 수 있다. 이런 정서는 친밀한 관계에 문제가 있다고 신속하게 말하기도 하고, 우리에게 해결해야 할 문제가 있음을 알려 주기도 한다. 만약 사람들이 서로 그들이 무엇을 느끼고, 욕구가 무엇인지 주목하지 않는다면 관계는 더욱 어려워질 것이다. 특히 친밀한 관계에 있는 부부는 이런 정서의 상호작용에 직접적인 영향을 받게 된다. 왜냐하면 정서는 사회적 기능과 밀접한 관계가 있어 출생 직후부터 즉각적이며, 자동적인 반응으로 행동하는 성향을 갖기 때문이다.[30]

이런 관점에서 부부 상호작용에서 친밀감(intimacy)은 건강하고 행복한 부부관계를 형성하는 주요 요인으로 작용한다. 부부는 하나의 단위로 되어 있지만 동시에 가족의 다른 하위체계에 서로 영향을 미치고 있다. 그래서 각 배우자와의 관계에서 나타나는 행동은 자신이 가지고 있는 질적, 양적 지식의 정보가 상대 배우자에게 작용하여 부정적인 고리를 만들고 갈등을 일으켜 불안을 조장한다. 이런 현상이 나타나는 것은 부부 관계는 상호 영향을 미치는 관계적인 존재이기 때문이다. 여기서 관계는 단순히 행동적인 부분으로 나타나는 것뿐만 아니라 정서적(emotional)인 부분까지 이해하는 양자적인 체계(dyadic system)[31]로 설명된다. 이런 맥락에서 부부치료에서 치료가 필요한 대상은 부부가 아니라 부부관계이며, 관계를 내담자로 봄으로써[32] 상호작용의 관계를 성공적으로 다루는 정서중심 부부치료는 치료를 통하여 친밀감과 신뢰감을 회복하여 부부의 정서적 변화를 경험하게 하는데 그 목적을 두고 있다.[33]

셋째, 부부 관계의 변화는 다음과 같다.

이혼이 부부, 가족 및 지역사회에 미치는 부정적인 영향으로 인하여 부부치료가 점차 정신건강 분야에서 중요한 개입으로 인식되었다. 특히 북미지역에서는 지역 공동체가 급격하게 감소하는 현상으로 인하여,[34] 사회 활동의 영역이 상실되어 우울과 불안이 가중되었다.[35] 그러므로 대부분의 사람들은 친밀한 배우자의 지지와 유대감이 점점 더 중요시되어 부부가 더 많이 의존하게 되었다. 사실상 사람들은 기능적으로도 두 사람으로 이루어진 친밀한 관계를 바탕으로 살고 있다. 이런 맥락에서 인간의 삶에는 친밀한 사람과의 질적인 관계가 중요한 부분이 되었다.

이런 현상은 우리나라에서도 찾아 볼 수 있는데, 최근 문화적인 영향으로 인하여 공동체적인 활동보다는 개인중심의 활동이 늘어나고 있는 것을 볼 수 있다. 이런 현상은 나라, 사회 심지어 가정에까지 영향을 미쳐 일반적으로 대화의 중심이 대가족전체가 아니라 부부 중심으로 변화되어 가고 있다. 사회나 교회에서 크고 작은 하나의 행사를 진행할 때 가족전체의 참여가 아니라 가정단위 특히 부부 중심으로 참여하는 현상이 늘어나고 있다. 이런 사회, 문화적인 영향으로 부부의 역할과 관계는 매우 중요한 위치를 차지하고 있다.

이처럼 정서중심 부부치료는 부부치료에 정서적 변화를 경험하고, 상호작용을 확장하여 불화관계를 회복하는데 중요한 역할을 차지하고 있으며,

이러한 이론의 기초 위에서 논지를 전개하려고 한다. 위와 같은 목적을 가지고 제기하는 연구문제는 다음과 같다.

연구 문제1: 부부 상호작용을 통하여 일어나는 정서에 어떻게 접근하고 반응하며, 부부간에 일어나는 부정적 고리를 어떻게 패턴화하고 조직할 것인가?

연구 문제2: 존슨의 정서중심 부부치료의 이론에 근거하여 불화부부를 치료하기 위한 한국적 정서중심 부부치료 모델을 개발하고 적용한다.

연구 문제3: 정서적 경험과 반응을 애착욕구와 애착 정서의 관점에서 표현하고, 상호작용을 확장하여 치료하는 7단계 정서중심 부부치료의 이론적 적합성을 상담사례를 통하여 제시한다.

오늘날 복잡하고 빠르게 움직이는 시대의 흐름으로 한 개인의 존엄성은 무시되고 상처를 받는 것이 우리의 안타까운 현실이다. 한 개인의 인격의 손상으로 가정은 건강하지 못한 영향을 받는다. 특히 그 가정의 중심인 부부간의 불화는 가족문제 전체로 파급되어 자녀들의 행동장애, 불안, 우울 등과 같은 행동적, 정서적 문제에 영향을 미치는 중요한 위험요인이 되어 서로를 힘들고 고통스럽게 만든다. 이로 인하여 종국에는 가정이 병들고 파괴되어 파탄의 위기로 나아가 별거나 이혼으로 나아가게 되는 것이다. 한 가정의 부부의 불화는 가정뿐만 아니라 사회의 작은 공동체에도 그 파장이 초래되어 인간의 행복을 보장할 수 없게 된다.

미시건 대학의 사회학자 제임스 하우스(James House)는 정서적 격리는 흡연이나 고혈압보다 건강에 더 해롭다고 한다. 그래서 우리는 모든 사람들에게 두 가지를 경고한다. "고통은 주어진 것이다; 혼자만의 고통은 참을 수 없는 것이다."(Suffering is a given; suffering alone is intolerable.)[36] 이런 관계불화는 우리의 면역과 호르몬 체계에 악영향을 미쳐 심지어 치료효과에도 영향을 미친다. 오하이호 주립대학 심리학교수 재니스 키콜트 글래이저(Janice Kiecolt-Glaser)는 신혼부부가 싸웠을 때 혈액의 샘플을 채취하여 조사한 결과, 스트레스 호르몬은 더 높았고 면역력은 훨씬 더 낮았진 것을 관찰할 수 있었다. 이런 실험의 결과에서 사랑의 관계의 질은 우리가 어떠한 정서적인 상태에 있느냐에 커다란 영향을 주는 요소임을 지적하였다.[37]

본 연구는 부부관계를 중심으로 정서중심 부부치료의 한국적 모델을 개발하고 이론의 적합성을 검증하기 위하여 실제 상담사례를 적용해 본 것으로 다음과 같은 방법으로 기술할 것이다.

첫째, 정서중심 부부치료 이론을 한국의 정서와 문화의 가치를 인정하여 적용하고자 하는 것이 저자의 기본적 입장이다. 불화부부의 관계를 치료하는데 정서는 매우 중요하다. 왜냐하면 정서중심 부부치료는 배우자의 애착 욕구, 애착 정서 그리고 내재된 정서를 표현하게 함으로써 상호작용의 태도가 변하고, 변화된 시각 즉 교정된 경험으로 배우자를 바라볼 때 부부관계에 회복이 일어나기 때문이다.

정서중심 부부치료의 이론적 기초를 이루는 애착 이론의 배경을 살펴보면 다음과 같다. 애착이란 "영아와 주 양육자 사이에 존재하는 특별한 정서적 유대"로 정의할 수 있다.[38] 애착 행동은 엄마가 아이에게 사랑을 느끼게 되고, 아이의 요구에 민감하고 신속하게 반응해 줌으로써 애착관계로 정착된다. 이러한 상호작용에 따라 안정되거나 또는 불안정한 애착관계가 형성되고, 이렇게 형성된 최초의 관계가 내재화되어 자신과 타인을 바라보는 인간관계의 기초가 되는 표상(representation)을 갖게 되고, 결국 이것은 개

인의 특성으로 평생 지속된다.[38)

이런 애착과 관련된 정서의 반응은 부적절한 것이 아니라 높은 수준의 정보처리 체계로서 분노, 두려움, 놀람, 기쁨, 수치·혐오, 고통·고뇌, 슬픔·절망 등과 같은 기본적이고 보편적인 것이며, 즉각적이고 자동적으로 반응하여 행동화하는 성향을 가진다.[40) 특히 상대방의 관심을 무시하는 극단적이고 강한 정서반응에서는 통제가 어렵고, 이런 반응이 불화 관계에서 나타날 때 상대방을 억압하게 된다. 또한 안정감과 욕구충족을 얻기 위하여 빠르게 행동하게 된다. 이와 같은 특성을 고려하여 정서중심 부부치료는 주목받지 못하고(unattended), 분화되지 않고(undifferentiated), 부인된(disowned) 일차적 정서에 초점을 두어 정서 경험과 표현에 대한 적응적인 반응을 유도한다.

그런데 부부관계에서 중요하게 다루는 정서는 한국인과 서양이 서로 다르다. 이런 정서의 특성이 부부관계에 그대로 반영되어 나타난다. 이런 맥락에서 내담자의 고통스러운 정서를 지지하고 인정하여 내재된 정서를 표출하게 함으로써 이것을 관계에 통합하여 불화 관계를 회복시켜가는 정서중심 부부치료의 치료기법은 한국인 부부의 정서변화에 더 잘 적용될 수 있다는 것이 본고의 논지이다. 서양과 다른 한국인의 독특한 정서를 부부관계에서 수용하고 인정하여, 정서중심 부부치료 9단계를 7단계로 수정한 한국적 모델의 이론적 근거를 한국적 정서에 바탕을 두고 기술할 것이다.

먼저, 정서중심 부부치료의 정서적 접근과 반응을 알아보기 위하여 한국인의 주요한 감정체계이며 핵심인 정(情), 한(恨), 체면을 중심으로 논문을 전개하고자 한다. 바꾸어 말하자면 한국의 문화인 정(情), 한(恨), 체면 문화에 관련된 정서들을 한국인에게 적용, 분석, 평가하여 정서중심 부부치료의 바람직한 한국적 모델을 모색하고자 한다. 따라서 한국인의 고유한 정서인 정(情), 한(恨), 체면 문화가 경험적 접근, 체계적 접근 그리고 애착 이론에 어떻게 근거하고 있는지를 찾아내는데 관심을 기울일 것이다.

한국인에게 있어서 사회관계적 맥락으로 볼 때 인간관계에서 가장 중요한 정서 중의 하나가 바로 정(情)이다. 정(情)의 정서는 한(恨)과 대조적으로 한국 민중의 주체자[41]로 서양에서는 이에 상응하는 개념이 없다. 정(情)은 대상에 대한 친밀감, 애정 그리고 자기희생에 대한 오랜 기간 동안 접촉한 결과로서 느끼는 애착 감정이다. 성인의 이런 관계 유형은 신뢰, 친밀감, 개방 및 강한 감정 표현을 유도한다. 부부관계는 상호의존의 기회, 존중된 사람과의 감정, 욕구 및 타인에게 가장 중요한 사람이 되는 기회를 제공한다는 것에 착안하여 한국 정서 가운데에서 찾아 나갈 것이다.

끝으로, 한국인의 고유한 정서인 정(情)은 한국 사람들이 인간관계에서 느끼고, 인식하고, 경험하는 '유대감'을 말한다.[42] 이 정(情)은 한국 역사 속에서 사회적 및 문화적 영향을 받아, 만들어지고 형성된 독특성을 지니게 된다. 이런 점에서 정(情)은 앞서 언급했듯이 '서로 좋아 하는 것' 또는 '상호 간의 친밀한 감정'인 것이다.

이런 친밀한 사람과의 의존감은 인간의 타고난 본성으로 유년시절에 나타나서 성장하면 사라지는 것이 아니다. 특히 정서중심 부부치료에서는 애착과 그에 관련된 정서는 친밀한 관계의 핵심으로 부부치료자의 주요 관심사이다. 이런 점에서 친밀감[43]이란 정서적 접촉을 통하여 유대를 강하게 만드는 것이다. 한국인의 정(情) 가운데에 흐르는 친밀감을 정서중심 부부치료에서 중요하게 다루는 친밀감과 연결하여 살펴볼 것이다. 그래서 한국의 독특한 정서를 정서중심 부부치료에 접목하여 부부불화 관계에 적용한다면 정서중심 부부치료의 효과를 더욱 크게 기대할 수 있을 것이다.

이미 부부 치료에 있어서 정서중심 부부치료를 북미, 핀란드, 호주, 대만, 중국 등 다양한 문화권에서 폭넓게 활용하고 있지만, 한국의 부부 치료에 적용한 것은 거의 전무하다. 본 연구는 한국적 모델을 개발하고, 부부

관계에 적용하고, 치료하기 위하여 수잔 존슨(Susan M. Johnson)의 저서와 정서중심 부부치료의 학술 연구가 실렸던 《가족과 결혼치료저널》(Journal of Marital and Family Therapy)을 바탕으로 전개할 것이다.

부부치료의 새로운 분야로서 최근 치료효과가 뛰어난 정서중심 부부치료를 한국적 상황에 적합한 치료모델로 개발하기 위하여 한국인의 심성과 문화적 상황을 고려하여 좀 더 치료시간을 단축하여 불화 부부에게 적용해 갈 것이다. 특히 정서중심 부부치료의 한국적 모델로 새로운 정서적 경험을 갖게 하고, 문제가 되었던 과거의 상호작용 부정적 고리를 개선할 때, 재구조화하는 새로운 수준의 정서적 교류를 유도할 것이다. 또한 비언어적, 상징적 표현으로 신랄하고 생생한 경험, 애착욕구와 두려움에 초점을 맞추어 두려움 때문에 정보처리, 상호작용 반응을 제한하거나 협소하게 하는 정서를 처리해 줄 것이다.

특히 내담자의 부부 갈등의 문제가 어떤 것인가를 알아보고, 문제해결의 정도를 알아보기 위하여 상담 전후 결혼만족도 검사(K-MSI, Korean Marital Satisfaction Inventory)[44]를 활용하였다. 이 검사는 정서중심 부부치료가 다루는 핵심적인 정서, 즉 일차적 정서의 접근을 위한 평가도구로 활용되었다. 결혼만족도 검사인 K-MSI는 전반적인 결혼 불만족 정도와 결혼생활의 11개 영역을 수준별로 구체적인 평가를 하는 것이다. 정서중심 부부치료의 접근을 위하여 하위척도로 정서적 의사소통 불만족 척도(AFC)에 주목하여 그곳에서 나타내는 애착정도, 친밀감, 부부의 상호작용, 배우자 지지의 정도, 정서적 의사소통을 측정할 것이다. 그래서 평소에는 감추어진 내담자의 일차적 정서에 접근하여 애착의 관점에서 상호작용을 재구조화하여 안정적 결합을 형성하고, 부부 상호작용 안에서 배우자를 통하여 느끼는 정서와 친밀감을 파악하여 관계 만족이나 지지 경험 등에 대한 불만족을 평가할 것이다. 특별히 한두 차례의 정서중심 부부치료 부부 공동회기 후 개인회기를 가지면서 부부가 서로 결합하도록 치료적 동맹을 강화하여 안전감을 느끼게 하고, 또 각자 부부가 상담자에게 수용받고 있다는 느낌을 갖게 하여 부부 각각 자신들의 목표와 욕구를 이해하도록 도울 것이다.

상담의 대상으로는 30대 부부를 선정하였다. 그 이유는 정서중심 부부치료의 연구결과 35세 이상의 부부가 가장 좋은 반응을 보인 점과 또 2009 통계청 발표에 의하면 2008년 연령별 이혼건수에서 남·여 30-40대가 가장 높은 비율을 차지하고 있기 때문이다. 상담은 부부 상호작용의 고리[45] 약화(De-escalation), 상호작용 태도의 변화, 강화와 통합의 순서 등으로 제3기 7단계로 상담을 진행했다. 상담이 종결되었을 때, 다시 한 번 설문지를 사용하여 부부의 정서적 변화가 얼마나 일어났는지를 확인하며, 이후에는 치료자보다 상대배우자를 더 의지할 수 있도록 변화를 지지해 주고 또 새로운 변화가 지속되도록 강화시켜 줄 것이다.

이 연구는 가족 특히 불화 관계에 있는 부부 갈등에 대한 해결책으로 새로운 한국적 정서중심 부부치료 치료 모델을 개발하여 부부관계에 어떻게 적용할 것인가를 밝히는 것이다. 1장에서 먼저 정서중심 부부치료의 이론적 배경을 밝히고, 2장에서 존슨의 정서중심 부부치료의 치료 접근방식에 대하여 논하고, 3장에서는 한국인을 대상으로 한 정서중심 부부치료 이론을 적용하고, 정서중심 부부치료의 한국적 모델을 부부 치료에 어떻게 적용하였는지에 대한 결과를 밝힐 것이다. 4장에서는 정서중심 부부치료의 한국적 모델이 정(情), 한(恨), 체면의 문화를 가진 한국인의 정서에 아주 잘 맞는 모델이었다는 것을 결론으로 다룰 것이다.

먼저 서론에서는 오늘날 변화된 가족제도 안에서 겪게 되는 부부의 다양한 갈등의 요인을 알아보고, 이런 불안정한 가정의 부부 불화를 치료할 수 있는 새로운 치료 모델의 개발 필요성과 연구 목적, 연구 내용 및 방법 그리고 연구 범위를 밝히는 것으로 되어 있다. 또한 이 논문이 어떠한 필요와 목적을 가지고 연구되었는지에 대한 소개와 함께 이 연구를 통해 기대되는 공헌과 영향 및 전망이 무엇인지를 약술하였다. 이어서 본고에서 사용한 모델을 언급하고, 어떻게 개발할 것인지에 대한 그 조사 방법을 소개하였고, 이 연구를 위하여 사용한 자료들에 대한 문헌을 소개하였다.

제 1장에서는 정서중심 부부치료 이론적 배경을 다룬다. 여기에서는 기독교 가정에서 부부의 불화 관계를 다루고 치료하기 위하여 부부 관계의 신학적 기초를 세우고, 부부 치료에 어떤 연구들이 선행되어 왔는지를 살펴보았다. 또한 정서중심 부부치료에서 중요하게 다루는 정서의 핵심적인 요소들 즉 정서의 특성, 정서의 경험과 표현, 정서의 유대와 친밀감, 상호작용에서의 정서, 결혼과 정서 그리고 유대와 애착이 부부치료에 얼마나 중요한지를 밝힐 것이다. 또한 정서중심 부부치료의 기본 가정, 핵심원리, 변화의 기전, 치료 핵심, 치료의 유익과 전망 그리고 존슨의 9단계 이론을 소개하고 기술할 것이다.

제 2장에서는 존슨의 정서중심 부부치료의 치료 접근방식을 다룬다. 여기에서 애착 이론에 기초하여 개인의 내적 경험을 강조하는 경험주의 이론과 상호작용 패턴의 변화에 중심을 두는 체계이론, 그리고 체계이론과 경험주의 이론관점의 통합 부분에 대하여 기술할 것이다. 경험주의 이론에서는 과정에 초점을 두고, 협력적인 치료동맹, 건강, 정서, 교정적 정서를 강조하여 기술할 것이다. 정서중심 부부치료 치료자의 기본 과제가 되는 세 가지의 핵심적 개입방법인 치료적 동맹의 형성과 유지, 정서 경험의 접근 및 재구조화, 그리고 상호작용의 재구조화에 실제적인 예를 든 치료적 전략 등을 강조하여 기술할 것이다. 애착 손상(attachment injury)으로 인해 치료가 교착상태에 빠질 때 개입과 치료적 적용에 대하여도 다룰 것이다. 또한 정서중심 부부치료의 기초를 두고 있는 애착 이론을 기술할 것이다. 애

착 이론에서는 로맨틱한 사랑의 기초가 되는 애착 이론의 배경, 기본 체계, 공헌 그리고 건강한 관계와 불화 관계의 관점에서 기술할 것이다. 애인스워스(Ainsworth)가 체계화한 애착 유형을 기술할 것이며, 이어서 성인 관계를 형성하는데 중요한 영향을 미치는 성인 애착 이론의 발전, 애착유형, 결혼 생활에서 애착 체계가 어떻게 적용되는지를 다룰 것이다

제 3장에서는 한국인을 대상으로 한 정서중심 부부치료 이론의 적용을 다룬다. 부부의 안정적 결합을 목표로 하는 정서중심 부부치료는 정서경험에 대한 접근성과 반응성을 유도하는데 왜 한국인에게 적합한지를 알아 보기 위하여 한국인과 서양인의 마음을 문화적 측면에서 비교해서 정리할 것이며, 한국인의 심성인 정(情), 한(恨), 체면의 문화를 살펴보고, 정서중심 부부치료가 왜 한국인의 심성에 잘 맞는지를 밝힐 것이다.

더불어 정서중심 부부치료 한국적 모델의 치료기법을 설명하기 전에 정서에 대한 분명한 개념을 정의할 것이다. 즉 정서의 반응은 부적절한 것이 아니라 적응적이고 반응적인 체계로서 즉각적이고도 자동적인 반응을 보이는 속성을 가지고 있다. 친밀한 관계에서는 더 강제적이고 강력한 특성이 있음을 강조할 것이다. 또한 강한 정서반응이 처리되지 않고 남아 있을 때 왜곡되고 제한을 받아 정서적인 고통을 주게 된다. 이에 초점을 두고, 정서중심 부부치료의 새로운 수준의 정서적 교류로 인하여 과거에 문제되었던 부정적 상호작용 고리가 재구조화되는 것을 기술할 것이다. 또한 정서중심 부부치료를 통하여 부부의 정서적 경험과 상호작용 반응을 확대하며, 긍정적인 결합의 결과로서 상호작용이 재구조화되어 부부가 안정적으로 결합하게 된다는 것을 강조할 것이다.

존슨의 9단계를 한국정서에 고려하여 개발한 제3기 7단계 한국적 모델을 소개하고, 모델 개발이 요구되는 점과 정서중심 부부치료의 시행 방법을 밝힐 것이고, 대상자를 30대 부부로 선정하게 된 타당한 이유를 기술할 것

이다. 정서중심 부부치료의 장점과 한국 상황에서의 정서중심 부부치료 필요성, 치료효과 및 유익한 점을 논할 것이다. 그리고 정서중심 부부치료의 두 커플의 실제 상담사례를 분석하고 정리하여 평가할 것이다.

결론에서는 본 연구에 대한 요약과 부부치료의 발전적 미래를 내다보며 제언할 것이며, 설문지와 참고문헌이 소개될 것이다.

1) 이혼한 부부 중, 20년 이상 동거부부가 차지하는 구성비는 전체 이혼 중 23.1%로 증가세를 지속하고 있다. 전백근, 박원란, "2003년 이혼 통계 결과,", 『보도자료: 당신의 성공파트너, 통계청』(2009), 1-23. http://www.nso.go.kr.

2) 이후부터 Emotionally Focused Couples Therapy(정서중심적 부부치료)를 정서중심 부부치료로 표기한다.

3) Susan M. Johnson, *The Practice of Emotionally Focused Couple Therapy*, Second Edition: Creating Connection (New York: Brunner-Routledge, 2004), 13.

4) 위의 책, 320-21; Susan M Johnson, "The Revolution in Couple Therapy: A Practitioner-Scientist Perspective," Journal of Marital and Family Therapy, Vol. 29, No. 3 (2003), 365-84.

5) 김영희, "3세 학급에서 나타나는 유아들의 정서적 요구와 교사반응이 갖는 교육적 의미," (미간행 박사학위논문, 중앙대학교, 2008). http://www.riss.kr/link?id=T11228584 ; 홍창희, "정서경험과 정신건강과의 관계: 정서표현성의 매개모델 검증," (미간행 박사학위논문, 전남대학교, 2003). http://www.riss.kr/link?id=T8987360.

6) 존슨은 캐나다 오타와 대학(Ottawa University)의 심리학 교수이며, 오타와에 있는 부부 가족치료 연구소의 소장이다. 그녀는 정서중심 부부치료와 정서중심가족치료의 주창자로 북미지역에서 널리 가르쳤고, 2005년에 국제적으로 정서중심 부부치료와 가족치료를 가르쳤다. 그녀는 가족 체계 연구에 대한 분명한 공헌으로 미국가족치료학회(the American Family Therapy Academy)로부터 상을 받았다. 존슨의 업적은 웹사이트 www.정서중심 부부치료.ca에 있다. 그

녀의 최근 출판물은 *Emotionally Focused Couple Therapy with Trauma Survivors: Strengthening Attachment Bonds*(2002), *The Practice of Emotionally Focused Couple Therapy: Creating Connection*, Second Edition(2004) 그리고 *Becoming an Emotionally Focused Couple Therapist: The Workbook*(2005)가 있다.

7) 정준, "빨리빨리 둔화와 느림의 철학,"『한국논단』, Vol. 144, No. 1 (2001), 126-29.

8) 최상진,『한국인 심리학』, 350-67.

9) 최상진, "한국인의 심정심리학: 情과 恨에 대한 현상학적 한 이해,"『한국 심리학회 대외심포지움』, Vol. 1993. No. 3 (1993), 3-21.

10) Richard E. Nisbett, *The Geography of Thought*, 최인철 역,『생각의 지도』 (서울: 김영사, 2009), 160-63.

11) 이규태,『절망을 희망으로 바꾸는 한국인의 힘1권: 무한한 잠재의식을 가진 한국인의 재발견』(서울: 신원문화사, 2009), 172-74.

12) 오규훈,『정과 한국교회』(서울: 장신대출판부, 2010), 28.

13) M. M. Weissman, "Advances in psychiatric epidemiology: Rates and risks for major depression," *American Journal of Public Health*, Vol. 77 (1987), 445-51.

14) J. Gordon-Walker, S. M. Johnson, I. Manion, and P. Clothier, "An emotionally focused marital intervention for couples with chronically ill children," *Journal of Consulting and Clinical Psychology*, Vol. 64 (1997), 1029-36.

15) S. M. Johnson, "The Revolution in couple therapy: A practitioner-scientist perspective," 365-84.

16) S. M. 존슨은 정서중심 부부치료 치료에 대한 연구에서 치료 탈락률이 낮은 이유는 정서, 애착욕구, 애착 두려움에 집중하고 있기 때문이라고 밝혔다. 단순히 갈등을 줄이는 방식으로 문제를 해결하기보다는 안정적인 정서연결에 치료 목표를 두기 때문이다. Susan M. Johnson, *The Practice of Emotionally Focused Couple Therapy,* Second Edition: Creating Connection. 59.

17) N. S. Jacobson, and M. E. Addis, "Research on couples and couples therapy: what do we know? Where are we going?" *Journal of Consulting and Clinical Psychology*, Vol. 61 (1993), 85-93.

18) 정연득, " 개인, 공동체, 그리고 이디엄적 자기,"『신학사상』, Vol. 139 (2007.

겨울호), 291-23.

19) Susan M. Johnson, *The Practice of Emotionally Focused Couple Therapy*, Second Edition: Creating Connection, 67.

20) 캐나다 터론토(Toronto) 요크(York) 대학의 심리학교수이며 심리치료 연구 클리닉의 책임자로 개인과 부부의 정서중심 부부치료를 처음으로 발전시켰으며 또한 인지 행동, 정신 역동, 대인 관계 그리고 해결 중심 등을 다양한 이론적 배경으로부터 실제까지 받아들여 이론을 통합하여 받아들였다.

21) Leslie S. Greenberg, *Emotion-Focused Therapy: Coaching Clients to Work Through Their Feelings* (Washington: American Psychological Association, 2007), ix-xiii.

22) Susan M. Johnson, *The Practice of Emotionally Focused Couple Therapy*, Second Edition: Creating Connection, 13-14.

23) Susan M. Johnson, Brent Bradley, Jim Furrow, Alison Lee, Gail Palmer, Doug Tilley, and Scott Woolley, *Becoming an Emotionally Focused Couple Therapist: The Workbook* (New York: Routledge, 2005), 337.

24) Susan M. Johnson, and Leslie S. Greenberg, "Emotion in intimate Relationships: Theory and Implications for Therapy," Susan M. Johnson, and Leslie S. Greenberg, *The Heart of the Matter: Perspectives on Emotion in Marital Therapy* (New York: Brunner/Maxel, 1994), 14.

25) Susan M. Johnson, and Leslie S. Greenberg, "Emotion in intimate Relationships: Theory and Implications for Therapy," 14.

26) Leslie S. Greenberg, *Emotion-Focused Therapy: Coaching Clients to Work Through Their Feelings*, 8.

27) Susan M. Johnson, *The Practice of Emotionally Focused Couple Therapy*, Second Edition: Creating Connection, 13-14.

28) 위의 책, 14.

29) Susan M. Johnson, and Leslie S. Greenberg, "Emotion in intimate Relationships: Theory and Implications for Therapy," 10.

30) Susan M. Johnson, *The Practice of Emotionally Focused Couple Therapy*, Second Edition: Creating Connection, 64-66.,

31) 한 쪽 배우자가 불안하고 회피적인 경우에 불만족하고 자신이 부담스러운 존재임을 느낄 때 그 불안이 배우자의 회피적인 반응으로 드러나 때로는 위협적이

거나 폭력적으로 변해가는 현상으로 정서와 행동에 영향을 미치는 것이다. T. Caffery & P. Erdman, "Conceptualizing parent-adolescent conflict: Applications from systems and attachment theories," *Family Journal: Counseling and Therapy for Couples and Families*, Vol. 8 (2000), 14-21.

32) Susan M. Johnson, *The Practice of Emotionally Focused Couple Therapy*, Second Edition: Creating Connection, 23.

33) Leslie S. Greenberg, *Emotion-Focused Therapy: Coaching Clients to Work Through Their Feelings*, 8.

34) R. D. Putnam, Bowling alone: The collapse and revival of American community (New York: Simon and Schuster, 2000); Susan M. Johnson, *The Practice of Emotionally Focused Couple Therapy*, Second Edition: Creating Connection. 3에서 재인용.

35) J. M. Twenge, "The age of anxiety?: The birth cohort change in anxiety and neuroticism," *Journal of Personality and Social Psychology*, Vol. 79 (2000), 1007-21.

36) Sue. Johnson, *Hold Me Tight: seven conversations for a lifetime of love* (New York: Little Brown and Company, 2008), 24.

37) 위의 책, 25.

38) J. Bowlby, *Attachment and loss*, Vol. 1 : Attachment, Second ed. (New York: Basic Books, 1982). 안동현, 최지은, "애착과 정신병리," 소아. 청소년정신의학, Vol. 15, No. 1 (2004), 40-60에서 재인용.

39) L. A. Sroufe, "The role infant-caregiver attachment in development," In J. Belsky, and T. Nezworski, Clinical implications of attachment (Hillsdale, NJ: Earlbaum, 1988), 18-38; Mario Marrone, *Attachment and Interaction*, (London and Philadelphia: Jessica Kingsley Publishers, 2006) 36-37, 43.

40) Susan M. Johnson, *The Practice of Emotionally Focused Couple Therapy*, Second Edition: Creating Connection, 65.

41) 오규훈, 『정과 한국교회』, 124.

42) 위의 책, 28.

43) 갤런드는 성경의 주된 주제들 중 하나가 친밀감이라고 했고, Heyward 는 친밀감이란 사람들의 가장 깊은 정체성의 의미(sense) 사이에 존재하는 근본적인 유대감이라고 했다. Diana R. Garland, *Family*

Ministry: A Comprehensive Guide, (Illinois: Inter Varsity Press, 1999), 163—69.

44) Douglas K. Snyder, *Marital Satisfaction Inventory*, 권정혜, 채규만 편역, 『결혼만족도검사』(서울: 학지사, 2007).

45) 여기서 고리는 고통을 야기하는 부정적 행동, 사고, 감정에 대한 반복적 패턴을 말한다. Susan M. Johnson, Brent Bradley, Jim Furrow, Alison Lee, Gail Palmer, Doug Tilley, and Scott Woolley, *Becoming an Emotionally Focused Couple Therapist: The Workbook*, 337.

제1장 정서중심 부부치료의 이론적 배경

1. 부부관계의 신학적 기초

오늘날 개인주의적인 사회문화현상의 영향으로 인하여 대인관계에서 자신을 개방하고 신뢰를 쌓아가는 대상으로 다른 어떤 대상보다 부부가 서로에게 더 의지하게 된다. 즉 자신을 더 개방하그 친밀한 관계를 유지하며 잘 적응할 때 건강한 가정으로 안정될 수 있다. 불안정한 관계가 형성되어서 부부간의 갈등이 심화되고 불안감이 조성되면 가정생활에 어려움이 야기된다. 불안정한 불화 부부들이 자신의 부부문제를 회피할 때 오히려 더 위협적이고 폭력적인 부부관계로 나타나는 것을 볼 수 있다.[1] 이런 상황은 오랫동안 정서를 어떻게 다루어야 하는지를 알지 못하고, 적절한 훈련을 받지 못했기 때문에 일어나는 현상이다. 대인 관계에서도 사람들은 자신의 느낌만을 믿고, 마음이 움직이는 대로 행동하는 경향이 두드러지게 나타난다. 또한 자기 자신을 통제하는 것을 배우거나, 정서를 다루는 기술적 지원을 받은 경험이 없었던 것이다. 그래서 자신의 정서는 스스로 조절하는 것이 최고의 해결책인 것으로 믿어왔기에 어떤 면에서는 너무 비정서적이라 할 수 있다. 대부분의 사람들은 정서적인 기교에 대한 명백한 훈련 없이 힘들게 살아왔다. 이로 인하여 부부가 서로 이해하며 격려하고 세워주는 협력적인 관계를 형성하지 못하고 상처를 서로 주고받고 갈등하며 살아왔던 것이다.

S. 엡스타인(Epstein)과 그린버그는 관계의 문제를 다음과 같이 말한다.[2]

> 엡스타인은 인간관계가 실제적으로 이렇게 복잡하게 된 것은 필연적으로 함께 살아갈 수 없는 2개의 "자기"(selves)가 있기 때문 이라고 하였다. 그린버그의 두 개의 자기는 하나는 말로 의사소통을 하고, 다른 하나는 몸의 감각운동 채널을 통하여 한다는 것이다. 그린버그는 언어와 경험의 이중성을 댄스와 드라마로 설명하는데 즉 배우의 제2의 분신이 다른 의식의 흐름으로 춤을 추는 동안, 배우는 서로 말로 죽음의 고통으로 괴로워하거나 즐거워하고 또는 이런 극단적인 상황 사이에 정서의 민감성을 이야기하는 것이다. 즉 자신이 계속적인 상호작용을 진행하는 과정 중에 지속적으로 자신의 경험을 이해한다는 것이다. 그 하나는 어떤 일이나 계획, 미래에 대한 것을 더 신중하게 생각하는 이성적인 의식의 방향으로 움직이는 자기이며, 또 다른 하나는 자율적인 것으로 충동적이고 민감하며 섬세한 경험적인 자기로 감각적인 의식의 방향으로 움직이는 것이다. 인간의 도덕성은 이성적인 것으로 오는 것이 아니라 즉각적인 감각으로부터 오는데, 특히 고통에 대한 느낌이 더욱 그렇다.[3] 즉 동정심(compassion), 공감(sympathy), 자비심(benevolence), 감사(gratitude), 정의(justice)는 이성으로부터 나오는 것이 아니라 다른 것에 대한 정서적인 느낌에서 나오는 것이다.

인간의 정서적 삶의 핵심은 친밀한 관계(intimate relationships)에 있다.[4] 엄예선 교수는 그리스도인 부부들에게 친밀성은 기독교 가정의 목적을 달성하기 위한 필수적인 요인이라고 하였다.[5] 또한 N. C. 워렌(Warren)[6]은 친밀성의 결여를 결혼의 첫 번째 적으로 보았다. 이런 점에서 부부 관계의 원활한 상호작용을 위하여 필요한 중요한 부분이 바로 의사소통이며, 더욱 중요한 것은 인간의 의사소통의 대부분이 친근함(closeness)과 소원함(distance), 지배(dominance)와 복종(submission)과 같은 섬세한 신호를 포함한 정서적인 의사소통에 있다는 사실이다. 이와 같이 부부 관계는 친밀한 결합(intimate connectedness)에 집중되어 있다.

불화 부부가 소원함(distance)에서 친근함(closeness)으로, 소외감(alienation)에서 친밀함(intimacy)으로, 격리에서 결합(connection)으로, 공격에서 공감으로, 권력 투쟁(power struggles)에서 존경과 평등(equality)으로 변화되도록 돕는데 정서는 중요한 요소로 인정을 받게 되었다.[7] 그러므로 불화 관계에 있는 부부가 어떤 정서적 상태에 있느냐 하는 것이 아주 중요한 요소로 작용하게 되었다. 하지만 지금까지 정서에 어떻게 접근하고 치료할 것인가에 대하여 분명하지 않았던 것도 사실이다. 그러나 최근 이런 개입에 대한 요구가 증가함에 따라 성인의 친밀한 관계를 발전시킬 수 있는 접근과 전략이 개발되고, 검증되었다.[8]

존 칼슨(Jon Carlson)은 이러한 관계의 뿌리를 애착에 있다고 보았다. 자신의 초기 양육자(care-giver)와 어떻게 지내느냐에 따라 우리의 삶의 모든 부분이 짜여진다는 것이다. 그것이 안전했는지, 중요한 것이었는지, 일관성이 없었는지, 부당한 것이었는지, 예측할 수 없는 너무 앞서나간 것이었는지 등을 고려하는 것이다. 이런 초기의 관계가 아이들과의 관계에서 뿐만 아니라 부부간의 관계에서도 나타난다는 것이다.[9] 또한 심리학자 앨런 거만(Alan S. Gurman)[10] 박사는 친밀한 관계에서의 애착 결합이 가장 근본적이고 명백하며 인간적인 것이라고 지적하였다.[11] 그리고 스티븐슨 힌데(Stevenson-Hinde)[12]는 애착 이론과 체계 이론을 적응적인 관계기능과 부적

응적인 관계기능으로 설명하면서 정서, 의사소통, 갈등, 지배를 변이의 핵심적인 역할로 인정했다.[13]

패럿(Parrott)[14] 부부는 세 가지 부부관계를 소개하였다. 첫째 A형의 관계는 지나치게 상대방에게 의존적인 관계로 배우자에게 무슨 일이 생기면 상대 배우자도 함께 쓰러지는 부부이다. 둘째 H형의 관계는 지나치게 독립적이어서 서로에게 끼치는 영향이 거의 없는 부부들이다. 셋째 M형의 관계, 가장 바람직한 모델로 이들 부부는 상호의존적이면서 동시에 충분한 독자성과 자아 존중감을 가지고 있는 부부이다.

포스트모던 시대를 살아가는 현대인들은 특히 과거 어느 시대보다도 더 많이 왜곡되고 굴절된 자아상을 가지고 있어서 부부관계에서도 많은 어려움을 겪고 있다. 성경은 인간이 기본적으로 관계적인 존재임을 밝히고, 그 관계 속에서 서로 만나고 대화할 수 있는 가능성을 가지고 있다고 말한다. 창세기에서 사람은 하나님과의 관계 속에서 자기의 자기됨을 확보한다고 하였다. 창세기 2장 7절에서 하나님이 아담에게 생기를 불어넣으시매 그가 비로소 생령 곧 온전한 생명체가 된 것이다. 또한 성경은 창세기 1장 27절에서 사람이 처음부터 남자와 여자로 만들어졌고 서로의 관계 속에서 자기됨을 이룰 수 있다고 하였다. 그래서 에덴동산의 아담과 하와는 다른 생명체들과 관계를 맺으며 이 관계 속에서 자기들의 정체성을 형성해 갔다. 다시 말하면 성경에서 인간은 하나님, 동료 인간, 그리고 자연 세계와의 관계 속에 있는 존재요, 그 관계 속에서 자기를 발견하는 존재로 그려지고 있다.

칼 바르트(Karl Barth)는 "하나님이 외톨이가 아닌 것처럼 사람도 외톨이가 아니다. 그렇지만 하나님은 하나이시고 하나님은 한 분만이 하나님이신 것처럼, 사람도 하나이고 그 혼자만이 사람이며 남자와 여자라는 이원성 안에서만이 사람이다."라고 했다.[15] 이처럼 부부는 하나님에 대한 관계의 기초일 뿐만 아니라 서로에 대한 관계의 기초로 상호 인간성 안에 존재한다. 사람은 홀로 존재할 수 없는데, 그 이유는 하나님이 우리들을 다른 사람을 만나도록 지으셨기 때문이다. 그래서 창세기 2장 18절에서 사람이 혼자 사는 것은 좋지 못하다고 하며, 다른 사람 안에서 자신을 인식하고 자신 안에서 다른 사람을 인식한다고 하였다.

위르겐 몰트만(Jürgen Moltmann)이 인격을 갈할 때 그것은 "행위와 관계의 주체자"로 존재하는 구체적이고 현실적인 인격을 뜻한다.[16] 그에게 있어서 세 신적 인격은 서로간의 관계에 있어서 구별될 뿐만 아니라 각자의 고유한 인격적 고유성으로도 서로 구별되는 존재들이다.[17] 그는 삼위 하나님의 일치를 말할 때 전통적으로 사용되어 왔던 상호 소통(perichoresis), 즉 삼위 하나님의 상호 내주(the mutual indwelling) 내지 상호 침투(interpenetration) 개념을 도입하여 삼위의 연합과 일치를 설명한다. 곧 그는 '페리코레시스'라는 용어를 통하여 인격과 관계라는 두 가지 주요 개념을 통합하면서 삼위의 온전한 연합을 말하고 있다.[18] 몰트만에 의하면 페리코레시스적인 연합은 관계성 속에 있는 세 신적 인격이라는 형식적인 의미 이상을 뜻한다. "페리코레시스라는 교리는 세 분 되심을 일치됨으로 축소시키지도 않고, 그렇다고 일치됨을 세 분 되심으로 소외시키지도 않으면서 하나님의 세 분 되심과 온전한 연합을 놀라운 방식으로 통합시킨다."[19]

창세기 1장 27절에서 인간이 바로 이런 하나님의 형상으로 지어졌다고 말한다. 그렇다면 인간 역시 타자에 의해 훼손되거나 조작되거나 타자의 일부로 흡수될 수 없는 고유한 인격성을 가지고 있고, 각 사람이 그 자신의 고유성과 주체성 그리고 존재 가치가 있음을 주장할 신학적 근거를 확보하게 된다. 그래서 하나님의 형상으로 지어진 가정 공동체의 부부 역시 비록 현실 속에서는 여전히 왜곡되고 조작되는 관계 속에 있지만, 그럼에도 불구하고 서로에 대한 사랑과 신뢰 속에 진정한 관계성을 가질 수 있는 것이다. 잭 볼스윅(Jack Balswic)과 주디스 볼스윅(Judith Balswick)은 가족관계의

4단계 모델을 언약(covenant), 은혜(grace), 힘의 부여(empowerment), 그리고 친밀감(intimacy)이라고 하였다.[20] 이런 가족 관계의 논리적 출발점은 언약적 서약이다. 왜냐하면 언약적 서약의 중심에는 무조건적 사랑이 있기 때문이다. 만약 이런 가족 관계가 깊어지고 발전하지 못한다면, 결국 언약이 아니라 계약에, 은혜가 아니라 율법에, 힘의 부여가 아니라 권력 소유욕에, 친밀감이 아니라 거리감에 고착될 것이다.

엄예선 교수는 기독교 가정의 부부 관계는 부부간의 친밀성이 필수적인 요소라고 하였다.[21] 이런 친밀성은 동등한 부부 관계에서만 가능하다. 만약 부부가 역할 면에서 동등함이 허락되지 않고 남성들에게만 리더십의 은사를 발휘함이 허용될 때 남성들보다 훨씬 더 많은 리더십의 은사를 가지고 있는 여성들의 은사가 사장되는 결과를 초래한다. 이것은 결국 하나님 나라가 이 땅에 확장되는 역사가 여성들의 은사가 사장되는 만큼 더 축소될 것이다. 또한 그리스도인 부부가 함께 사명을 잘 감당하기 위하여 좋은 파트너로서 의논하고 결정을 내려야 한다. 그러기 위해서는 두 사람이 서로 동등한 힘을 가지고, 서로의 의견을 존중해 주고, 서로 권면하고, 한 사람이 넘어질 때 다른 사람이 붙들어 일으켜 주는(전 4:10) 파트너십을 이루어야 한다. 또한 기독교 가정은 정의, 사랑, 화평 등의 하나님의 속성을 드러내어 믿지 않는 사람들로 하여금 행복하고 의로운 기독교 가정을 보고 하나님을 칭송하게 하는 목적을 가지고 있다. 그리스도인 부부가 존재의 가치적인 측면에서만 동등한 관계가 아니라 역할(기능) 면에서도 동등한 관계를 이루지 못할 때 그 속에는 정의 대신 불평등이, 사랑과 화평 대신 불만과 좌절과 갈등이 생기는 경우가 많으므로 세상 사람들이 그러한 가정들을 보고 하나님을 칭송할 수 없게 된다.

오늘날 쉽게 깨어지는 우리의 가정을 회복하기 위해서는 부부관계가 바로 서야만 한다. 가정 문제의 중심에는 늘 부부 관계의 문제가 있다. 정서의 문제로 부부가 서로 사랑에 어려움을 겪고 있는 불화 부부는 이런 성서적, 신학적 기초 위에서 관계를 회복해야 한다. 정서중심 부부치료는 정서적 경험과 상호작용을 확장하고, 관계의 성공을 통하여 신뢰감과 친밀감을 회복하여 정서적 변화를 유도하므로 성서적이다. 창세기 2장 24절에서는 "이러므로 남자가 부모를 떠나 그의 아내와 연합하여 둘이 한 몸을 이룰지로다."라고 말씀하셨듯이 하나님께서는 첫 가정을 만드시며 중요하게 말씀하신 것이 바로 부부관계이기 때문이다.

셀(Sell)은 아내와 합하여 한 몸이 되는 친밀함이라는 것은 육체적인 것 이상으로 인격적이고 정서적인 것이라고 하였다.[22] 또한 볼스윅(Balswick)은 친밀함이란 타락 전 가정의 필수적인 특징이라고 하였다.[23] 정동섭은 한국 기독교 가정들이 권위주의적이고 남성 중심적인 "유교적 가르침을 따르는 전통적 결혼관"에서 벗어나 "상호 복종"과 "상호 의존"에 기초를 둔 "기독교적 결혼관"을 정립해야 한다는 사실을 그의 글 "유교 문화와 한국의 가정"에서 지적하고 있다.[24]

이처럼 바른 부부관계 안에서 사랑을 회복하고 불화에서 벗어나 진정한 연합을 이룰 때, 가정을 통한 하나님의 축복이 가계에 흘러들어 부부관계가 회복된다. 부부의 연합, 즉 부부가 하나 되기 위하여 이런 성서적, 신학적 기초 위에 가정을 회복하여야 하며, 또한 최근 부부치료 분야에서 주목받고 있는 한국적 정서중심 부부치료 모델을 부부관계에 적용할 때 부부의 안정적 애착과 안정적 결합이 이루어지고 성서에 기초한 진정한 회복이 올 것이다.

2. 부부치료의 선행연구

정서는 원래 친밀감과 신뢰감에 연결되어 있고, 관계를 성공적으로 다루는 능력에도 밀접하게 관련되어 있다. 지금까지 발표된 부부치료에 관한 연구는 만족한 관계에서의 정서적 인식과 정서 표현에 대한 역할 및 치료에 있어서의 변화를 뒷받침해 준다. 특히 애착 이론을 바탕으로 배우자의 접근과 표현을 돕는 정서중심 부부치료는 부부 만족을 상승시키는 데에 매우 효과적인 것으로 알려져 왔다.[25] 부부의 갈등으로 인한 부부 불화(marital distress)에 대하여 수잔 존슨은 정서중심 부부치료를 도입하여 불안정한 애착[26]관계에 있는 부부를 안정적 애착관계로 변화시킬 때 진정한 부부의 연합과 회복이 이루진다고 하였다.

또 그린버그는 여러 해 동안의 연구, 실제(practice)와 반영(reflection)을 통하여 심리치료는 정서를 다루는 교육을 함으로써 더 유익하게 나타난다고 밝혔다. 여러 해 동안의 개인, 부부, 가족치료의 실제 경험에서 가장 두드러진 것은 치료자는 항상 사람들이 어떻게 정서를 더 효과적으로 다룰 것인가를 지도(coaching)하는 것이었다고 하였다. 미국 트리니티(Trinity) 신학교의 가정 사역 교수인 셀[27]은 "하나님에 의해서 창조된 가정의 기본 형태는 핵가족이며 핵가족은 남편과 아내의 관계에 가장 우선순위를 둔다."고 하였다. 이것은 지금까지 결혼과 부부치료의 중요성에 있어서 경험적, 이론적 임상을 통하여 증명된 것이며 현재 절실히 요구되는 것이다. 불화 부부에 관한 최근의 연구에서 정서적 경험과 표현이 관계를 정의하는데 핵심적인 역할을 하는 것으로 밝혀졌다.[28]

이렇게 가족치료 분야에는 과거의 전형적인 가족치료 모델뿐만 아니라 새로운 접근 방식이 많이 나타나게 되었다. 특히 포스터 모더니즘적인 사고가 사회 전반에 영향을 미치면서 가족치료 분야에도 변화의 바람이 일고 있다. 종전에는 해결 중심적이고 단기적인 치료법이 각광을 받았다면, 오늘날은 전형적인 기존 모델을 절충하거나 가족의 특별한 상황이나 처지에 맞는 모델을 통합하여 제시하는 치료법이 각광을 받고 있다. 그리고 상담자는 권위적인 태도에서 벗어나 가족들과 친밀한 대화를 통하여 서로 연합하고 문제를 해결하려는 움직임이 실제 많이 나타나고 있다. 이런 경향은 부부 치료에도 마찬가지이다.

지난 수십 년 동안 가정의 안정되지 못한 부부의 애착관계로 인하여 우울증, 분노, 불안, 초조감 등이 나타나 자신뿐만 아니라 타인에게까지 부정적인 영향을 끼친 경우를 매우 많이 발견할 수 있다. 심지어는 이혼의 위기나 심지어 가정 파괴로까지 발전하여 가족의 고통은 점점 더 심해져 갔다. 알렉산더(Alexander)와 바우콤(Baucom) 등은 현재 여러 연구 결과를 토대로 부부 불화(marital distress)를 치료하는데 있어서 그 효과가 명확하게 검증된 두 가지 치료법으로 행동부부치료(Behavioral Marital Therapy)와 정서중심 부부치료를 들고 있다.[29] 이 두 가지 치료법은 요크(York) 대학교의 그린버그에 의해 1985년부터 부부치료 분야에서 그 효과가 검증되어 이미 시행되고 있다. 그 중 정서중심 부부치료는 애착 이론과 경험주의적 가족치료 및 체계론적 접근방식을 바탕으로 현재 미국, 캐나다, 유럽에서 활발하게 시행되고 있는 모델이다.[30] 특히 애착 이론은 어른의 친밀감을 이해하는데 좋은 이론적 상황을 제공해 왔다. 그래서 이 애착 이론은 최근 사회심리학자와 부부치료자들에 의해서 로맨틱한 사랑과 부부 불화, 즉 자율적 정서반응을 억제해서, 부부 상호작용과 서로의 경험의 폭을 좁히며 지나치게 경직된 상호작용에 빠진 부부를 이해하는데 가장 유용한 이론으로 받아 들여졌다.[31] 뿐만 아니라, 정서중심 부부치료는 이 이론적 기초가 되는 두 가지의 관점, 즉 애착 이론을 기초로 한 경험적 접근과 체계적 접근을 치료에 적용하고 있다.

존슨[32]은 《가족과 결혼치료저널》(*Journal of Marital and Family Therapy*)의 "커플 치료의 혁명"(The Revolution in Couple Therapy: A Practitioner—Scientist Perspective)에서 아주 새롭고 혁명적인 부부치료를 소개하고 있다. 즉 정서중심 부부치료가 현재 최고의 부부치료의 결과물인 것으로 소개하고 있다. 임상과 연구결과에서의 중요한 차이점은 내담자가 가지고 있는 본질적인 기질이 아니라 치료자의 수준에 달려 있다는 것이다. 성장할 수 있는 영역은 불화 부부와 변화의 과정, 즉 "개인적인"(individual) 장애에 대한 효과적인 개입으로서의 부부치료, 성에 대한 연구, 치료에 대한 반응, 성인 애착에 대한 연구와 같은 임상적인 연구에 관한 부부치료의 통합에 있다. 실제 과학자들은 체계적인 관찰을 통해서 또는 연구자들이 임상과 관련된 욕구를 가짐으로써 정서중심 부부치료 분야에 공헌할 수 있다고 주장한다. 부부치료는 이런 서술(description), 예측(prediction) 및 설명(explanation)을 통합하는 과정이다. 그 결과, 실제적이고 체계적인 연구가 일관성 있고, 또 활발하게 시작되고 있다.

또한 존슨[33]은 《가족과 결혼치료저널》의 "만성질환 자녀를 가진 커플을 위한 정서적으로 맞춰진 개입"(Emotionally Focused Interventions for Couples with Chronically Ill Children: A 2—Year Follow—up)에서 만성적 질병을 앓고 있는 아이를 가진 부부는 실제적 부부 불화를 겪을 위험성이 높다는 것이다. 이 연구에서도 부부 불화를 감소시키는 정서중심 부부치료의 효능에 대하여 평가를 받았다. 이 연구를 뒷받침하기 위해 만성질병을 앓고 있는 아이를 가진 30명의 부부에게 치료 후 2년이 지난 후에도 지속되는지를 관찰한 결과, 부부 기능의 향상은 단지 유지될 뿐만 아니라, 어떤 경우에는 2년 이후에 더 좋아졌다는 것이다. 이런 무작위 연구에 의하여 정서중심 부부치료가 좀 더 오랫동안 효과가 있다는 것이 처음으로 증명된 것이다.

그리고 Johnson et al.,는 미국 학회지인 《결혼과 가족치료 저널》에 게

재된 "결혼과 가족치료의 실제에 대한 핵심적인 능력 개발"(The Development of Core Competencies for the Practice of Marriage and Family Therapy)에서 2003년 미국의 건강과 정신건강의 돌봄에 있어서 "질적 차이"(quality chasm)라고 불렀던 것에 대한 일련의 국가 정책의 반영으로서, 미국의 결혼과 가족치료 협회(The American Association for Marriage and Family Therapy)는 결혼과 가족치료의 실제에 대한 핵심능력을 향상시키기 위하여 발족한 테스크포스(a task force)팀을 설득하였다. 테스크포스팀은 결혼과 가족치료자들의 물음에 대한 대답과 기본 교육의 결과에 대한 요청에 반응을 보였다. 핵심능력 개발에 대한 연구는 결혼과 가족치료 분야를 정신 건강의 첨단기술의 위치로 옮겨 놓았다. 이런 연구를 통하여 핵심 능력의 개발, 능력에 대한 개발과정의 결과, 또 그들의 계속적인 개발에 대한 추천과 실행을 기술하면서 정서중심 부부치료를 한층 더 발전시켰다.[34]

지금까지 부부치료에 사용된 해결 중심적 접근은 해결과 문제라는 극단적인 양면에 초점을 두어 경험주의적 접근에서 중요한 부분인 인간을 제외시켰다. 정서중심 부부치료는 해결이나 문제 지향적이기보다는 인간 지향적이다. 경험주의적 접근에서는 인간이 언제나 문제보다 중요하고, 인간이 문제에 대한 해결책도 갖고 있다고 본다. 또한 정서중심 부부치료와 보웬(Bowen)의 모델을 비교해 보면, 정서중심 부부치료는 교정적 경험을 중시하고, 보웬은 합리성과 병식, 특히 세대간 병식과 객관적 태도를 높일 수 있는 지의 모델을 중시한다. 보웬의 관심은 이성과 정서체계를 분리하여 인간이 심하게 흥분된 상호작용 중에서도 반응하지 않고 핵심적 자기를 잃지 않는 데 있다. 이에 반해 정서중심 부부치료 모델은 반응하는 이면의 일차적 정서를 밝히고 통합하는데 그 초점을 두고 있다. 정서를 이용한 적응적인 반응을 유도한다. 보웬은 적응적 반응을 자제시키려 하지만 경험주의와 애착의 관점에서 보면 정서는 언제나 존자하며 근본적으로 적응적이기 때문에 정서와 사고를 분리하는 것은 불가능하고, 그것이 가능하다 하더라도 별 도움이 안 된다. 보웬은 특히 청소년과 가족간의 삼각관계에 초점을 두었다.

정서중심 부부치료는 효율적인 의존성에 초점을 두었고, 의존적 욕구를 적응적인 생존전략으로 생각하며 이러한 욕구가 때로는 경직되고 억제될 수 있다고 보았다. 정서중심 부부치료는 관계의 문제를 정서적 회피, 단절, 만성 불안이라고 보고, 긍정적 연결을 통해서 융통성이 발휘되고 차이가 쉽게 극복될 수 있다고 보았다. 또 보웬은 사랑과 지지를 요구하고 칭찬을 받으려고 하고 타인을 즐겁게 하려는 과정을 미분화의 결과로 보는 반면 정서중심 부부치료의 애착지향적인 접근에서는 기본적인 인간의 욕구를 표현한 것으로 보았다.

정서중심 부부치료 모델에서는 내적 경험의 변화인 정신 내적인 부분(intrapsychic)과 상호작용 패턴을 변화시키는 대인관계적인 부분(interpersonal)을 다루고 있는데, 기존 가족치료는 개인의 내적 경험을 변화시키는 정신 내적인 부분을 간과하고 있다.

가트맨은 30년 이상 부부관계를 연구하고 치료하면서 주장하고 있는 치료이론은 행동의 교환과 의사소통 및 갈등해결이었다. 행동 교환은 부부의 상호작용에서 긍정적 행동의 비율을 증진하는 것으로, 그것을 가르치는 기술이 의사소통 및 갈등해결이었다.[35] 그런데 그 후 의사소통 및 갈등해결의 기술에 대한 강조를 철회하고, 배우자에 대한 긍정적 정서에 초점을 두었다. 가트맨은 특히 부부의 정서에 초점을 두었는데, 부부 개인의 정서에 대한 상호작용의 과정과 변인을 집중 분석하고, 부부관계에서의 정서를 측정하기 위하여 다음의 세 개의 영역, 즉 상호적 행동, 지각, 그리고 생리기능에 초점을 두었다. 가트맨은 부부의 얼굴표정, 목소리, 신체동작, 그리고 발화내용을 각각 측정하고, 녹화된 표정 등에 대한 자료의 특정에 두 관찰자가 평가해서 신뢰도를 계산하였다. 가트맨이 관심을 갖는 것은 부부의 상호성은 남편이나 부인이 정서를 표현했을 때 배우자에게 미치는 영향으로 부정적 정서에 대해 배우자는 부정적 정서로 반응하고, 긍정적 정서에 대해서는 긍정적 정서로 반응할 가능성이 높으며, 이것을 "정서의 상호성"(Affect Reciprocity)이라고 하였다.[36] 그는 안정적 부부관계에서 긍정적 정서와 부정적 정서의 비율이 5:1이지만, 이혼하는 부부관계에서는 1.25:1이라고 주장한다. 특히 가트맨은 부정적 정서를 유발하는 행동은 "파멸의 기수"(The Four Horseman of the Apocalypse)라고 하였고, 그것은 비난(Criticism), 방어(Defensiveness), 경멸(Contempt), 냉담(Stonewalling) 등이었다.[37] 부부관계의 상호성을 느낄 수 없는 무감각이 지속되면, 가정이 하숙집과 같은 반응을 나타난다. 심지어 표정이나 행동에서 서로 긴장하고 있지만 서로 긴장하고 있다는 것을 의식하지 못하고, '우리 부부는 아무 문제가 없다.'고 말한다. 부부 사이에서 긍정적 정서의 상호성이 부족하고 부정적 정서의 상호성이 존재하는 것을 서로 인정하지 않는 것이다.

가트맨은 자신의 부부치료 목표를 다섯 단계로 제시하였다.[38] 이것은 The Sound Relationship House Theory를 기초로 다음과 같이 구성되어 있다. 첫째, 냉담과 악순환에서 대화로의 전환이다. 둘째, 치료자가 없이 부부싸움을 진행하는 능력의 증진이다. 셋째, 사회적 기술의 학습이다. 여기에는 의사소통 및 갈등해결에 사용하는 6가의 기술이 있다. 즉 1) 배우자의 상호작용에서 '파멸의 기수'를 알고 그에 대한 해독제를 사용하는 것이다. 비난의 해독제는 논쟁을 문제에만 국한하는 것이고, 방어의 해독제는 부분적이라도 책임을 인정하는 것이고, 경멸의 해독제는 부부관계에 인정과 감사의 문화를 만드는 것이고, 냉담의 해독제는 스스로 위로하고, 적절하게 멈추고 도망가지 않는 것이다. 2) 부드러운 문제의 제기이다. 3) 배우자로서의 권리를 인정하는 방법의 능숙함이다. 4) 자신과 배우자에게 생리적으로 안정시키는 능력이다. 5) 부부간의 상호작용을 효과적으로 진정시키거나 개선하는 능력이다. 6) 배우자와 타협하는 능력이다. 다음으로 넷째, 우정의 형성이다. 다섯째, 치료자 개입의 감소와 종결의 순서로 진행되었다.

개입모델로서 정서중심 부부치료는 치료 상황에서 부부 및 부부관계의 회복 과정을 체계적으로 관찰함으로써 탄생하였다. 앞서 언급한 바와 같이 정서중심 부부치료는 다음과 같은 강점이 있다.[39] 첫째, 행동적 개입을 능가하는 눈에 띄는 회복률이다. 메타분석 결과 10-12회기의 치료 과정에서 행동적 개입을 받았던 불화 부부는 35%의 회복률을 보인 반면, 정서중심 부부치료에 참여한 자는 70-73%의 회복률을 보이는 등 90%가 중요한 진전이 나타냄을 검증하였다.[40] 둘째, 일반적으로 정서중심 부부치료는 치료 종결 후에도 재발률이 낮다.[41] 셋째, 만성질환 자녀의 부모 등 고위험군에서 2년 후에도 안정된 결과가 지속되는 등 치료 효과가 높다. 넷째, 부부의 우울증을 감소시킬 뿐만 아니라, 다양한 부부 즉 동성애 부부, 노인 부부, 외상후 스트레스 장애(PTSD)와 같은 불안 장애를 겪고 있는 부부 등에 적용된다. 다섯째, 정서중심 부부치료는 경직되고 제한된 상호작용 패턴과 강한 부정적 정서에 초점을 맞추어 부부 불화에 대한 최근 경험적 연구와 성인애착 연구와 연관되어 있다는 강점이 있다.

필자는 서양에서 사용한 정서중심 부부치료가 이런 강점이 있음에도 불구하고, 한국적 정서에 적합하게 사용되기 위하여, 서양과 다르게 한국적 정서를 고려한 7단계 정서중심 부부치료 모델을 제시하고, 이것을 다음과 같이 부부치료에 적용하였다. 7단계 정서중심 부부치료 모델은 기존 부부치료의 치료 모델과는 다음과 같은 점에서 차이가 있다. 첫째, 한국인의 고유한 정(情)의 정서는 정서중심 부부치료의 관계의 성공을 통하여 신뢰감과 친밀감을 회복한다. 둘째, 감정의 표출을 억압받았던 한(恨)과 체면의 문화를 가진 한국적 정서는 정서중심 부부치료의 개입으로 정서의 경험과 반응을 표현해 줌으로써 감추어진 내적 경험이 표출되어 경직된 부부의 상호작용이 활발하게 되고 안정된 결합을 형성한다. 셋째, 한국인은 부분보다 전체를, 말하는 사람의 입장보다 듣는 사람의 입장을 고려하는 타인 중심적인 정서를 갖는다. 이런 경우 부부 관계에서 감정 표현을 억제하여 상호 정서적 교류가 힘들게 된다. 정서중심 부부치료는 이런 부부의 입장을 분명하게 정리해 줄 수 있도록 개입방법과 변화 과정이 제시되어 적용이 쉽다. 넷째, 정서중심 부부치료의 상호 문화적인 부분에서의 효과가 경험적으로 확인되어 북미와 유럽 등 세계의 많은 부부치료자들이 정서중심 부부치료를 활발하게 실행하였고, 불화 부부를 치료하는데 많은 유익을 주었다. 특히 행동 교정이나 의사소통 훈련 접근보다 정서중심 부부치료가 훨씬 효과적이고, 그 결과가 지속적이며 긍정적으로 나타났기 때문에[42] 앞으로 한국에서 부부치료 분야에 적극적으로 활용될 수 있는 좋은 모델로 기대된다.

안타깝게도 한국에서 정서중심 부부치료는 생소한 부분으로 비춰지고 있다. 아직 부부치료에 정서이론을 도입하여 적용한 것은 거의 찾아보기 힘들다. 북미와 유럽에서는 정서를 중심한 부부치료가 활발하게 일어나고 있는 반면, 한국에서는 대부분의 사람들이 정서는 일반적인 것으로 생각하여 정서중심 부부치료 이론의 연구결과를 받아들이지 않고 있다. 필자는 부부치료의 혁명[43]이라고 할 수 있는 정서중심 부부치료를 한국 부부에게 적용하여 부부 불화로 고통을 겪고, 갈등과 이혼의 위기에 있는 부부들에게 친밀한 관계를 회복하게 하고, 안정적인 결합을 형성함으로써 건강한 부부관계를 영위하도록 하고자 한다.

3. 정서중심 부부치료의 중요성

정서중심 부부치료는 여러 접근방식 중에서 경험에 기초를 두고 있다. 먼저 정서중심 부부치료의 개입(intervention)은 부부 만족도와 부부 불화에서 중요하게 여기는 관계적인 요소에 중점을 두고 있다. 둘째, 정서중심 부부치료는 성인 사랑에 대하여 경험적으로 인정된 애착 이론에 뿌리를 두고 있다. 또한 이런 모델은 체계적이고 상대적으로 잘 연구된 변화의 과정과 부부 불화로부터의 회복뿐만 아니라, 용서, 신뢰, 배우자의 불안과 우울증의 변화에 관련된 긍정적 결과에 대한 경험적 증거가 된다. 마지막으로 치료의 효과가 안전하다. 정서중심 부부치료는 부부치료 분야에 있어서 정서와 애착에 중점을 두는 방식을 유도하는데, 정서중심 부부치료 치료자는 부부간에 정서적 반응을 재구성하고 정서적 반응을 확장하도록 배우자를 지지하는 과정 자문가(process consultant)이다. 존슨은 정서는 애착 댄스(attachment dance)의 음악과 같아서, 친밀한 성인관계라는 춤을 추게 한다고 하였다. 그래서 음악, 즉 정서를 바꾸면 춤도 바뀔 수 있다는 것이다. 즉 성인관계는 정서를 통하여 변화된다는 것이다. 이런 과정을 통하여 상호과정의 춤[44]을 재구조화하고 확장하여 더 안전한 유대(secure bond)를 형성하는 것[45]이 정서중심 부부치료이다. 필자는 정서중심 부부치료에서 중요하게 다루는 정서의 특성, 정서의 경험과 표현, 정서의 유대와 친밀감, 상호작용에서의 정서, 결혼과 정서 그리고 유대와 애착에 대하여 살펴보고자 한다.

1) 정서의 특성

최근 심리학에서 정서(emotion)[46]에 대한 관점은 급격하게 달라졌는데,

다음의 세 가지 이유 때문에 정서는 상호작용과 인지를 이해하는 중심적인 것으로 보기 시작했다. 정서는 첫째 중요한 정보에 영향을 미치는 것에 집중(attentional)하고, 둘째 목적을 세우며 영향을 주는 동기부여(motivational)를 하고, 셋째 다른 사람과 상호작용을 조절하는 의사소통(communication)을 하기 때문이다.[47] 정서는 다른 사람들 안에서 개인이 가지는 의미 있는 정보를 계속 처리하기 위하여 하나의 신흐(signal) 체계로 작용하는 현저한 변화를 감지하면서 시작되었고, 또한 정서는 적응적인 것으로 보고 있다.[48] 그린버그, 라이스(Rice)와 엘리옷(Elliott)[49]에 의하면, 정서는 행동과 상호작용의 일차적인 주최자일 뿐만 아니라 동기부여(욕구와 관심의 형태 안에서)와 인지(평가의 형태 안에서)에 관련된 복잡하게 통합된 요인으로 이해된다고 하였다. 이자드(Izard)[50]에 따르면, 놀램, 행복, 분노, 슬픔, 두려움 및 혐오감(disgust) 등과 같은 분리된 일차적인 정서는 내적인 경험이 되는 것과 동시에 생존과 적응에 관련된 행동 성향[51]을 보여 주고 있다는 것이다. 이런 기본적인 일차적 정서는 특징적인 얼굴 표정, 신경 내분비 패턴 및 두뇌 사이트(site)와 관련된 일반적인 것을 보여 준다. 팽크셉(Panksepp)[52]에 의하면 정서는 다양한 접근 방식에 있어서 대뇌 피질(cortex)의 고도의 인지 능력 안에 있는 정보처리에 영향을 미친다고 한다. 사실상 정서는 종종 빠르고 효과적인 결과와 함께 행동을 통제하는 아주 고유한 체계이다. 정서는 자동적으로 작용하며, 인간의 인지 체계는 이유 없이 분노하는 사람과 상황에 대하여 대상을 향하여 자동적으로 정보를 기록하고, 의식과 정서에 신호를 보낸다. 그래서 일차적인 정서는 사람이 적응하고 생존하도록 도우며, 또 너무 오래되어 정서적 행동을 유발하지 못하게 하거나, 지연시키는 그런 정보에 빠르게 반응할 수 있도록 한다.[53]

그린버그는 정서를 친사회적(prosocial)이고, 사고와 아주 다른 두뇌의 현상으로서, 정서는 신경 화학적이고 심리학적인 기초를 가진 두뇌의 아주 독특한 언어라고 하였다. 정서는 무엇을 인식하고 동기부여를 하는 것보다 더 높은 수준으로 영향을 미친다. 즉 정서는 욕구(needs), 가치(values) 등과 같이 작용하여 사람들은 정서가 없이는 만족한 삶을 살 수 없게 된다.[54] 그래서 정서는 아주 주관적인 정보를 제공하는 의식 속에 있는 정보로서 친밀감을 만들어간다. 즉 자랑스러움(proud), 굴욕감(humiliated), 불쾌감(annoyed), 고갈(depleted) 등과 같은 것이다. 또 정서는 자주 사람들을 생생한 순간 속에 있는 것처럼 행동하게 만든다. 이런 정서의 작용으로 사람들은 계속 생각 없이 흥미를 유발하고, 움직이고, 포옹하고, 웃고 그리고 많은 의식적인 노력 없이도 타인에게 상처를 주기도 한다.

또한 함께 나타나는 정서 행동반응(emotion-action responses)은 의식적인 사고 없이 아주 자율적인 태도일 때 활발하게 된다. 결국 정서는 정서적인 반응보다는 오랜 기간 인내한 정서적인 상황 그 자체로서의 정서와 사고, 이 두 가지 모두가 중요한 정서의 결정 요인이 된다. 이런 의미에서 그린버그(Lesile S. Greenberg)[55]는 정서적인 지도(coaching)를 통하여 즉 부모가 자신의 정서에 대해 긍정적인 태도를 가질 때, 아이들이 그들의 정서, 특히 분노, 슬픔, 두려움, 부끄러움 등에 더 잘 적응하고 공감할 수 있다고 하였다.

2) 정서의 경험과 표현

랭(Lang)[56]에 의하면 정서적 경험은 인지와 정서의 다양한 수준으로 구성되어 나타나며, 다양한 정보로 통합된 것과 연관되어 있다고 하였다. 여기서 나타나는 정서는 심리적인 것에 근거를 둔 표현적인-모터 체계, 의미론적인 것에 기초를 둔 기억체계, 그리고 언어적인 것에 바탕을 둔 개념적 체계가 통합되어 구성된 것이다. 한편 정서의 표현은 사람들 사이에서 목적을 가지고 의도적으로 의사소통하는 것이다. 그래서 정서적 표현은 근본적인 의사소통으로 사회적인 상호작용을 조정하는 것을 돕는다.

정서 연구에서 경험적, 개념적 발달은 욕구의 자동적 평가로 인하여 발생되고 분리된 일차적 정서의 연합과 존재를 지탱해 준다. 플럿칙(Plutchik)과 켈러만(Kellerman)[57]에 따르면, 이것은 일부 진화적인 적응으로 정서적인 견해에 대하여 파괴적이고 비조직적이며 정서로부터 동떨어진 정서의 입장에서 아주 중요한 변화이다. 즉 정서는 인간의 정보처리 과정에서 가장 핵심적이고 가치 있는 요소로서 문제를 해결하고, 세계로 시선을 향하게 하고, 또 개인의 중요성에 대하여 피드백 하는 것을 돕기도 한다.

3) 정서의 유대와 친밀감

친밀감과 관계가 있는 정서는 다음과 같은 중요한 관점을 갖는다.[58]

1) 정서적 경험과 표현은 성인 친밀감의 일차적인 중요한 요소이다. 이 이유는 부부가 상호작용 안에서 의식적으로 전달된 의사소통보다는 비언어적으로 정서적 수준에 따라 전달된 정보를 더 신뢰하기 때문이다.
2) 사랑과 같은 정서는 인간 기능에 있어서 적응적이며, 애착의 중요한 부분이다. 애착은 보호와 같이 친밀한 접촉의 근원인 안전기지(secure base)를 형성한다. 이런 친밀한 접촉은 긍정적인 적응과 건강을 향상시킨다.
3) 정서는 일차적인 신호체계이다. 정서적인 의사소통, 특히 비언어적인 정서적 의사소통은 사회적 상호작용을 조직하는 중요한 역할을 한다. 정서적 표현은 정서적 경험과 타인과의 행동을 변화시킨다. 태어나서부터 목소리와 얼굴 표정 등과 같은 비언어적인 정서 채널을 통하

여 자신들의 욕구, 소망, 고통을 전달하는 유아들의 능력은 대단히 발달하였다. 리어리(Leary)[59]에 의하면 정서적 표현은 타인과의 "대인관계적인 반영"을 구성한다고 했다. 즉 정서적 표현은 어떤 반응에 대해 끌리는 것이다.

4) 정서는 일반적으로 행동에 대하여 특별하게는 대인관계적인 반응에 대하여 준비시키고 조직한다. 정서는 인간의 안전과 건강에 관련된 미래의 세계를 지향하며 깨어 있어서 아주 빠른 반응을 보인다.

5) 정서는 상호작용의 입장을 구조화하는데 강력한 역할을 한다. 그래서 정서는 부부가 만드는 상호작용 고리를 결정하는 중요한 요인이 된다. 프리즈다(Frijda)[60]에 의하면, 불화 부부에 있어서 배우자에 대한 부정적인 정서는 몰입상태가 되어 그런 정서적인 상태에 따라 갈 수 없어 반응을 철회하게 된다고 하였다.

6) 경험된 정서는 욕구(needs)와 욕망(desires)에 접근할 수 있도록 준비한다.

7) 정서는 자신과 타인의 지각을 조직한다. 부부는 그들의 관계의 특성이나 관계를 정의하는 사람과 더 근본적으로는 어떻게 사람으로서 정의되었는지에 대하여 투쟁한다.

8) 정서는 자기와 체계를 연결한다. 정서는 사람사이의 관계를 조직하고 어떻게 자신이 중요한 타인과의 관계에서 어떻게 인식되고 있는지를 조직하는데 큰 역할을 감당한다. 또한 정서의 표현은 타인과의 반응을 유도한다. 그래서 상호작용 체계를 형성한다.

갤런드(Garland)는 성경의 가장 주된 주제들 중 하나가 친밀감이며, 이러한 친밀감은 사람들의 가장 깊은 정체성 속에 존재하는 근본적인 유대감이라고 하였다.[61] 친밀감은 우리를 취약하게, 즉 상처받기 쉽게 만든다. 나의 신체나 생각이나 감정 때문에 내가 거절당하지 않을까? 다른 사람들이 나를 아름답지 않게 여기거나, 비위에 거슬러하지 않을까? 내가 내 자신을 돌보지 못하게 될 때 그들이 나를 씻기거나 밥을 먹일 때에도 여전히 나를 사랑할까? 이러한 취약성은 우리가 서로 다르기 때문에, 즉 신체가 다르고, 생각과 감정과 욕구가 다르기 때문에 의미가 있는 것이다.

쉬나치(Schnarch)는 친밀감이라는 것을 내가 나 되는 것과 동시에 다른 사람과의 관계 속에서 나를 경험하는 것이라 정의하였다.[62] 즉, 나는 내가 사랑하고, 또 나에 의해 사랑 받는 다른 사람과의 관계 속에서 내가 나 되는 것을 말한다. 또 다른 사람과 친밀해지는 것은 다른 사람을 아는 것을 포함하고, 다른 사람을 아는 것은 나 자신을 아는 것도 포함한다. 대개 우리는 우리 자신을 우리의 개인적인 생각과 이상 속에서만 알고 있다. 그러나 다른 사람의 현존 속에서 자기 자신을 느끼고 아는 것은 즐겁고 자유로운 것이다. 또한 친밀감은 친근함으로부터 나온다. 그러나 사람들은 친근감과 소원함에 대하여 다른 수준의 인내심을 가지고 있다.

어느 추운 겨울 밤 두 마리의 두더지가 함께 잠을 자려 하고 있다. 그들은 따뜻함을 나누려고 가능한 한 밀착하려 하지만, 가까이 가면 그들의 가시가 서로를 찌르고 멀어지면 추워진다. 그래서 더 따뜻하고 덜 아프기 위해 좋은 위치를 찾는데 꽤 오랜 시간이 걸린다.[63]

대부분의 가족들은 친근감과 소원함에 대한 서로의 필요를 조정하려고 애쓰는 주머니쥐의 집단과 같다. 우리는 항상 타인에게 알려져 있기를 원하지 않는다. 우리는 다른 가족 구성원들이 자기 자신을 숨기려는 태도를 가졌으면 한다. 우리는 공유하기를 원치 않는 생각이나 감정들이 있으며, 우리는 간절히 고독과 고요를 원할 때가 있다. 사생활과 고독의 필요는 관계에서 판단의 대상이 아니고, 단지 우리가 창조한 방식의 일부일 뿐이다. 예수님도 그의 제자들과의 "가족" 관계에서 멀리 떨어져 고독한 칩거를 할 시간이 필요하였다.

우리는 우리를 가장 편안하게 하는 함께 함과 고독, 공유와 사생활, 친근함과 소원함 사이에 균형을 이루기 원한다. 배우자는 더블베드에서 상대방과 맞대고 이불을 잘 덮고 자고 싶어 하고, 상대 배우자는 킹사이즈 침대에서 자고 싶어 하는 자신에게 죄의식을 느끼며, 베개를 끼워 자기와 배우자 사이에 공간을 만들고 싶은 욕구와 싸우기도 한다. 또한 아이는 부모와 신체적 접촉을 원해서 항상 부모와 함께 있고 싶어 하고 적어도 자신의 시야에 있기를 바라는 반면, 그의 부모는 화장실만이라도 혼자 가고 싶어 단 5분이라도 화장실 문을 닫고 싶어 한다. 그러나 단지 몇 년이 흐른 뒤, 그 부모는 십대가 된 자녀가 무엇을 생각하고, 느끼는지 대화를 하고 싶어 단 5분의 시간을 갈망한다. 반면 십대의 자녀는 그 부모의 관심에 질식할 것처럼 느낀다.

이와 같이 친밀감과 소원함은 가족간에 계속되는 이슈이다. 가족 구성원들은 개인적인 공간과 사생활에 대하여 본능적인 다른 감각을 지닌다. 이러한 본능적 감각은 개인의 발달과 삶의 환경에 따라 변한다. 다시 말하면 친밀감은 잠자는 습관, 공간의 배치, 시간의 사용, 공유되거나 분리된 활동, 닫히거나 열려진 화장실 문 등과 같이 외견상 다른 여러 문제를 포함한다. 이러한 문제들을 해결하기 위해 모든 가족이 따라야 할 정해진 규칙은 없다. 즉 각각의 가족은 친밀감과 사생활의 필요를 표현하는 각 사람이 자신의 방식을 발전시켜 나가는 것이다.

정서적 유대에서 애착 행동은 타인, 특별히 최초의 양육자와의 친밀감과 접촉을 유지하는데 목적이 있다. 해로우(Harow)[64]는 접촉 위안(contact-comfort)은 인간에서 있어서 애착의 최초 매개자임을 밝혔다. 결합의 다른 유형인 커플과 더불어 결혼은 성인 친밀감을 획득하기 위한 사회적 구조이다. 결합과 분리, 연합과 개성화의 이중 심리학적 과정은 결혼에 있어서 중심이 된다. 사람이 더 친밀하게 되면 그들은 더 멀어질 수도 있고, 반대로 만약 사람이 분리될 수 없다면 그들은 친해질 수도 없다는 것이다. 이런 관점에서 상호의존은 건강한 애착의 목표이다. 상호의존성은 발달의 가장 높은 형식으로서 독립이 아니며, 많은 발달이론가들에 의해 설명되었듯이 상호의존성은 돌봄에 대한 욕구뿐만 아니라 다른 사람을 돌보는 것으로, 지지욕구 뿐만 아니라 다른 사람에 대한 관심으로 특징지어진다.[65]

어린 아이와 마찬가지로 성인들도 애착 대상이나 배우자에 대하여 쉽게 접근하려는 욕구를 보인다. 특별히 스트레스를 받을 때 애착대상에게 친밀함에 대한 욕망을 보이고, 배우자와 동행할 때 위안을 얻고 불안이 줄어든다. 그리고 배우자와의 접근이 어려울 때 고통과 불안이 증가된다. 만약 정서적인 유대(affectional bond)에 위협을 느낄 때, 집착, 울음, 분노 등과 같은 애착 행동은 좀 더 과격해진다. 애착 행동은 목표와 정보처리 과정의 측면에서 설명될 수 있는데, 애착 대상에게 근접하려는 목표가 충족되지 않는다면, 애착 행동은 더 가까이 가려고 노력할 것이다. 이런 행동은 애착 욕구를 만족시키기 위하여 필요한 친밀감과 반응성을 고려하여 재구조화 되어야 하는 정서적 유대이다. 부부간의 갈등은 분리와 연결에 대한 투쟁과 연관되어 있고, 이런 투쟁에서 각 개인은 정체성과 안전성에 대한 자신의 근본적인 욕구를 만족시키려고 한다. 친밀감에 둘러싸인 이런 피할 수 없는 갈등을 해결하는데 실패하면 소외감과 상실감이 유발한다.

그러므로 와일(Wile)[66]은 관계는 기본적인 인간의 욕구를 충족하기 위하여 타고난 영역이고, 관계에서의 문제는 유아기적 욕구의 신경질적 표현보다는 충족되지 못한 성인욕구로부터 더 많이 나타난다는 것이다. 배우자들은 서로에게 본래적인 자신을 드러내는 것이 필요하고, 또 있는 그대로를 받아들이는 것이 필요하다. 부부는 그들이 가장 깊이 느끼는 것과 타인에 대한 상처와 거절에 대한 두려움 없이 가장 심오하게 생각하는 것을 말할 수 있어야 한다. 부버(Buber)는 이런 관계의 유형을 나와너의 대화로 설명하였다.[67] 나와 너의 대화에 있어서, 오랜 시간이 지나면서 친밀한 관계의 질은 신뢰하는 마음 -진정한 대화에 달려 있다. 이것은 실제에서 만들어지는 배우자 사이에 있는 영역이다. 대화 가운데 부부는 "존재"에 대한 의사소통으로 "보이는" 소외감으로 깨진다. 또한 그들은 타인과의 제한된 인식의 부적절함으로 갈라지고, 부버가 언급한 '인간을 만드는 현재'(person-making present)에 몰입한다. 그래서 나와 너의 대화는 치유와 사람 그 자체이고 그 안에 있는 것이다. 치료에서 두 부류 사이의 이런 유형의 접촉을 취하는 것은 치료적 변화의 목표와 과정이다.

4) 상호작용에서의 정서

정서적 유대가 일어나는 부부관계는 감정과 의사소통이 강하게 유발되는 관계이다. 너무나 많은 이해관계로 인해 감정과 의사소통이 부부관계를 통하여 일어나기 때문이다. 부부관계는 상호의존의 기회, 존중된 사람의 감정과 욕구 및 중요한 타인에게 가장 중요한 사람이 되는 기회를 준다. 성인간의 이런 관계 유형은 신뢰, 친밀감 및 강한 감정 표현을 향상시킨다. 그러므로 정서적 경험과 표현의 변화는 문제가 있는 제일 첫 번째 척도가 된다. 정서는 경험하고 있는 모든 것이 복잡하게 통합된 것으로, 현재의 상황에서 가장 정확한 피드백을 제공한다. 부부가 치료를 받으러 올 때 그들은 정서적 고통 속에 있으므로, 부부가 이런 정서적 고통에 접근하여 의사소통할 수 있도록 돕는 치료는 관계의 질에 있어서 중요한 차이가 있다. 존슨과 그린버그는 부부치료에 정서와 함께 작용하는 최초의 구조적 틀을 만들어서 고통으로 불화관계에 있는 부부를 변화시키는 일반적인 접근방식의 진술을 시도하였다.[68] 필자는 정서중심 부부치료 치료모델에서 중요한 부부의 상호작용에 관련된 정서의 요소들을 살펴보고자 한다.

① 신뢰

신뢰는 친밀한 관계에 있어서 중요할 뿐만 아니라, 상호작용에 강한 영향을 미친다. 신뢰는 두 가지 유형으로 구분된다. 하나는 학습된 신뢰의 유형으로 배우자의 믿음과 의존능력에 대한 개인의 기대와 연관되어 있고, 또 다른 하나는 정서적인 요소에 바탕을 둔 신뢰의 유형으로 희망, 정서의 안전성 및 유대 강화 에 관련되어 있다.[69] 장로회신학대학교 홍인종[70] 교수는 신뢰심을 잃은 사람의 모습을 다음과 같이 묘사했다.

사실 가장 불행한 사람은 변화에 대한 희망이 없는 사람이다. 인간의 문제는 절망하고 희망을 잃어버리는 것이 주된 이유이다. 따라서 기독교 상담자는 희망을 잃어버린 이 세대에 어떻게 희망을 말하며 전달할 수 있을 지를 고민하며 상담에 임하여야 한다. 가정에서 불화는 성격 차이, 경제적 어려움, 가족관계 불화, 배우자의 외도, 가정폭력, 도박, 술, 마약 중독, 잘못된 습관, 무책임함, 자식을 갖지 못함, 이단에 빠짐, 성적인 갈등 등이 나타날 수 있지만 그것은 드러난 문제일 뿐이다. 마음 한 구석에 상대 배우자의 변화에 대한 소망이 없는 것이 근본적인 이유이다. 즉 앞으로 상대방의 삶의 태도나 습관, 성격이 원하는 방향으로 변화하지 않을 것이라는 미래에 대한 불안, 소망이 없음이 더 이상 두 사람의 관계 회복을 위한 노력, 의욕, 필요를 상실하게 만들고 결국 신뢰를 상실하게 되는 것이다.

부부의 문제에 있어서도 마찬가지이다. 부부치료에서 종종 신뢰가 파괴되더라도 다시 희망을 가지고 신뢰를 쌓아나가는 것이 중요하다. 친밀한 관계에서 부부의 행동이 개인적인 관계를 가질 때, 실망은 주로 행동하는 과정의 탓으로 돌린다. 이론적인 관점에서 보면 정서는 인지를 포함하고, 인지는 정서에 자유롭지 않고, 궁극적으로 이 둘은 분리할 수 없다.

② 인간기능에서의 정서

정서는 오랫동안 심리학과 심리치료에 있어서 초석이 되었으며, 지금까지도 복잡하고 혼돈스러운 현상으로 남아 있다. 정서 연구의 발전은 정서적 기능에 대하여 연구자들 사이에서 상당한 견해의 일치를 가져왔음에도 불구하고, 일차적 정서는 사실상 생물학적으로 적응적이며 동기부여를 한다. 또한 사회적인 상호작용에서 중요한 의사소통의 기능을 돕는다.[71] 유아는 인간의 얼굴 형상에 기쁘게 반응하고, 제한하는 것에 분노를 나타낸다. 애착과 상실의 반응은 선명하게 드러나고, 유아는 낯선 반응에 불안을 보이며 분리에 고통을 보인다. 정서는 인간관계에 잠재적인 적응 능력을 발휘하며, 정서는 인간 행동에 대하여 중요한 근거를 제공한다.

정서는 우리의 환경 안에서 다른 대상으로부터 멀어지거나 가까이 가게 하기도 하고, 우리 자신과 환경을 연결하기도 한다. 정서는 자기중심적이지 않고, 타인과 독립적이지도 않고, 오히려 정서는 타인을 향해 나아간다. 느낀다는 것은 세상과의 관계에서 행동하기를 원하는 것이고, 그렇게 하도록 조직하는 것이다. 그러나 정서는 추진력과 같은 것은 아니다. 대신에 정서는 상황에 빠르고 직접적인 반응을 하며, 정서는 행동을 위해 우리를 조직하면서도 직접적으로 행동을 일으키지는 않는다.[72] 그러므로 정서는 직접적인 행동을 이끌지는 않지만, 행동을 유발하는 힘을 가진다.

정서는 다소 사회적 경험에 의해 작용될 수 있고, 치료적인 목적으로 두

개의 넓은 부류–생물학적으로 기초된 정서와 사회적으로 추진된 정서–
로 갈라진다. 정서는 네 개의 범주로 나누어지는데, 생물학적 기반을 둔 것
은 "적응적인 일차적 정서"(adaptive primary emotions)라 부르고, 두 개의 문
화적 기반을 둔 것은 "이차적인 정서"(secondary emotions)와 "도구적 정서"
(instrumental emotions)라고 말한다. 그리고 마지막 범주는 생물학적 요인
과 문화적 요인이 상호작용하는 것으로 "부적응적 일차적 정서"(maladaptive
primary emotions)라고 한다.[73] 생물학적 적응적 정서를 전달하고, 문제를 해
결함에 있어서 행동을 일치시키고 상호작용을 하는 것은 적응적인 일차적
정서에 대한 경험과 표현에만 있다. 이차적 정서의 반응은 종종 방어적으
로 처리하고, 변화를 유도하는데도 역효과를 나타내며 정서 표현에도 문제
가 된다.

그러나 이차적 정서는 내재하는 사고와 정서를 탐구하는데 중요한 신
호이다. 이때 치료자는 이차적인 반응과 일차적인 반응 즉 생물학적, 적응
적 및 정서적인 반응 등을 구분해야 한다. 도구적, 기능적 정서는 주로 대
인관계적 기능을 돕는데, 종종 "역할"(roles) 혹은 "조작적 감정"(manipulative
feelings)으로 말하였던 정서이다.[74] 예로는 등정심(sympathy)을 얻기 위하여
무력감(helplessness)을 표현하고, 책임감을 피하기 위하여 분노를 표현한다.
이러한 표현은 타인에 대한 반응을 조작하기 위하여 사용된다. 이런 감정
표현은 상대적으로 차단되기 쉽다.

일차적 정서는 감각과 인지 정보의 통합 방식으로 깨닫게 하고, 새로운
의미를 만들도록 도우며, 새로운 방식 안에서 내적 경험을 조직한다. 여기
서 치료자는 정서적 경험의 다른 종류를 인정할 수 있어야 하고, 또한 현재
의 상황에서 정서적 경험을 유도할 수 있는 기술을 가져야 하고, 내담자가
경험 안에서 완전히 참여할 수 있도록 도와야 한다. 그래서 치료자는 특정
한 정서적 반응이 일차적인지 혹은 이차적 반응인지를 평가하는 것이 필요

하다. 단지 일차적 적응적인 정서반응은 강화되고, 표현되고, 그리고 탐색되어야 한다. 기분 상한 배우자가 자신이 무가치하고 사랑스럽지 못하다고 어린 시절부터 느꼈다면, 치료자는 이런 경험을 인정해 주고 비난에 대해 고통과 두려움을 표현하도록 돕는 것이 중요하다. 즉 거절 받는 경험과 다른 사람들 앞에서의 수치스러움을 오히려 자신에게 초점을 맞추어 긍정적으로 이끌어 주어야 한다. 존슨과 그린버그가 인지, 행동적 과정이 통합된 측면에서 치료적 과정을 개념화하고 분석하기 시작할 때, 그들만이 치료의 변화와 심리적 과정에 대한 영역을 충분히 다루기 시작하였다.[75]

③ 정서적 의사소통

결혼과 가족치료에서 의사소통의 중요성은 팔로 알토(Palo Alto)[76] 그룹에 의해 처음으로 강조되었고, 사람들은 항상 의사소통을 하고 있으며, 관계에서 이루어진 것은 의사소통의 한 유형으로 비언어적인 의사소통까지 포함해야 한다고 밝혔다. 그리고 그들은 의사소통의 구조에 초점을 두었는데, 아날로그적인 의사소통은 주먹을 흔들거나 입맞춤과 같은 비언어적인 표현이고, 반면에 디지털적인 의사소통은 논리적인 정확성을 가지고 어떤 이름으로 대상을 설명하는 것이다.[77] 이런 관점에서 정서와 의사소통은 행동의 결정적인 요소로 부부치료에 체계적 접근방식을 제공하므로, 치료자는 부부의 비언어적인 정서적 의사소통을 잘 관찰하고 들어야 한다. 그래서 얼굴 표정은 정서의 강력한 표현의 전달체이다.

목소리의 질은 상호작용에 영향을 미치는 다른 정서적 상태를 전달하고 또한 얼굴과 목소리의 표현은 내용보다 더 신뢰를 준다.[78] 왜냐하면 정서적 경험은 내적 경험 상태에 대하여 겉으로 관찰할 수 있는 표시이기 때문이다. 즉 정서에 대한 얼굴 표정은 정서에 대한 경험과 통합적으로 관련되어 있다는 것이다. 그러므로 정서적인 표현은 의사소통의 중요한 형태로,

인간의 상호작용에서 매우 중요하다. 슬픔, 고통에 대한 표현은 지지에 대한 욕구를 전달하고, 반면에 새롭게 표현된 분노와 원한은 관계 안에서 개인의 경계를 설명하고, 상호작용의 변화를 표현하도록 돕는다. 이 모두는 아날로그적 의사소통에 대한 의미이다.

친밀감의 정도-소원함과 지배-복종의 정도는 부부 관계에서 상호작용을 평가하는 가장 중요한 두 가지 지표로서, 정서적으로 표현하게 함으로써 변화의 가능을 제공한다. 또한 의사소통은 상대 배우자에 대한 자신의 정서적 상태를 유지하고 결정하도록 돕고, 현재의 상태를 조절하고 지배한다.[79] 그러므로 상대 배우자와의 의사소통은 자신의 현재의 상태를 결정하는데 아주 중요한 영향을 미친다.

④ 인지와 유기적 기능

사고의 중요한 목적은 의미의 창조이고, 정서는 그 의미를 제공한다. 정서적인 삶과 인지적인 삶은 이론적으로 구분될지라도 실제로는 분리될 수 없다. 이런 점에서 모든 상호작용은 정서와 인지가 연결되어 있고, 인간 기능적인 측면에서 더 보완적이며 결국 상호작용에서 인지와 행동은 궁극적으로 분리할 수 없는 것이다. 또한 의미는 정서와 인지를 포함하고, 정서는 종종 드러나지 않는 의미로 간주되었고, 직관적 감정(intuitive appraisal)과 평가(evaluation)라고 하였다. 타인과 관계된 자신의 특성에 대한 핵심적인 인지는 부부치료에서 대부분 정서적으로 접근할 수 있다. 그린버그와 존슨[80]이 말했던 것처럼 부부치료에서 정서가 순간적으로 작동했을 때, 파괴적이고 역기능적 관계의 신뢰로 전환하도록 돕는 것이다.

정서는 개인과 환경을 연결하는 관계적 경험이고,[81] 행동은 다양한 정서에서 비롯되며, 그 안에서 생물학적인 상호작용과 학습이 일어난다. 그래서 인간은 어떤 반응의 신속성과 함께 복잡한 형태로 조직되고, 환경에 효과적으로 대처하게 된다. 그래서 우리는 생각하기보다, 느끼는 것이 스트레스나 편안한 상태에 있을 때에나 결정하기가 쉽다. 정서에 대한 이런 자기 조직적 기능은 부부치료에서 매우 중요하다. 왜냐하면 부부는 상대 배우자가 느끼고, 행하는 것, 행동 방법, 사랑하는 사람을 인지하는 방법 등에 강하게 영향을 미치기 때문이다.

5) 결혼과 정서

한 내담자는 이렇게 이야기하였다.[82] 평소 부모의 고통을 보면서 결코 결혼을 하지 않겠다고 맹세하였다. 내가 생각하기에는 낭만적인 사랑은 망상이요, 속임수라고 여겨졌다. 나는 자신의 이익을 생각했고, 자유를 사랑했고, 속박을 싫어했다. 하지만 나는 그때 사랑에 빠져 결혼을 했다. 심지어 내가 사랑에 떠밀린 것처럼 사랑이 나를 끌어당겼다. 이 신비롭고 강력한 정서가 무엇인가? 이 정서는 내 부모를 좌절시켰고, 나 자신의 삶을 복잡하게 만들었다. 내 부모를 좌절시키고, 자신의 삶을 복잡하게 하며, 많은 사람들에게 즐거움과 고통을 주는 중요한 요소가 되는 강력한 정서는 무엇이었는가? 미로를 통과하여 사랑을 지속해 가는 길이 있었는가? 나의 강한 흥미가 상담과 심리학을 사랑하고 연결하는 것으로 이어갔다. 나는 훈련의 한 부분으로, 시인과 과학자들에 의해 서술된 이 드라마를 연구했다. 나는 사랑을 부정해 왔고 불안해하는 아이들을 가르쳤다. 나는 사랑의 상실로 몸부림치는 어른들을 상담했다. 가족들이 서로를 사랑했던 곳에서 가족들과 일했지만 함께 올 수 없었고 떨어져 살 수밖에 없었다. 사랑은 신비로운 것으로 남아 있었다.

대부분의 사람들에게 사랑은 여전히 신비롭고 알기 어려운 정서로 남아 있다. 매릴린 알롬(Marilyn Yalom)은 아내의 이야기에 대한 학술적인 책에서 좌절을 받아들이면서 사랑을 "어떤 사람도 정의할 수 없는 성과 정서에서 혼합된 중독"[83]이라고 하였다.

① 부부관계에서의 정서

북미에서는 결혼에 대한 새로운 초점이 있어 부부치료에 새로운 상황이 일어나고 있으며, 이혼율이 감소하고 있다. 현재의 데이터는 1996년에 결혼한 미국 부부의 43%, 캐나다 부부의 37%가 이혼할 것이라고 하였다. 이것은 2-3년 전보다 더 긍정적으로 나타난 것이다. 그러나 가까운 관계에서 장기적인 불화의 부정적인 영향은 이혼과 별거로서 더 분명해지고 있다. 1960년대 양 부모와 같이 살고 있지 않는 아이들의 비율은 두 배 이상이었다. 아이들에게 이혼의 영향을 논의했지만 아이들에게 부부 갈등의 부정적인 영향[84]과 아이들의 안정감에 대한 부정적인 영향[85]에 대하여는 어떠한 논의도 하지 않았다.

사회과학자들은 공동체와 소속된 "사회적 자본"의 상실이란 유행병에 연결되는 우울증과 불안을 지적하였다.[86] 이런 연구들은 특히 관계 불화와 관련되어 있었고, 또한 긍정적이고 친밀한 관계가 어려워지는 위험성을 확증했으며, 당시 이혼율이 감소하고 있는 동안 개인이나 사회전반에 관계불화의 수치는 더 분명해졌고 더 강력해졌던 것이다.

이런 사실에 비추어 본다면 미국 정부가 더 강력하고 더 안정적인 성인 관계를 고려하기 시작한 것은 놀라운 일이 아니다. 1960년대와 1970년대의 결혼에 대한 한계를 고려하는 것처럼, 친밀하고 지속적인 관계와 결혼제도에 대한 장기적인 유익을 다시 깨달았던 것이다. 관계에 대한 가정 도서가 서점에서 점점 줄어드는 사회적 현상은 지속적인 관계를 만들고 유지하려는 새로운 지식에 대한 갈증으로 증명되었다.[87] 또한 학문적인 세계에서 실제로 최근까지 무시되었던 성인사랑과 유대(adult love and bonding)가

지금 중요한 연구의 주제로 대두되고 있다.

② 친밀한 관계 안에서의 정서

새타이어(Sartire)[88]에 따르면 세상의 변화를 구성하는 것으로 특히 타인과 관계된 우리의 능력을 말하고 있다. 이어서 존슨과 그린버그는 결혼과 부부치료 분야에서 이론적인 관점과 임상적인 전략을 말하고 있다. 결혼과 부부치료 분야의 연구에 의하면 서로의 상호작용을 통하여 특히 남편의 심리적 각성이 종단적인 부부 불화와 별거를 강하게 예견할 수 있다. 정서에 대한 얼굴 표정에서 비난적인 분노, 상대 배우자인 부인의 경멸감, 두려움에 대한 방어, 상대 배우자에 의한 위축감 및 정서에 대한 표면적인 의사소통과 생리적인 정서적 반응 등을 확인할 수 있다.[89]

친밀한 관계에서 중요한 부분을 차지하는 애착 이론은 성인 사랑을 이해하는 데 가장 유망한 이론적 관점이다.[90] 애착 이론은 내적인 표현에 초점을 맞출 뿐만 아니라 애착에 대한 성공과 실패에 대한 일차적인 신호로, 그리고 애착 대상을 찾는 동기부여로 정서를 바라본다. 또한 애착 이론은 성인 친밀감을 경제적이고 합리적인 자신의 이해관계와 보상 약속(quid pro quo contract)으로 보는 교체 이론(exchange theory)[91]이다. 애착 이론은 성인 사랑을 의미 있는 사람들과 안전감, 보호 및 접촉 등의 원래 타고난 욕구를 다루는 정서적 유대이며, 정서적 고리로서 그런 유대를 개념화 한다. 즉 이런 정서적 고리 안에서 정서적 경험과 표현은 애착 행동으로 조직하고 친밀함과 소원함으로 조정한다. 애착 행동과 정서적 반응은 타고난 것으로, 애착 대상과의 결합에 위협을 느낄 때 더 강하게 결합된다. 부부 치료에서는 접근성과 반응성을 더 강화하기 위하여 애착 행동을 조직하고 상호작용을 재구조화하는 정서적 반응을 다루는 것이 중요하다.

그러나 1980년대에 부부치료에 받아들여진 부부의 문제는 사실상 정서적인 부분이었고 부부 사이의 정서적 결합의 질은 치료의 결과에 커다란 영향을 주었던 것으로 인지주의와 행동주의 치료자 사이에서 많은 인정을 받았다. 브로데릭(Broderick)과 오리어리(O'Leary)에 의하면 정서는 부부 적응 치료에 있어서 다루어져야만 하는 아주 중요한 요소로 보기 시작했다.[92] 스나이더(Snyder)와 윌스(Wills)[93]는 통찰 지향적인 변화 전략의 일환으로서 정서를 포함시켰고, 또한 체계이론가들은 그들의 활동에 정서의 중요성을 받아들이기 시작했다.[94] 정서 개입에 대한 계속되는 과학 기술의 발달로 인하여 인지와 행동 치료에 제일 먼저 초점을 맞추는 부부치료 부분에 일차적인 개입과 부가적인 요소가 나타났다.

③ 결혼과 가정

오늘날의 대부분의 결혼과 가정은 비교적 대가족보다 고립된 핵가족의 형태를 띤다. 핵가족은 원가족과 따로 생활하는 남성과 여성으로 이루어지며 자녀와 함께 살기도 하고 자녀 없이 살기도 한다. 이러한 형태는 모든 현대 산업사회의 기능적 단위로 선진국에서 뿐만 아니라 사람들이 도시에 살며 농사보다는 공업으로 생계를 꾸려가는 대부분의 나라에서 증가하는 추세이다.

오늘날 가정에서 보편화된 것은 대가족이 아니라 핵가족이다. 대가족에는 두 가지의 형태가 있는데, 하나는 삼대가 모여 사는 가정이고, 다른 하나는 가정과 공동 가정의 형태이다.[95] 중국에서는 청년이 여자와 결혼하여, 자신과 형제 부부들과 부모와 함께 살도록 데리고 오면 그 아내의 역할은 "남편과 남편의 어머니를 섬겨야 하는 것"이었다.[96] 핵가족에서는 부부 관계가 우선적이지만 어떤 대가족 체계에서는 부자 관계가 우선적이다. 대가족은 혈연관계에 큰 가치를 두지만 핵가족은 부부관계를 강조한다. 핵가족의 특징은 다음과 같다.

a. 핵가족은 고립되어 있다.

핵가족은 부부가 결혼함으로 어느 정도 친족(부모, 형제, 자매, 사촌 등등)으로부터 고립되어 있다. 사회학자 베티 요버그(Betty Yorburg)[97]가 "전통적 사회에서 대가족들이 경제적 필요에 의해 매일 만나고 의존하는 형태는 더 이상 아니다."라고 한 것처럼, 노인들을 돌본다든가 고용을 보장한다든가 하는 것은 이제 친척 관계보다 점점 전문화된 기관에 의해 이루어져 가고 있다. 오늘날 이런 고립이 친척과의 관계부족뿐만 아니라 지역사회와의 접촉을 제한하므로 찰스 셀(Charles. M. Sell)[98]은 "핵가족은 고립되었다."라고 표현하였다. 그 고립의 결과로 지역사회를 잃어버리고 친척들로부터 떨어지게 된 것은 오늘날의 사람들에게 지대한 영향을 주며, 교회와 가정 사역에 큰 영향을 미친다. 점차 대가족에서 핵가족으로 고립되어 가므로 인하여 가정과 교회 공동체에 많은 변화가 일어났다.

셀은 가정이나 친척과의 접촉이 없는 것은 개인에게 정서적 문제를 일으키고, 부부는 자신에게 몰두하게 된다고 하였다.[99] 이런 문제는 자녀를 갖지 않거나, 위기에 대처하기 어렵고, 자녀들을 위한 모델이 적어지고, 가정주부들의 불만은 쌓이며, 노인들은 스트레스가 과중되어 가족간의 정서적 유대를 강화하게 만든다. 가정 사역자들은 가정과 지역 사회의 유대를 잃어감에 따라 가족의 친밀한 유대가 더 많이 필요하다고 하였다. 어떤 사람은 주장하기를 가정이 다른 사람들과 함께 하던 매일의 활동을 잃게 되자 가정 내의 인간관계가 더욱 필요하게 되었다고 한다.[100]

반면에 쇼터(Shorter)는 가정 내에서 가족 간의 애정만을 요구하게 되어 지역 사회의 유대로부터 떨어져 나오게 된 것이라고 주장한다. 쇼터는 "부부는 외부 집단과 교제하기를 끝내고 저녁노을 속으로 걸어들어 갔다."라고 하였다.[101] 필자는 원인이건 결과이건 간에 오늘날 가정이 갖고 있는 친밀함에 대한 욕구는 필요불가결한 요소라고 본다.

b. 핵가족은 친밀하다.

핵가족은 친밀한 구성단위로 이러한 친밀함에 대한 강한 추구는 서구 사회에서 비교적 최근에 생겨난 일이다. 1989년에 시행된 가정에 대한 전국 조사에 따르면, 미국인들은 가족을 혈연이나 결혼, 입양에 의해 관계로 맺어진 사람들의 집단이라는 "구조적 용어"(structural terms)로 생각하지 않고, 사랑하고 서로 돌보아 주는 사람들간의 집단이라는 "정서적 용어"(emotional terms)로 생각하였다.[102]

우리가 말하는 전통적인 가정은 사랑이 완전히 없다는 말이 아니라, 단지 사랑이 서로를 묶어 주는 중대한 요소는 아니었다는 의미이다. 전통적인 가정에서 구혼이 이루어질 때 결혼의 결정은 대부분의 경우에 부모가 하였으며, 부모는 그 어느 것보다도 물질적 행복과 사회적 신분을 많이 고려하였다. 오늘날 높이 평가하고 있는 성적 친밀감은 별 관심사가 아니었으며, 특히 온 가족이 같은 방에서 자기 때문에 사생활의 기회가 거의 없는 하류 계층의 부부들에게는 더욱 그랬다.[103]

쇼터는 서구 사회가 성 혁명을 거쳐 오늘날과 같이 친밀감을 강조하게 되었다는 것을 보여 주기 위해 인상적인 통계 수치를 나열하였다. 낭만적인 사랑은 그가 이름 붙인 "정서의 혁명"이 일어나는 동안 경제적인 관심이나 다른 관심을 내쫓아 버렸다. 이러한 혁명은 부부 관계뿐만 아니라 모자간의 유대에도 영향을 끼쳤다.[104]

친밀함을 강조함으로써 나타난 결과는 다음과 같다.

첫째, 친밀이라는 것은 결혼과 가정이 현대 사회에 더욱 중요한 근거가 된다. 현대 서구 사회는 모든 것보다도 이성간의 관계를 중요시 하였다. 미국 가족 체계는 남성과 여성 사이의 애정에 기초를 두고 있으며, 남녀관계를 정서적 만족과 지원의 중요한 원천이라고 생각하였다.[105] 이 말은 이들이 친밀함을 이루었다는 것이 아니라 친밀함에 가치를 두고 있다는 것이다. 현대의 개인들은 가족이 우선적으로 만족한 관계를 기대한다. 이런 현상은 다른 어떤 것보다도 강력하게 현대의 가정을 그 어느 때보다도 중요한 것으로 만들고 있는데, 가정은 인생에서 가장 길고 가장 중요한 관계를 제공해 주기 때문이다.[106]

둘째, 현대의 결혼 생활에서 낭만적 친밀함에 집중하고 있는 것은 성적인 애정 표현에 대한 높은 관심을 설명해 주는 것이다. 만족스런 성 생활에 대해 부부들이 받는 압력은 부부 사이에 문제가 있을 때 성 관계 또한 영향을 받는다는 사실을 잘 검증해주고 있다.[107]

셋째, 이러한 친밀함에 대한 높은 관심은 가족 구성원들에게 과중한 요구를 부과하게 되었다. 가정 밖의 인간관계에서 충족되지 못하게 되므로 가족 구성원간의 관계는 더 무거운 정서적 짐으로 다가오게 된 것이다. 현대 가정이 출현하기 이전에는 정서적인 애착이 자기 가족보다 더 폭 넓은 집단에서 이루어졌는데, 오늘날에는 아동의 정서적 애착은 자기 가족 안에 속한 소수의 몇 사람으로만 제한되었다. 만일 대가족 구성원들이 집에 있다면 긴장을 완화시켜 줄 것이다. 그렇지만 핵가족 내에서의 모든 마찰은 위기가 될 수 있으며, 모든 오해는 서로를 고립시킬 만큼 위협적이다. 필자는 우드리(Udry)[108]가 말한 것처럼 "현재의 환경은 가정이 정서적 용광로가 되기 쉽다."라고 생각한다.

6) 유대와 애착

유대(bonding)는 유아의 욕구를 만족해 주고 충족해 주기 위한 부모의 사랑의 약속(the loving commitment)이다. 애착(attachment)[109]은 팔버그(Fahlberg)에 의하면 아이들의 욕구를 만족하기 위한 부모의 특별한 사랑과 신뢰이다. 필자는 팔버그의 애착 개념을 받아들여, 애착 행동이란 부모가 매일 밤낮으로 아이들의 울음에 반응하며, 위험으로부터 아이들을 보호하면서 그 아이들을 돌보기 위한 특별한 희생으로 생각한다. 유대와 애착의 발달은 아이들의 건강(well-bing)에 중요하며, 아이들에게 일생동안 영향을 미친다. 안정적으로 애착된 아이들은 환경에 영향을 미칠 수 있는 신뢰를 개발하고, 돌봄이 필요할 때 다른 사람들로부터 도움을 받을 수 있으며, 또 스트레스나 불행의 상태를 바로 얼굴에 나타낼 수 있는 신뢰의 관계로 발전하게 된다. 다른 사람들에게 친밀한 애착은 한 사람의 유아, 또는 아장아장 걷는 아이, 청소년, 노년이 되었을 때 개인의 삶을 다시 움직이게 하는 중심축이 된다. 애착은 태어나면서 시작되어 삶의 전반에 걸쳐 계속적으로 일생동안 발전되는 과정이다. 에릭슨(Erikson)은 한 가지 발달단계는 또 다른 발달단계를 만들며, 좀 더 이른 단계로부터 온 문제들은 다시 나타날 수 있고, 또 다른 시기에 새로운 방법으로 해결될 수 있다는 것을 확증[110]하였다.

신경발달 분야의 연구에서는 그의 부모에 대한 아이들의 경험은 정서와 행동에 관련된 부분에 영향을 미친다고 하였다. 엄마와 유아 사이에 발달된 특별한 유대관계가 있다는 것이다. 뇌의 발달 능력은 이런 유대관계가 발전하는데 실패했을 때 손상을 입게 된다. 아이들의 생존 능력은 그의 관계성에 기인한다.[111] 가정은 아이들의 건강한 애착이 성장하고 성숙할 수 있는 환경을 개발하고 유지한다. 가정은 결혼, 혈연, 양자로 묶어져 연합된 인간의 집단이다. 어른들은 결국 아이들을 서로 지원하고 돌보기 위해 협조한다. 사람들은 서로에게 헌신하고, 가족구성원들은 자신의 정체성을 가진 집단에 중요하게 밀착되어 있으면서 그들의 정체성을 나타낼 것이다. 라이스[112]에 따르면, 가족과 함께하는 이런 평생 동안의 관계가 가장 견고한 애착 관계이다.

다양한 민족과 문화 배경에서 가정(가족)은 자녀양육의 실제에서 각각 다르다. 각 문화는 사랑하는 관계의 다양한 면을 이루어가기 위해 각 민족 고유의 특별한 방법을 가지고 있다. 대부분의 모든 유아는 어떤 방법으로든 그들 부모에게 애착되어 있으나, 애착의 패턴은 각 민족마다 다르다. 반응적 애착 장애(Reactive Attachment Disorder, RAD)는 5세 전에 시작하는 발달상의 부적절한 사회적 관계성에 의하여 방해를 받게 된다.[113] 이런 건강상태는 편안함, 자극 및 애정에 대한 지속적인 무관심의 형태로서 매우 병리학적인 돌봄과 관련되어 있다; 혹은 안정된 애착의 형성을 차단하는 최초의 양육자와의 되풀이되는 변화, 복잡한 양육가정 배치와 파괴된 양자 결연은 RAD(반애착장애)에 공헌하는 것이다. 만약 적절한 개입(intervention)이 이루어진다면 상당한 진전 혹은 진정작용이 일어날 것이다. 치료를 받지 않고 성장한 이런 아이들은 그들 자신 외에는 어떤 사람에게도 관심과 양심이 없는 반사회적 이상성격자가 될 수 있다.

적절한 치료가 이행되기 위하여 유대와 애착 또는 부족한 것을 가능한 빠르고 정확하게 평가하는 것이 중요하다. 유대와 애착의 관계를 평가하는 것은 복잡하지만 아이들과 가족에게 미치는 영향과 밀접한 관련이 있다. 부시(Bush)는 가족 역사 워크시트를 개발하여 가족 상담자가 가족의 역사를 이해하는 것과 원가족을 차단하고 있는 애착을 알 수 있도록 하였다. 부시는 워크시트 안에 평가과정에서 핵심이 되고 유기적인 구조를 제공하는데 도움을 줄 질문들을 넣었다.[114]

유대와 애착에 대한 평가는 공적이면서 이야기 중심으로 평가하며, 평가자의 관찰과 결론뿐만 아니라, 워크시트에 들어 있는 모든 정보를 포함한다. 이 평가에 대한 이야기에는 가족의 역사, 상담자의 관찰, 유대의 정도와 상담자의 결론에 대한 정당성, 그리고 요약에 대한 결론이 들어 있다. 이 평가는 영구적으로 기록이 되어 법원에 제출되기도 하는데, 사건에 책임을 지고 돕는 전문가에게 부모와 아이들 사이의 유대와 애착의 정도를 알려 주는 것이다. 만약 개입(Intervention)이 정당한 이유가 된다면 상담자는 중요한 개입에 관한 문서를 증거자료로 제공하게 된다.

초기 개입과 예방은 애착되지 않은 아이들과 관련된 어떤 문제를 푸는데 중요한 열쇠가 된다. 애착 장애에 대한 여러 가지 치료가 있는데, 여기서 부시는 전통적인 치료 이외에 가족치료, 영성 치료, 분노 감소 요법(rage reduction therapy), 수정된 개최기법(modified hold technique), 자연요법(wilderness therapy), 안구운동 탈 감작과 재구성 요법(eye movement desensitization and reprocessing) 등으로 불리는 새로운 치료기술을 발표하였다. 후자는 방해를 받는 정서, 감각, 기억 등을 처리하는 하나의 방법이다. 안구운동은 처리하는 제도를 자극해서 드러나도록 하는 것이며, 사용가능한 것은 법으로 만들고, 사용하지 않는 것은 없어지도록 두는 것이다. 이런 기술은 반 애착 장애(RAD)로 진단받은 아이들을 돕는데 사용되고 있다. 각 가족은 문제에 대한 가족의 독특한 장면을 치료에 가져가서 개인적인 접근이 되도록 한다. 여기서 치료개입의 어느 부분은 모든 사람에게가 아니라 몇몇 아이들에게 성공[115]할 것이다.

요약해 본다면, 유대와 애착의 관계를 평가하는 과정에 대한 개선책들을 지속적으로 배우고 실행하는 것이 보고되어야 한다. 부시가 유대와 애착의 관계를 평가하기 위하여 개발했던 방식들은 계속적으로 발전되고 있다. 그것은 평가하는 것 차체가 중요할 뿐만 아니라, 아이들의 삶속에서 일찍부터 양육자와 접촉하지 않은 아이들에게 어떻게 영향을 미치는지를 이해하도록 한다. 또 어떻게 유대 관계를 형성하는지를 부모에게 가르치는 것도 중요하다. 필자는 유대와 애착에 대하여 더 많은 연구의 필요성을 인식하고 이것은 매우 흥미로운 분야이며, 최초의 양육자와 애착을 가지지 못했던 아이들과 유대 관계를 갖지 못했던 아이들에 대하여 많은 관심을 기울여야 한다고 생각한다.

4. 정서중심 부부치료 소개 및 존슨의 이론

1) 정서중심 부부치료의 기본가정

로맨틱한 사랑을 이해하는 근거가 되는 애착 이론과 치료적 변화를 만들기 위하여 경험주의와 체계적 접근을 사용하는 정서중심 부부치료에서는 다음과 같이 가정을 세우고 있다.[116]

첫째, 성인의 친밀감에 가장 알맞은 구조는 정서적 결합이다. 부부 갈등의 중요한 문제는 안정된 정서적 결합의 형성 여부에 달려 있다. 이런 결합은 상대 배우자의 정서적 교류에 의한 접근과 반응을 통하여 유발된다. 이러한 결합을 통하여 안정감, 보호 및 접촉 등의 타고난 욕구를 충족시킨다.

둘째, 정서는 애착 행동을 만들고, 친밀한 관계 안에서 자신과 다른 사람이 경험했던 접근 방식을 조직하는 중요한 요소가 된다. 애착과 경험주의 이론은 정서 경험과 표현을 강조한다. 정서는 인식한 것에 의미를 부여하고 행동을 하게 만들며 다른 사람과 의사소통을 하게 한다. 정서는 부부치료의 중요한 목표이며 변화의 매개체이다. 따라서 새로운 정서적 경험은 정신내적 및 대인관계 변화에 가장 중요한 요인으로 생각한다.

셋째, 부부관계의 문제는 부부관계에서 부부간의 상호작용의 형성 방식과 부부간의 현저한 정서적 경험에 의해 지속된다. 상호작용과 정서적 경험은 부부가 서로 결정하려는 태도에 작용하여, 치료과정에서 상호 영향을 미치고 재정의 하는데 활용한다.

넷째, 부부간의 애착욕구와 욕망은 본질적으로 건강한 것이고 적응적인 것이다. 문제는 욕구와 욕망이 불안정하다고 판단되는 경우에 제한하는 것이다. 애착 이론과 인간기능에 대한 경험주의적 관점 모두는 욕구와 욕망의 적응적인 특성을 강조하며, 이런 욕구를 무시하고 제한하면 문제가 일어난다는 것이다. 이런 욕구가 무엇인지를 깨닫고 인정하는 것이 정서중심 부부치료의 핵심적인 부분이다.

다섯째, 정서중심 부부치료의 변화는 부부관계에서 서로의 입장에서 내재하고 있는 정서적 경험에 접근하여 재처리하면 유발된다. 정서를 새롭게 경험하고 표현하면 부부의 태도는 변하고, 또 상호작용이 바뀌어 부부의 결함이 재정의 된다. 변화는 단순히 통찰력, 정화(catharsis) 및 협상 등을 통하여 일어나는 것이 아니라 새로운 정서적 경험과 새로운 상호작용 과정에서 일어난다.[117] 존슨은 이러한 가설 위에 정서중심 부부치료를 진행하고 있다.

2) 정서중심 부부치료의 핵심원리

S. 존슨은 정서중심 부부치료의 핵심원리는 다음과 같다고 하였다.[118]

첫째, 협력적인 동맹은 부부에게 그들의 관계를 탐색하기 위하여 안전기지(secure base)를 제공해 준다.[119] 즉 안전기지는 에인스웍스가 애착대상에 의해 제공되는 안전감을 설명하기 위하여 도입한 용어이다. 아이들은 위험한 상황이나 아프고 피로하며 분리되었다고 생각할 때, 안전 기지를 찾거나 애착 행동을 한다. 이 안전기지는 아이들이 안전에 대한 욕구가 일어날 때 생기는 것으로 유동적이다. 안전기지에 대한 이런 현상은 성인에게도 똑같이 적용된다. 그래서 우리가 신뢰하는 사람과 함께 있을 때 편안함을 느끼며 어떤 일을 추구하게 된다.

둘째, 정서가 애착 행동과 상대 배우자와의 친밀한 관계를 경험하도록 재구조화하는 것이다. 정서는 다른 사람에게 의사소통을 표현하고 부부의 반응을 체계화할 때 애착 반응에 욕구를 가지게 되고, 신호를 보내는 지각 대상에게 의미를 전달하게 된다.[120] 정서중심 부부치료 치료자는 정서적 반응과 두려움과 무기력 등 대수롭지 않게 여기는 부분을 확대함으로써 나타나는 분노와 같은 부정적인 반응, 해체된 반응에 관심을 가진다. 또한 치료자는 관계의 춤에서 새로운 단계로 나아가기 위해 두려움, 그리움, 혹은 강한 분노 등이 새롭게 형성되고 유기적으로 관련된 정서를 활용한다. 정서 중심 부부치료의 관점에서 보면 중요한 정서를 다루고 표현하는 것이 부부 문제에 대한 가장 빠르고 유일한 최선의 해결책이 된다. 정서는 우리 세상과 반응을 빠르고 강하게 전환하여 다른 접근방식으로 바꾸기 곤란한 신뢰, 동정심 등 중요한 핵심 반응을 유발한다.

셋째, 애착 욕구와 부부 욕망은 본질적으로 건강한 것이며 적응적인 것이다. 그런 욕구는 문제가 발생하는 불안정한 상황에서 재연되는 접근방식이다.

넷째, 문제는 부부의 상호작용으로 생기고, 또한 관계 속에서 각각 배우자가 지배하고 있는 정서 경험에 의해서도 일어나게 된다. 이런 정서와 상호작용은 상호간에 결심하고 있는 자기 강화 피드백 고리를 형성한다. 정서중심 부부치료 치료자는 먼저 부정적인 정서와 관련된 반대되는 정서를 약화시켜야 한다. 이때 치료자는 긍정적인 정서가 일어나서 부정적인 정서가 다른 방식으로 조절되도록 하는 새로운 긍정적 상호작용 고리를 만들도록 돕는다.

다섯째, 변화는 과거의 병식, 정화(catharsis), 협상(negotiation) 등을 통하여 일어나는 것이 아니라, 애착에 현저한 상호작용으로서 현재의 상황에 나타난 새로운 정서 경험을 통하여 변화가 일어나는 것이다.

여섯째, 부부치료에서 "내담자"는 부부 사이의 관계이다. 성인 사랑에 대한 애착의 관점은 그런 관계의 중요한 요소에 맵(map)을 제공한다. 문제점들은 성인 불안정(adult insecurity)과 분리 불화(separation distress)의 형태로 나타난다. 궁극적인 치료의 목적은 부정적인 고리를 완만하게 하고 관계의 특성을 재구조하여 안정된 유대관계가 형성되도록 하고 새로운 고리를 만들어 가는 것이다.

그러므로 정서중심 부부치료에서 중요한 3대 과제는 다음과 같다.

첫째, 안전하고 협력적인 치료동맹을 만들어 가는 것이다.

둘째, 부부의 상호작용을 안내하는 정서적 반응에 접근하여 그 정서적 반응을 확장하는 것이다.

셋째, 접근성과 반응성의 방향에서 이러한 상호작용을 재구조화 하는 것이다.

3) 정서중심 부부치료의 변화 과정 및 존슨의 9단계 이론

오늘날 부부치료에 혁명이 일어나고 있다.[121] 임상 심리학자 다틸리오(Dattilio)는 1990년대 말 당시 10년간의 연구에 대한 반응과 논쟁을 통하여 혁신적이고 비전통적인 접근들과 함께 부부와 가족치료에 다양한 접근들이 통합되고 있다고 보았다.[122] 사실 그동안 1960년대 말 패터슨(Patterson)[123]과 스튜어트(Stuart)[124] 그리고 리버맨(Liberman)[125]과 같은 사람들과 1970년대 많은 사람들에 의한 연구들이 쏟아져 나왔지만 부부와 가족치료 분야의 통합에 주목을 받은 것이 거의 없었고 1990년대까지 부부와 가족치료를 가능하게 하는 치료적 접근들이 압도적으로 많이 연구되고 있었다. 그러나 어떠한 양식도 광범위한 부부와 가족치료의 역기능을 다루는 데 이상적이지 않아 치료적 어려움을 갖게 되었고, 그 해결책으로 통합적 접근에 매력을 느끼게 되었다. 또한 1990년대 초 실제 임상치료자들이 양립될 수 없는 것으로 보았던 다양한 사고의 양식을 탐구하게 이끄는 심리치료 통합의 강력한 움직임이 시작되었다.[126]

이런 통합은 초기 부부와 가족치료 발달에 중요한 영향을 주었던 구조적 치료와 전략적 치료, 즉 두 이론의 효과적인 치료를 최대화하는 시도였다.[127] 개입에 대한 통합의 형태는 임상치료자가 부부와 가족치료 뿐만 아니라 개인과 함께하는 잠재적인 효과를 알게 되면서 점점 더 증가하게 되었다. 그래서 가족치료자가 지향하는 양식은 절충주의(eclecticism)와 통합(integration)에 있다.[128] 특히 정서중심 부부치료는 경험적인 접근과 체계적인 접근을 통합하였으며, 정신내적인 부분과 대인관계적인 부분을 통합하고 배우자들에게 새로운 정서반응을 자극하여 새로운 상호작용이 일어나게 하는 접근방식이다.[129]

존슨은 정서중심 부부치료의 변화의 과정을 아홉 단계의 모델을 통하여 설명하고 있으며, 이것을 또 다시 크게 세 부분으로 구분하고 있다. 먼저 처음의 4단계는 평가와 상호작용에서 일어나는 부정적인 고리를 약화하는 것이다. 중간의 3단계는 상호작용이 변하고 새로운 연결이 일어나는 특정한 변화의 과정을 형성해 가는 것을 강조하는 단계이다. 마지막 치료의 2단계는 부부의 매일의 일상생활 속에서 변화의 강화(consolidation)와 이런 변화의 상호작용을 다룬다. 만약 부부가 아홉 단계를 성공적으로 잘 수행한다면 그들은 오랫동안 가로막혀 있는 갈등의 문제를 풀 수 있고 현재 겪고 있는 실제적인 문제도 해결할 수 있을 것이다. 그런 문제가 더 이상 있지 않게 되면 정서중심 부부치료 모델은 애착의 중요성 안에서 빠르게 진행될 것이다.

치료자는 부부를 한 단계가 합쳐져서 다른 단계로 들어가는 선상 유형의 단계를 통하여 진행한다. 가벼운 불화 관계에 있는 부부는 일반적으로 평행한 속도로 그 단계에 빠르게 작용한다. 좀 더 불화가 깊은 부부의 경우나 수동적이거나 위축된 부부는 대체로 그 단계를 통할 때 조금씩 다른 단계로 들어가도록 권장한다. 새로운 춤(dance)을 만드는 것은 양쪽 배우자가 함께 참여하고 있을 때가 더 용이하다. 그때 이런 배우자의 상승하는 정

서적 교류는 상대 배우자를 도우며, 종종 더 비판적이고 활동적인 배우자
는 좀 더 신뢰하는 태도로 변해간다.

정서중심 부부치료의 아홉 단계는 다음과 같이 나타난다.[130]

제 1기: 고리의 약화(Cycle De-escalation)

단계 1: 부부 사이의 관련성이 있는 갈등의 문제를 확인하라.

단계 2: 이런 문제가 표출되는 곳에서 부정적인 상호작용의 고리를 확인
하라.

단계 3: 이런 고리에서 각각 배우자가 취하고 있는 내재된 상호작용의 태
도를 인정하지 않는 애착 지향적인 정서에 접근하라.

단계 4: 애착 욕구를 동반한 내재된 정서의 고리에 의하여 문제를 재구조
화 하라.

제4단계까지의 목표는 그들이 상호작용에서 메타-시각(meta-perspective)을 가지는 것이다. 그들이 의식하지 못하는 사이에, 그들의 관
계에 특징적으로 드러나 상호작용 고리에 의하여 고통당하고 있는 것으로
되어 있다. 단계 4는 고리의 약화 제1기의 결론 부분이다. 치료자와 부부
는 각 개인의 현실을 인정하고 고리의 공동의 적에 맞서서 부부가 함께 세
워지도록 용기를 주는 부부 문제에 있어서 확장된 형태를 형성한다. 부부
는 그들이 부분적으로 "그들 자신의 고통을 만들고" 있다는 것을 보기 시작
한다. 만약 그들이 이런 구조를 수용한다면 그들이 만들기를 원하는 행동
의 변화가 분명히 있을 것이다. 그러나 만약 치료를 여기서 멈춘다면 대부
분의 부부는 이런 행동의 변화는 나타나지 않는다. 필자는 부부의 안정적
결합을 위하여 반드시 새로운 고리가 시작될 때 안정적인 애착이 일어나게

된다고 생각한다.

제2기: 상호작용 태도의 변화(Changing Interactional Positions)

단계 5: 자기 속에 거절당한 애착 욕구의 모습이 있는 것을 받아들여라.
이런 애착 욕구는 안도감과 위로를 포함하며, 동일시하지 못했던
자신의 모습은 수치심과 무가치함을 포함한다.
단계 6: 다른 경험에 대한 각각 배우자의 수용을 넓혀라. 부부가 상대 배
우자에게 말할 때 "나는 악마와 결혼했었는데 그러나 지금은… 나
는 누가 당신을 여기에 있게 했는지 알지 못한다."
단계 7: 새로운 이해를 기초하고 있는 상호작용을 재구성하여 유대관계
를 만들기 위하여 욕구와 소망에 대한 표현을 하도록 유도한다.

7단계까지의 목표는 위축된 배우자가 관계에서 재개입하여 이런 재개
입의 경우에 적극적으로 이야기하게 하는 것이다. 예를 들어 "나는 당신
을 위해 거기 있기를 원한다. 나는 그 영역 밖에 있다. 그러나 나는 이 비평
을 모두 처리할 수가 없다. 나는 우리가 다른 접근 방식을 찾아보기를 원한
다. 나는 조수에 따라 변하는 파도 앞에 서 있지 않을 것이다."라고 배우자
가 말하게 한다. 또한 그 목적은 더 많이 비난하는 배우자를 "부드럽게" 만
들고, 그들의 애착 욕구가 연약한 태도에서 충족될 수 있도록 요구하는 것
이다. 이런 "순화"(softening)가 공감적 반응에 대해 끌어당기는 효과를 가
진다. 이런 경우는 정서중심 부부치료에서 관계 불화의 회복과 연관되어
있다.[131] 양쪽 배우자가 7단계를 완성했을 때 새로운 형태의 정서적 교류
가 가능하며 결합의 과정이 일어난다. 이러한 과정은 일반적으로 그 회기
의 치료자에 의해서 촉진된다. 그러나 이러한 과정은 가정생활에서도 일어

나는 것이다. 이때 부부는 서로 신뢰할 수 있고, 상호 접근하고 반응하면서 서로에게서 위로를 얻을 수 있다.[132]

제 3기: 강화와 통합(Consolidation and Integration)

단계 8: 오래된 문제에 대한 새로운 문제의 발생을 유도하라.
단계 9: 애착 행동에 대한 새로운 태도와 고리를 강화하라

여기서의 목적은 예를 들어, 치료에 있어서 부부의 성취도를 평가하고 부부가 불화에서 그들의 일정기간의 행로에 들어가서 일관성 있게 이야기 하도록 도우며, 상호작용에 대한 새로운 반응과 고리를 강화하는 것이다. 또한 치료자는 부부가 관계를 파괴했던 구체적인 문제를 해결하도록 지지 한다. 앞에서 언급했던 것처럼 이것은 상대적으로 쉽게 이루어지는데, 이 러한 문제에 대한 대화는 관계 정의에 대한 파괴적인 정서와 문제를 압도 하여 더 이상 주입되지 않기 때문이다.

4) 변화의 기전

정서중심 부부치료에서의 변화는 인지적 통찰력, 문제 해결이나 협상기 술 또는 카타르시스나 순환의 과정을 획득한다는 관점에서 보는 것이 아 니다. 각각의 배우자와 함께 걸으며 그 또는 그녀의 정서의 앞서가는 경계 로 가서 한계에 달하거나 어렵사리 통합되어 이 경험에 새로운 의미를 주 는 요소들을 포함하도록 이 경험을 확장시켜 간다. 일단 각자 배우자의 연 관된 경험이 새로운 빛깔과 형태를 갖게 되면, 부부는 상호작용 댄스에서 다른 방향으로 발을 움직일 수 있다. 그래서 날카로움과 짜증이 불안과 고

통으로 확장된다. 그래서 고통의 표현이 완전히 새로운 차원을 짜증난 배우자의 연관된 감각과 배우자와의 대화 속으로 가지고 간다. 경험이 재구성되고, 그 경험에서의 정서적 요소가 배우자에게 새로운 반응들을 유발한다. 그래서 짜증난 배우자가 상대 배우자를 경멸하기보다 자신의 두려움과 외로움에 좀 더 결합되면서 자신은 상대 배우자에게 손을 뻗치기를 원하고 위로를 요구하게 된다. 부부는 새로운 방식으로 그들 자신의 경험을 표현한 후 배우자를 포용하는 새로운 만남과 새로운 형태들을 육성한다. 이렇게 경험은 재구조 되고 부부간의 댄스도 역시 재구성된다.[133]

정서중심 부부치료에서 변화의 과정에 대한 연구는 다른 곳에서 설명되었다.[134] 일반적으로 성공적 회기에선 부부들은 경험의 깊이가 더해졌고, 반응의 교류가 더해졌다. 부정적 고리의 약화와 위축된 배우자의 재개입은 정서중심 부부치료 회기에서 쉽게 관측될지라도 연구에서 보여진 변화 과정은 순화(softening)이다. '순화'는 대개 적대적인 배우자에 의한 것이지만, 안심이나 위로, 또는 또 다른 충족될 애착 욕구에 대하여 상처 받기 쉬운 요구를 포함한다. 이제는 접근하기 쉬운 배우자의 다른 배우자가 이 요구에 반응할 수 있을 때, 양쪽 배우자들은 상호 반응하며, 유대작용이 발생할 수 있다. 이러한 과정을 통한 배우자의 순화를 간단히 보여 주는 짧은 예화를 아래에 소개한다.[135]

① "난 정말 아주 곤두서 있어요, 당신도 알죠. 그래서 그가 적군 같이 보여요."

② "내 짐작에 아마도 난 당황해 안절부절 못하는 것 같아요. 그래서 무척 화가 나요. 또 다른 무엇을 할 수 있겠어요? 그는 거기에 없고 난 그렇게 무력함을 느껴선 안돼요."

③ "난 내가 원하는 것을 요구 못해요, 난 한 번도 그렇게 해보지 못한 걸

요. 난 비참해질 것이고 그는 그걸 좋아하지 않을 거예요; 그는 그것
을 거절하고 달아날 테죠, 정말 끔찍할 테죠.” (그 후 배우자가 초대하고 재
확신한다.)

④ “무서워요. 난 지금 정말 왜소하다고 느껴요. 난 정말…, 내 생각엔…(배
우자에게) 난 당신이 날 붙들어 주면 좋겠어요. 당신이 사랑한다는 사
실을 그리고 나의 상처를 알고 있다고 내게 알려 주겠어요?”

이것들은 순화과정에서의 많은 변화의 정도이다. 가장 쉽게 확인된 것
들은 아래와 같다.[136)]

① 경험의 확장으로서, 접근 애착 공포(사랑하는 사람에게 다가갈 때 거절을 두
려워하는 것과 같다)와 접촉과 위로의 갈망을 포함한다. 정서들은 우리가
필요로 하는 것이 무엇인지 우리에게 말해 준다.

② 다른 방식으로 배우자와 연합함. 두려움은 화를 덜 내게 하고 좀 더
교류하는 태도를 만든다. 무서워진 배우자는 그녀의 정서적 필요들을
언어와 변화된 그녀 몫의 댄스에 집어넣는다. 새로운 정서들은 새로
운 반응들·행동들에 앞선다.

③ “순화되고 있는” 배우자의 새로운 관점이 다른 배우자에게 제공된다.
앞의 예에서 남편은 그의 아내를 위험스럽다기보다는 유감스럽다는
다른 모습으로 보고, 그녀가 상처받기 쉽다는 표현들에 의해 그녀에
게로 끌려진다.

④ 새롭고 강제적인 고리가 시작된다. 그녀는 목표를 달성하고 그는 위
로한다. 이 새로운 결속은 부정적 상호작용에 해결책을 제시하고, 확
고한 유대감 같은 관계를 재보증 한다.

⑤ 유대감을 돕는 사건은 치료 회기 중에 발생한다. 이 유대감은 열린

의사소통, 융통성 있는 문제 해결과 매일의 논제에 신속하게 대응하게 한다. 부부는 논제와 문제점들을 해결하고, 그들의 삶과 그들의 관계를 꾸려 나갈 능력을 굳힌다.(정서중심 부부치료의 제3기)

⑥ 자신에 대한 배우자의 의미에 변화가 생긴다. 부부는 위로 할 수 있고 또 위로 받을 수 있다. 부부 모두가 그들의 관계를 재정의하고 회복할 수 있을 만큼 상호작용 가운데 사랑스럽고 사랑받을 자격이 있다고 생각한다.

브래들리(Bradley)와 퍼로우(Furrow)[137]에 따르면 유발시키는 반응 같은 어떤 개입들은 정서의 심화를 촉진하고 이러한 순화 과정을 완성하는데 결정적이라고 했다. 순화 과정에서 부부를 안내하고, 순화를 형성할 수 있도록 돕는 치료자를 위해, 자신은 정서적으로 기꺼이 교류할 수 있어야 한다. 부부가 치료에서 안전 기지를 확보할 때, 치료자는 치료과정에서 자신감, 애착 욕구와 행동에 대한 타고난 힘을 가지고, 내담자의 가능성 속에서 그들의 정서적 실재를 재구성하도록 배워야 한다. 그렇다고 해도 모든 부부가 순화될 수 있는 것은 아니다. 어떤 부부들은 그들의 관계를 향상시키고, 부정적 고리를 약화시키고, 좀 더 많은 정서적 교류로 거기서 부부의 불화를 멈출 것이다. 그 모델은 비록 그러한 향상이 가치 있고, 의미 있다 하더라도, 이 부부들이 다시 원상태로 환원될 만큼 더 상처받기 쉬울 것이라는 것을 보여 준다.[138]

5) 치료의 핵심

S. M. 존슨은 부부와 가족 치료 케이스 스터디(Case Studies in Couple and Family Therapy: Systemic and Cognitive Perspectives)에서 정서중심 부부치료는

단기치료로 부정적인 상호작용 패턴의 변화와 안정된 정서적 결합을 만드는데 중심을 두는 구조적 접근을 하는 치료방법이라고 했다. 이 부부치료는 현재 임상적인 영향을 증명하는 몇몇 부부치료 중의 하나로[139] 또 불화관계를 변화시키는 새로운 접근방법으로 시간이 지남에 따라 지속되는 대단한 치료효과를 가져왔다. 이것은 극심한 가족 스트레스, 우울증, 그리고 외상 후 스트레스장애(Posttraumatic stress disorder: PTSD)와 같이 중요한 문제로 고통당하는 배우자들과 관련된 다양한 종류의 부부들에게 성공적으로 사용되었다.[140] 여기에 사용된 개입기법은 치료의 단계를 거쳐 부부의 진전된 변화 과정을 통하여 구체화[141]된다. 특히 관계 불화에 관심을 두고 있는 정서중심 부부치료는 상호작용 패턴에 대한 정서적 반응과 단단한 자기강화(self-reinforcing)에 역점을 두고 있어 불화관계에 대한 경험적 연구[142]는 이런 두 요소의 중요성을 강조하고 있다. 또한 관계 만족과 안정성에 대한 정서적 교류(emotional engagement)[143]의 중요성을 강조할 뿐만 아니라 치료자는 질문을 통하여 누가 이런 개입에 가장 적합한지를 파악하여 내담자를 연결하고, 중요한 변화 과정과 사건을 확인[144]하는 것이다.

정서중심 부부치료는 협력적인 모델이며, 치료의 방향이 비병리적이기 때문에 현대의 시대정신에 잘 맞는 부부와 가족치료이다. 또한 이것은 구조적인 접근으로 개성 있는 배우자들이 부부의 상호작용[145]이 일어나는 댄스의 상황에서 자신과 상대배우자의 동일시에 대한 그들의 계속되는 경험과 도식을 실제로 어떻게 조직하고 만드는지에 초점을 두는 것이다.

정서중심 부부치료가 다른 접근과 어떻게 다른가?

정서중심 부부치료가 다른 접근법과 구별되는 것은 정서에 우선순위를 두는 것이다. 즉 정서는 어떤 일을 합리적으로 극복하고 대처하는 것으로 보기보다는 애착 행동의 결정자(determinant)로 또는 부부치료의 변화에 대한 긍정적인 힘으로 본다. 정서는 다른 신호보다 우선하는 경향이 있어서 부부간의 결합을 확인하는 중요한 애착반응을 알려주며 조직한다. 또한 정서는 애착 행동을 조직할 뿐만 아니라 특정한 반응을 이끌면서 상호작용을 만들어 다른 사람들과 의사소통하는 특성을 가진다. 또한 연약함이 표현될 때 정서는 동정적인 반응을 이끌기도 하고 약하게도 한다. 그래서 존슨은 『정서중심 부부부료의 실제』(*The Practice of emotionally focused marital therapy*, Second Edition: Creating connection)에서 정서를 애착 댄스의 음악으로 설명하며, 그 음악은 배우자의 상호작용의 태도를 재조직하여 춤을 추게 한다는 것이다. 예를 들어 이전에 냉담하던 배우자가 접촉하고 절망을 표현했을 때 신뢰에 대한 새로운 춤과 연민이 시작되는 것이다. 그래서 정서는 친밀한 관계에 대한 특정한 이론적 접근에 바탕을 두고 있음을 알게 된다. 부부의 결합에 중요한 애착 이론[146]은 배우자의 요구에 대한 안내자로 또는 배우자의 반응을 나타내어 재구조하는 메타구조로 사용한다. 존슨이 말하는 부부치료의 목적은 부부의 정서적 반응을 확장하도록 돕고 안전한 결합과 정서적 교류를 촉진하는 상호작용을 구조하는 것이라고 했다. 그녀는 치료자의 다음과 같은 가설을 세우고 있다.[147]

첫째, 부부치료자는 두 측면, 자신과 체계(system), 내적 정신과 대인관계, 그리고 다른 사람에게 어떻게 반응하고 생성하는지 양측에 중심을 두기를 원한다. 둘째, 정서는 자기와 체계 사이의 중요한 연결고리이다. 즉 다른 사람과 친밀하게 하는 핵심적인 반응을 미리 알려주는 것이다. 셋째, 정서는 애착상태에서 상대적(relevant)이고 중심적(central)이다. 즉 접근해서 반응하는 사람들과 함께 안전한 관계를 위한 애착욕구는 미성숙하고 역기능적인 것을 말하는 것이 아니라 적응적(adaptive)이고 자연스러운(natural)인 것[148]으로 나타난다. 넷째, 애착 욕구와 정서적 반응은 본질적으로 건강하고 적응적이고, 이런 욕구와 욕망은 위험한 상황에서 문제를 일으켜 재연하는 것이다. 다섯째, 치료자는 복잡한 상호작용 체계에서 일어나는 중요하고 지속적인 변화에 대하여 배우자가 새로운 정서적 경험을 만들어 가도록 돕는다. 이런 가설은 통찰, 기능향상, 협상에서는 효과가 적다. 아인슈타인(Einstein)이 "지식은 경험이고 그 이외의 다른 것은 단지 정보(information)일 뿐이다."라고 했다. 정서중심 부부치료 치료자는 배우자가 정서적 반응을 재처리하고 인정하도록 돕는 것과 이러한 재처리 반응을 통하여 부부가 결합할 수 있도록 상호작용의 확장을 위해 사용하도록 계속 움직여 가는 것이다.[149)

S. M. 존슨은 『부부 및 가족 치료 케이스 스터디』(*Case Studies in Couple and Family Therapy: Systemic and Cognitive Perspectives*)에서 정서중심 부부치료의 중요한 두 개의 치료적 과제를 제시하고 있다. 첫째는 배우자의 상호작용적인 입장을 미리 알려주는 핵심적인 정서적 경험을 도출해내고 확장하는 것과 둘째, 상호작용을 재구조화하는 것이다. 이 책에서 그녀는 긍정적 치료적 동맹은 효과적인 상호작용을 위해 선행되어야 하는 필수 조건이며, 이런 치료적 동맹은 정서중심 부부치료의 핵심적인 부분이라고 했다. 이것은 내담자가 그들의 경험의 특성과 어떻게 그들의 상호작용 댄스가 창조되고 반영되는지를 가르쳐 주는 의지뿐만 아니라 치료자의 공감적 조율에 의한 것이라고 했다. 첫 번째 개입, 정서적 경험을 유도하고 확장하는 과제에 사용된 개입은 경험적이고 개인적인 치료와 체계적 치료에 의해 발견된 직접적이고 과제 지향적인 개입과 관련된 것으로 받아들여졌다.[150)

정서중심 부부치료의 치료자는 "3P"에 초점을 두고 있다. 먼저 현재(present) 상황, 둘째 내적 정신과 대인관계 과정 패턴(process patterns), 즉 사람들이 현재 그들의 정서적 경험과 어떻게 상호관계 고리를 구조하는가에 관한 것, 셋째 1차적인 정서(primary affect)이다.[151) 1차적인 반응은 의도되지 않고(unattended), 분화되지 않으며(undifferentiated), 또 관계를 부인

(disowned)하며, 2차적인 반응은 불화관계 고리의 일부분으로 표현된다. 치료자는 부부와 함께 고리를 설명하기 위하여 이런 이차적인 반응을 반영하고 또 인정한다. 그러나 치료자는 1차적인 정서에 접근하기 위하여 이러한 반응을 확장한다. 치료자는 정서적인 반응과 관계를 정의하는 상호작용 단계에 가까이 머물러 있으며, 내용 문제(content issues)와 실용적인 문제에 붙잡히게 되는 것을 피한다.

존슨의 정서중심 부부치료 아홉 단계는 다음과 같다.

첫째 평가,[152] 둘째 애착 불안정과 부부불화를 지속되게 하는 파괴적인 상호작용 고리를 확인하는 것, 셋째 상호작용적인 태도 이면에 숨겨져 있는 감정을 발견하는 것, 넷째 고리의 문제와 채워지지 않은 욕구를 재구조화 하는 것, 다섯째 자신과 경험에 대하여 새롭게 확장된 측면과 욕구에 대하여 자기 자신을 격려하는 것, 여섯 번째 다른 사람에 의해서 자신과 경험에 대한 이런 면을 수용하도록 촉진하는 것, 일곱 번째 욕구와 원하는 표현을 조성하고 안전한 정서교류를 만들어 가는 것, 여덟 번째 문제점에 관하여 협력하도록 장려하는 것, 아홉 번째 애착 행동에 대한 새로운 입장과 새로운 고리를 강화하는 것이다. 그래서 1-4단계는 고리를 약화하는 것으로 구성되었고, 5-7단계는 상호작용 태도를 변화하는 것과 연관되어 있으며, 8-9단계는 긍정적인 변화로 통합하고 강화하는 것과 관련되어 있다.[153]

6) 치료의 유익과 전망

현재 정서중심 부부치료는 세 가지 영역에서 성장하고 있다. 첫째 부부치료에서 개입이 세분화되고 구체화되는 부분, 둘째 치료적 교착상태[154]를 개념적으로 분명하게 하고, 교착상태의 해결과정을 이해하는 부분, 셋째 외상 후 스트레스 장애(PTSD)와 우울증으로 몸부림치는 배우자에게 정서중

심 부부치료가 구체적으로 적용되면서 계속 발전하고 있다.[155]

첫 번째 영역에서, 이런 개입의 발전은 관찰을 통하여 애착치료 모델의 정보를 통하여 그리고 애착 이야기와 안정된 애착을 형성하는 애착 이론의 영향을 강조함으로써 진보하고 있다.[156]

둘째 영역은 교착상태의 한 형태가 되는 애착 손상(an attachment injury)[157]이라는 용어로 나타나고 있다.[158] 외상 사건은 애착 이론의 관계에서 분명해진 불화로부터 회복을 차단할 때 관찰되고 인정되며, 그 과정의 해결은 하나의 사례연구를 통하여 행해졌다. 이런 사건은 상실감을 겪은 후, 질병의 진단을 받은 후, 유산 후, 이민과 같은 변화 이후에 전형적으로 일어난다. 이런 순서는 배우자가 분명히 상대방의 고통을 인정하고 슬픔을 표현하고 고통에 대하여 편안함을 주는 과정을 거치면서 확인된다. 이런 광범위한 상황에 대한 정서중심 부부치료의 공헌은 용서와 화해에 대한 최근의 조사연구로 알 수 있다.[159]

셋째 영역은 외상 생존자나 외상을 가진 그들 배우자에게 정서중심 부부치료가 활발하게 사용되었다. 이것은 폭력범죄의 희생자나 어린 시절 심각한 성적 학대와 같은 외상치료에 규칙적으로 병원에서 사용되므로 더 발전하는 계기가 되었고, 안정된 애착관계는 치유에 중요한 역할을 차지했다. 그러나 외상은 방어적인 애착을 증대시키므로 결합하고 신뢰하는 능력을 손상시킨다. 정서중심 부부치료가 이런 외상을 가진 사람들에게 사용될 때, 외상에 대한 교육적인 요소와 애착에 대한 영향이 추가되고 개입이 재정의 된다. 예를 들어 정서는 더 폭넓게 포함되고 치료의 속도는 더디며 더 많은 시간이 걸리며 "안전 규칙"(safety rules)은 자해와 같은 행동을 포함하여 만들어졌다. 치료적 동맹은 더 강력하게 감시되었고 부끄러움과 같은 정서는 더 활발하게 다루어졌다. 이것은 우울증을 다루는 부부치료에 함께 사용하는 대표적인 예이다. 그래서 우울증과 PTSD는 불화 부부에 발생하는 것으로 알려진 두 개의 중요한 문제[160]가 되어 정서중심 부부치료가 더 넓게 적용되고 있는 것이다. [161]

많은 부부치료의 목적이 부부치료 분야에서 실제로 증명이 되었다. [162] 첫째, 이 분야가 경험적으로 기초가 되었고, 둘째, 변화과정에 대한 조사연구는 증가되어 연구와 실제 사이에 벌어지는 차이를 연결하는데 사용되었다. 셋째, 정서중심 부부치료는 성인사랑과 관계 혹은 실용적인 개입의 연결을 분명하게 하는 개념 일치에 대하여 노력하였다. [163]

정서중심 부부치료는 여러 가지 다양한 수준에서 좀 더 경험적으로 기초하고 있다고 본다. 첫째 개입에 초점을 두고 사용하고 있는 관계불화와 만족에 관한 특징적인 서술, 둘째 개입에 대해서 반응하고 우리가 기대하는 어떤 결과에 관하여 예측하는 수준, 셋째 경험적으로 연구되고 검증될 수 있는 관계이론의 서술에 대하여 경험적으로 인정하고 있다. [164] 하나의 모델로서 정서중심 부부치료의 성장은 이런 최초의 목적인 서술(description), 예측(prediction), 설명(explanation)을 다루고 있다. [165]

정서중심 부부치료는 개입을 세분화하기 위하여 연구과정을 가졌고, 하나의 경험적 모델로서 배우자가 그들의 관계와 그들 자신을 밝히기 위하여 노력했던 실제 임상회기로부터 다시 시작하며 배우기 위하여 연구과정을 계속 사용했다. 그것은 성인 사랑에 대하여 가장 명확한 검증에 바탕을 두어 개념적인 일치[166]가 계속되고 있다. 여러 해 전 가족치료에 있어서 건강연구[167]는 부부관계가 개인의 건강과 행복, 그리고 가족 건강의 기초를 위한 가장 중요한 환경이라고 하였다. 이때 부부의 개입은 자기와 체계 안에서 치료의 영향을 최대화하고, 다양한 수준과 다양한 방법으로 건강을 증진할 수 있는 유일하고 강력한 방법을 부부치료자에게 제공하였다. [168] 정서중심 부부치료는 부부치료의 계속적인 성장을 이루어 갈 것이며, 가장 귀중한 선물인 친밀한 관계의 성장과 재정의 하는 기술을 계속해서 배울 것이다.

수잔 존슨은 처음에는 "부부와 가족치료 분야의 발전을 바라며 정서적 접근을 했다."[169]고 했으며, 특히 부부 개입의 이용은 지난 10년간 대단히 증가했다. 또한 정서중심 부부치료는 잘 알려졌고 좀 더 다양한 사람들에게 적용되었다. 지금은 정서중심 부부치료가 많은 정신건강 학문의 전문적인 검사에 포함되었고, 점점 더 부부치료의 주된 부분으로 받아들여졌다. 그 이유는 부부와 가족치료가 변화되어 가고, 정서중심 부부치료의 경험철학과 더욱 더 일치되었기 때문이다. 그래서 부부치료는 더 협력적인 관계가 되었고 또한 정서적인 활동에 열려 있고 성인 사랑과 성인 애착에 대한 연구를 더 활발하게 진행했다. 그리고 이런 체계적인 관점이 더 이상 내적 경험을 배제하는 것처럼 보이지 않기 위하여 더 통합되었다.

정서중심 부부치료는 부부 치료의 주된 분야가 되었다. 그 이유는 정서중심 부부치료가 늘 대립적이었던 현대의 적으로 경험주의를 보지 않고, 개입을 위한 경험적 지지를 보여 주는 요구와 연구를 받아들이기 시작했기 때문이다. 복잡한 가족관계의 이해와 치료를 위해서는 사례연구, 임상적 관찰, 특히 서술된 개입의 영향과 변화의 과정에 중점을 두는 연구조사에까지 얻을 수 있는 모든 도움을 필요로 한다. 존슨은 이 분야에서 예술과 경험주의와 확실히 손잡고 받아들이기 시작하였다고 했다.

정서중심 부부치료를 수련하고 있는 한 사람이 "나는 사람의 정서를 어떻게 만져야 하는지를 알지만, 내가 거기 있을 때 그들과 무엇을 해야 하는지를 알지 못한다."라고 존슨에게 말했다. 존슨의 소망은 치료자가 정서중심 부부치료를 통하여 정서에 접근하는 방법과 정서를 만들어 가는 법, 그리고 중요한 상호작용의 패턴을 바꾸기 위해 친밀한 관계에서 실제로 정서를 어떻게 사용하는 지에 대한 분명한 감을 갖게 하는 것이다. 이 책은 아마 정서중심 부부치료가 자신의 지혜를 연마하여 품위 있게 하고, 그들의 개입을 발전시켜 갈 것이라는 것을 알게 될 경험 있는 치료자를 위해 쓰여졌다. 또한 이것은 치료자가 과학으로서 치료를 볼 뿐만 아니라, 예술로서 경험하게 하는 것이었다.

부부와 가족치료, 애착관계의 이해와 연구에서처럼, 정서중심 부부치료와 정서중심 가족치료(Emotionally Focused Family Therapy: EFFT)는 여전히 성장하고 발전하고 있다. 정서중심 부부치료에서 이 둘의 놀라운 성장 포인트는 새롭고 다양한 사람들에 대한 정서중심 부부치료의 변화와 적용에 대한 지속적인 연구이다. 정서중심 부부치료가 부부와 가족치료자들에게 꿈이 된 것은, 이 분야가 변화의 과정과 핵심적인 관계 변이에 중대하게 영향을 주는 사건이 변화하기 시작하고, 이 변화를 만들기 위해 치료자가 무엇을 해야 할 것인지를 정확하게 서술하기 시작한 이후부터였다.[170]

정서중심 부부치료 분야의 성장의 핵심은 다양한 사람들에게 개입에 대한 적용이다. 이것은 다양한 종류의 부부, 예를 들면 오래된 부부, 동성애 커플, 암이나 만성질병으로 투쟁하고 있는 부부, PTSD와 우울증으로 투쟁하고 있는 부부들과 관련된 임상의 실제와 연구들에 사용되어 오고 있다. 정서중심 부부치료는 핀란드, 오스트레일리아, 태국, 중국 등 다양한 문화를 사용하는 지역에 사용되어 왔다. 이렇게 다양한 문화에 적용할 수 있는 것은 이런 접근이 정서와 애착의 유대와 같은 일반적인 개념을 다루기 때문에 가능한 것이며, 또한 개입의 방법이 존중할 만하고 협력적이기 때문이다. 그것은 개인적인 차이를 설명하는데 쉽게 적용될 수 있다.

무엇이 정서중심 부부치료를 강력한 개입기법으로 만드는가에 대한 물음에 대해서 두 가지의 중요한 열쇠를 제시한다. 하나는 정서적 경험이요. 또 다른 하나는 애착에 중점을 두는 것이다. 정서적 경험과 애착은 치료 양식에 있어서 가장 강력한 정서적 유대관계에 중점을 두는 것으로 항상 구체적인 느낌을 가지게 하였다. 새로운 정서적 경험은 기본적이고, 직접적이며 그리고 특히 변화에 있어서 눈에 뛰는 경로가 된다. 존슨은 정서적 경험이 바로 계속적으로 변화될 수 있게 하는 유일한 길임을 주장한다.[171] 실제적인 부분에 있어서 20년이 지난 후에도 상호작용을 새롭게 하기위해 정서적인 과정에 접근하고 정서적인 경험을 사용하는 것은 여전히 놀랍고 매혹적이라는 것이다. 이런 정서적 경험이 1차적 감각을 형성하는 때는 우리와 연관된 실제적인 삶에서 정서적 신호를 조직할 때이고, 또 가장 중요한 사람들과 춤을 출 때이다. 그러나 정서에 중점을 두는 것은 단지 다음과 같은 사람들에게는 문제가 있다고 본다. 즉 정서를 위험한 것으로 보거나 심지어 정서를 의사의 부주의로 생기는 것으로 보는 사람들에게는 어렵다는 것이다. 일반적으로 정신건강 훈련과 치료를 실제로 담당하는 치료자들은 정서적 경험에 더 많은 관심을 가지며, 정서적인 힘과 정서에 관련된 긍정적인 힘과 지식을 변화시키는데 열려 있다는 것이다. 또한 심리학에서 정서의 사용을 점점 더 구체적으로 설명하고 있다.

지난 10년간 성인 애착의 영역이 가장 많이 변화되었는데, 이런 성인 애착에서의 정서의 개념과 정서적 경험은 심리학의 가장자리에서 맨 앞과 중심부로 이동하게 하였다. 이렇게 확산된 정서의 성장은 부부와 가족치료자들에게 개입을 가능하게 하는 사랑과 하나의 일원이 되었다는 소속에 대한 맵을 제공해 주었다. 정서중심 부부치료의 위력은 사람들을 끌어들이고 그들의 정서를 끌어넣을 뿐만 아니라, 유대가 더 활발한 사람들과 더 안전한 유대를 창조하는 것에 중점을 두는 것이며, 개인의 성장과 대처, 건강과 창의적이고 안정되며 회복하는 가족들의 질을 높이는 유대에 초점을 맞추는 것이다. 개인적인 것에 관심을 쏟는 문화에서 격리의 위험과 중요한 것들에 우리의 욕구를 강조하는 사고방식은 같은 견해를 받아들이는 페미니스트 모델처럼, 파괴적인 것으로 보일 수 있다. 정치 분파가 무엇이든지 간에, 사랑에 대한 새로운 이해는 부부와 가족치료 분야가 수년 내에 좀 더

특별하고 영향력 있는 개입기법을 사용하기 위해 찾아오는 정서중심 부부
치료 치료자를 지속적으로 안내하도록 해 나갈 것이다.[172]

1) Judith A. Feeney, "The Systemic Nature of Couple Relationships: An Attachment Perspective," 160.

2) S. Epstein, "Integration of the cognitive and psychodynamic unconscious," American Psychologist, Vol. 49 (1994), 709-24; Leslie S. Greenberg, *Emotion-Focused Therapy: Coaching Clients to Work Through Their Feelings*, ix-x.

3) D. Hume, Treatise on human nature, (London: John Noon, 1739); Leslie S. Greenberg, *Emotion-Focused Therapy: Coaching Clients to Work Through Their Feelings*, x에서 재인용.

4) Susan M. Johnson, and Leslie S. Greenberg, *The Heart of the Matter: Perspectives on Emotion in Marital Therapy*, ix.

5) 엄예선, 『한국 교회와 가정사역』(서울: 생명의말씀사, 2007), 258.

6) N. C. Warren, *Finding the Love of Your Life* (Colorado Springs: Focus on The Family, 1992); N. C. Warren, *Finding the Love of Your Life*, 김병제 역, 『평생의 반려자를 선택하는 열 가지 방법』(서울: 요단, 1995).

7) Susan M. Johnson, and Leslie S. Greenberg, *The Heart of the Matter: Perspectives on Emotion in Marital Therapy*, ix-x.

8) Leslie S. Greenberg, and Susan M. Johnson, *Emotionally Focused Therapy for Couples* (New York: Guilford Press, 1988), vii.

9) Phyllis. Erdman, and Tom Caffery eds., *Attachment and Family Systems: conceptual, Empirical, and Therapeutic Relatedness*,

(New York: Routledge, 2003), xi.

10) University of Wisconsin Medical School의 심리학 교수.

11) Susan M. Johnson, *The Practice of Emotionally Focused Couple Therapy*, Second Edition: Creating Connection, x.

12) J. Stevenson-Hinde, "Attachment within family systems: An overview," *Infant Mental Health Journal*, Vol. 11 (1990), 218-27; Judith A. Feeney, "The Systemic Nature of Couple Relationships: An Attachment Perspective," Phyllis Erdman, and Tom Caffery eds., *Attachment and Family Systems: conceptual, Empirical, and Therapeutic Relatedness*(New York: Routledge, 2003), 160에서 재인용.

13) Judith A. Feeney, "The Systemic Nature of Couple Relationships: An Attachment Perspective," 160.

14) L. Ⅲ. Parrott and L. Parrott, *Saving Your Marriage Before It Starts*, (Grand Rapids: Zondervan, 1998); L. Ⅲ. Parrott & L. Parrott, *Saving Your Marriage Before It Starts*, 정동섭 역, 『결혼: 남편과 아내 이렇게 사랑하라』(서울: 요단출판사, 1998).

15) Karl Barth, *Church Dogmatics*, Vol. 3 (London: T and T clark, 2004), 186.

16) Jürgen Moltmann, *Trinity and the Kingdom of God trans*. Margaret kohl, (London: SCM Press, 1981), 18.

17) Jürgen Moltmann, *Trinity and the Kingdom of God trans*. Margaret kohl, (London: SCM Press, 1981), 189.

18) 위의 책, 150.

19) 위의 책, 175.

20) Jack O. Balswick & Judith K. Balswick, *The Family: A christian Perspective on The Contemporary Home,* Third Edition (Baker Academic: Grand Rapids, 2008), 20-21.

21) 엄예선, 『한국 교회와 가정사역』, 219-20.

22) Charles. M. Sell, *Family Ministry*: Second Edition (Michigan: Zondervan, 1995), 104.

23) Jack O. Balswick & Judith K. Balswick, *The Family: A Christian Perspective on the Contemporary Home*(Grand Rapids: Baker Academic 1989), 31.

24) 정동섭, "유교문화와 한국의 가정," B. Litchfield and N. Litchfield, *Christian Counseling and Family Therapy*, Vol. 3, 정동섭, 정성준 역, 『기독교 상담과 가족치료』(서울: 예수전도단, 2002).

25) Leslie S. Greenberg, *Emotion-Focused Therapy: Coaching Clients to Work Through Their Feelings*, 8.

26) 애착이란 영아와 주 양육자 사이에 존재하는 특별한 정서적 유대를 말하며 볼비에 의해 발표되었다. 아이가 되어 성인이 되더라도 애착과 의존이 일생동안 지속적으로 인간에게 영향을 미친다. John Bowlby, "The nature of the child's tie to his mother," *International Journal of Psycho-Analysis*, Vol. 39 (1958), 350-73.

27) Charles. M. Sell, *Family Ministry*: Second Edition, 75.

28) Susan M. Johnson, and Leslie S. Greenberg, *The Heart of the Matter: Perspectives on Emotion in Marital Therapy*, 3.

29) Susan M. Johnson, J Hunsley, L. S Greenberg, and D. Schlindler, "The effect of emotionally focused martial therapy: A meta-analysis," *Clinical Psychology: Science and Practice*, Vol. 6 (1999), 67-79.

30) Susan M Johnson, "The Revolution in Couple Therapy: A Practitioner-Scientist Perspective," 365-84.

31) Susan M. Johnson, Judy A. Makinen and John W. Millikin, "Attachment Injuries in Couple Relationships: A New Perspective On Impasses In Couple Therapy," *Journal of Marital and Family Therapy*, Vol. 27 (2001), 145-55.

32) Susan M Johnson, "The Revolution in Couple Therapy: A Practitioner-Scientist Perspective," 365-84.

33) Susan M Johnson, "Emotionally Focused Interventions for Couples with Chronically Ill Children: A 2-Year Follow-up," 391-98.

34) Susan M Johnson et al., "The Development of Core Competencies for the Practice of Marriage and Family Therapy," *Journal of Marital and Family Therapy*, vol 33, No.4. (2007), 417-38.

35) J. M. Gottman, C. Notarius, J. Gonso, & H. Markman, *A Couple's Guide to Communication* (Champaign, II: Research Press, 1976).

36) J. M. Gottman, *The Marriage Clinic: A Scientifically Based Marital Therapy*, 37.

37) John Mordechai Gottman & Julie Schwartz Gottman, "Gottman Method Couple Therapy," *Clinical Handbook of Couple Therapy,* fourth Edition (New York: Guilford, 2008), 138-64.

38) 위의 책, 138-64.

39) Susan M. Johnson, *The Practice of Emotionally Focused Couple Therapy*, Second Edition: Creating Connection, 8-9.

40) S. M. Johnson, "The Revolution in couple therapy: A practitioner-scientist perspective," 365-84.

41) N. S. Jacobson, and M. E. Addis, "Research on couples and couples therapy: what do we know? Where are we going?"*Journal of Consulting and Clinical Psychology*, Vol. 61 (1993), 85-93.

42) S. M. Johnson, and L. S. Greenberg, "The differential effects of experiential and problem solving interventions in resolving marital conflict," *Journal of Consulting and Clinical Psychology*, Vol. 53 (1985), 175-84.

43) 존슨은 정서중심 부부치료가 부부치료의 분야를 확장시켜가는 아주 새롭고 심지어 혁명적이고 혁신적인 부부치료임을 제시하여 정서중심 부부치료를 현재 나타난 최고의 결과임을 논증하고 있다. Susan M Johnson, "The Revolution in Couple Therapy: A Practitioner-Scientist Perspective," 365.

44) Susan M. Johnson, *The Practice of Emotionally Focused Couple Therapy*, Second Edition: Creating Connection, 27. 67.

45) Susan M. Johnson, "Emotionally Focused Couple Therapy," In Alan S. Gurman, Eds., *Clinical Handbook of Couple Therapy,* fourth Edition (New York: Guilford, 2008), 107.

46) 넓은 부분에서 대부분 정서는 대인관계의 상호작용에서 발생하는 인간행동의 과정 중에 일어나며, 인지적인 부분만으로 다룰 수 없는 인간의 문제에 대한 근본적인 문제를 제공하는 것이다. K. Oatley, and J. M. Jenkins, "Human emotions: function and dysfunction," *Annual Review of Psychology*, Vol. 43 (1992), 55-85.

47) Susan M. Johnson, and Leslie S. Greenberg, "Emotion in intimate Relationships: Theory and Implications for Therapy," 7.

48) C. E. Izard, Emotion in personality and psychology (New York: Plenum, 1977); N. H. Frijda, *The emotions*(Cambridge, England: Cambridge University Press, 1986); Susan M. Johnson, and Leslie

S. Greenberg, "Emotion in intimate Relationships: Theory and Implications for Therapy," 7-8에서 재인용.

49) L. S. Greenberg, L. S. Rice and R. Elliott, *Facilitating emotional change* (New York: Guilford, 1993); Susan M. Johnson, and Leslie S. Greenberg, "Emotion in intimate Relationships: Theory and Implications for Therapy," 8에서 재인용.

50) C. E. Izard, *Emotion in personality and psychology*(New York: Plenum, 1977).

51) P. J. Lang, "The cognitive psychology of emotion: Fear and anxiety," In A. H. Tuma, and J. D. Maser, Eds., *Anxiety and anxiety disorders* (Hillsdale, NJ: Erlbaum, 1984); Susan M. Johnson, and Leslie S. Greenberg, "Emotion in intimate Relationships: Theory and Implications for Therapy," 8에서 재인용.

52) J. Panksepp, "The psychology of emotions: The animal side of human feelings," *Experimental Brain Research*, Vol. 18 (1989), 31-55.

53) Susan M. Johnson, and Leslie S. Greenberg, "Emotion in intimate Relationships: Theory and Implications for Therapy," 7-9.

54) Leslie S. Greenberg, *Emotion-Focused Therapy: Coaching Clients to Work Through Their Feelings*, 12.

55) Leslie S. Greenberg, *Emotion-Focused Therapy: Coaching Clients to Work Through Their Feelings*, xv.

56) P. J. Lang, "Cognition in emotion: Concept and action," In C. Izard, J. Kagan, and R. Zajonc, Eds., *Emotion, cognition and behavior*(Cambridge, England: Cambridge University Press, 1983). Susan M. Johnson, and Leslie S. Greenberg,"Emotion in intimate Relationships: Theory and Implications for Therapy," 9에서 재인용.

57) R. Plutchik, and H. Kellerman, Eds., "Emotion: Theory, research and experience," *Theories of emotion*, Vol. 1 (New York: Academic, 1980). Susan M. Johnson, and Leslie S. Greenberg, "Emotion in intimate Relationships: Theory and Implications for Therapy," 10에서 재인용.

58) Susan M. Johnson, and Leslie S. Greenberg, "Emotion in intimate Relationships: Theory and Implications for Therapy," 10-13.

59) T. Leary, *The interpersonal diagnosis of personality*(New York: Ronald, 1959). Susan M. Johnson, and Leslie S. Greenberg, "Emotion in intimate Relationships: Theory and Implications for Therapy," 11에서 재인용.

60) N. H. Frijda, "The lawa of emotion," *American Psychologist*, Vol.43 (1988), 349-58.

61) Diana R. Garland, *Family Ministry: A Comprehensive Guide*, (Illinois: Inter Varsity Press, 1999), 163-69.

62) D. M. Schnarch, *Constructing the sexual crucible: An integration of sexual nd marital therapy*(New York: W. W. Norton, 1991). Diana R. Garland, Family Ministry: A Comprehensive Guide, 164 에서 재인용.

63) J. W. Maxwell, "A rational-emotive approach to strengthening marriage," *In Building family strengths: Blueprints for action*, Ed., N. Stinnett, B. Chesser, and J. DeFrain (Lincoln: University of Nebraska Press, 1979). Diana R. Garland, *Family Ministry: A Comprehensive Guide*, 164에서 재인용.

64) H. Harlow, The nature of love, *American Psychologist*, Vol. 13 (1958), 673-85.

65) Leslie S. Greenberg, and Susan M. Johnson, *Emotionally Focused Therapy for Couples*, 18-19.

66) D. E. Wile, Couple therapy: A non-traditional approach (New York: Brunner/Mazel, 1981). Leslie S. Greenberg, and Susan M. Johnson, *Emotionally Focused Therapy for Couples*, 20에서 재인용.

67) Leslie S. Greenberg, and Susan M. Johnson, *Emotionally Focused Therapy for Couples*, 20-21.

68) Leslie S. Greenberg, and Susan M. Johnson, *Emotionally Focused Therapy for Couples*, 3-4.

69) J. Rempel, J. Holmes, and M. Zanna, "Trust in close relationships," *Journal of Personality and Social Psychology,* Vol. 49 (1985), 1-18.

70) 홍인종, 『상담의 기초』(서울: 장로회신학대학교 출판부, 2006), 14-16.

71) L. S. Greenberg, and J. D. Safran, "Integrating affect and cognition: A perspective on the process of therapeutic change," *Cognitive Therapy and Research*, Vol. 8 (1984), 555-78.

72) Leslie S. Greenberg, and Susan M. Johnson, *Emotionally Focused Therapy for Couples*, 4-5.

73) 위의 책, 6.

74) 위의 책, 7.

75) Leslie S. Greenberg, and Susan M. Johnson, *Emotionally Focused Therapy for Couples*, 8-9.

76) D. D. Jackson, Therapy, communication, and change (Palo Alto, CA: Science and Behavior Books, 1967). Leslie S. Greenberg, and Susan M. Johnson, *Emotionally Focused Therapy for Couples*, 13에서 재인용.

77) Leslie S. Greenberg, and Susan M. Johnson, *Emotionally Focused Therapy for Couples*, 13-15.

78) 위의 책, 15-16.

79) Leslie S. Greenberg, and Susan M. Johnson, *Emotionally Focused Therapy for Couples*, 17.

80) 위의 책, 22-23.

81) 랭(Lang)이 "정서는 행동하고자 하는 경향을 가진 최고의 생각이다." 하고 말하고 있는 것을 뒷받침하고 있다. P. J. Lang, "The cognitive psychophysiology of emotion: Fear and anxiety," In A. H. Tuma, and J. D. Maser, Eds., *Anxiety and the anxiety disorders*(Hillsdale, NJ: Lawrence Erlbaum Associates, 1984); .Leslie S. Greenberg, and Susan M. Johnson, *Emotionally Focused Therapy for Couples*, 10에서 재인용.

82) Sue. Johnson, *Hold Me Tight: seven conversations for a lifetime of love*, 3-4.

83) 위의 책, 14.

84) E. M. Cummings, and P. Davies, *Children and marital conflict*(New York: Guilford Press, 1994); M. T. Tresch Owen, and M. J. Cox, "Marital conflict and the development of infant-parent attachment relationships," *Journal of Family Psychology*, Vol. 11 (1997), 152-64.

85) C. A. Frosch., S. C. Mangelsdorf, and J. L. McHale, "Marital behavior and the security of pre-schooler-parent attachment relationships," *Journal of Family Psychology*, Vol. 14 (2000), 144-

61.

86) J. M. Twenge, "The age of anxiety? Birth cohort change in anxiety and neuroticism,"*Journal of Personality and Social Psychology*, Vol. 79 (2000), 1007-21.

87) Susan M. Johnson,"Marital Problems," Douglas H. Sprenkle, *Effectiveness Research in Marriage and Family Therapy*(Alexandria: The American Association for Marriage and Family Therapy, 2002), 163-90.

88) Susan M. Johnson, and Leslie S. Greenberg, *The Heart of the Matter: Perspectives on Emotion in Marital Therapy*, 3.

89) Susan M. Johnson, and Leslie S. Greenberg, "Emotion in intimate Relationships: Theory and Implications for Therapy," 3-4.

90) P. Shaver, C. Hazan, and D. Bradshaw, "Love as attachment," In R. J. Sternberg, and M. L. Barnes, Eds., *The psychology of love*(New Haven: Yale University Press, 1988); Susan M. Johnson, and Leslie S. Greenberg, *The Heart of the Matter: Perspectives on Emotion in Marital Therapy*, 4에서 재인용.

91) J. W. Thibaut, and H. H. Kelley, *The social psychology of groups*(New York: Wiley, 1959). Susan M. Johnson, and Leslie S. Greenberg, *The Heart of the Matter: Perspectives on Emotion in Marital Therapy*, 4에서 재인용.

92) J. E. Broderick, and K. D. O'Leary, "Contributions of affect, attitudes and behavior to marital satisfaction," *Journal of Consulting and Clinical Psychology*, Vol. 54 (1986), 514-17.

93) D. K. Snyder, R. M. Wills,"Behavioral versus insight-oriented marital therapy: Effects on individual and interposal functioning," *Journal of Consulting and Clinical Psychology*, Vol. 57 (1989), 39-46.

94) Susan M. Johnson, and Leslie S. Greenberg, "Emotion in intimate Relationships: Theory and Implications for Therapy," 5.

95) Charles. M. Sell, *Family Ministry*: Second Edition, 32.

96) Steven L. Nock, *Sociology of Family*(Englewood Cliffs, N. J. : Prentice-Hall, 1987), 32.

97) Betty Young, *Changing Families*(New York: Columbia University

Press, 1973), 110.

98) Charles. M. Sell, *Family Ministry*: Second Edition, 34.

99) 위의 책, 35-37.

100) Richard Sennett, "The Brutality of Modern Families,"*Transaction*, (September 1970), 31.

101) Edward Shorter, *The Making of the Modern Family*(New York: Basic Bools, 1975), 255.

102) Patrick Reardon, "Top Threat to Family: No Time for the Kids," Chicago Tribune (October 11, 1989), 1.

103) Edward Shorter, *The Making of the Modern Family*, 22-78, 205-54.

104) Charles. M. Sell, *Family Ministry*: Second Edition, 38.

105) J. Richard Udry, *The Social Context of Marriage*: Third Edition (New York: Harper, 1974), 17.

106) 위의 책, 16.

107) Charles. M. Sell, *Family Ministry*: Second Edition, 38.

108) J. Richard Udry, *The Social Context of Marriage*: Third Edition, 17.

109) V. Fahlberg, *A Child's Journey Through Placement*(Indianapolis: Perspective, 1991). Yvonne Rose Bush, *Bonding and Attachment*(Prescott: Trafford Press, 2001), 103에서 재인용.

110) Yvonne Rose Bush, *Bonding and Attachment*(Prescott, Arizona: Trafford Press, 2001), 103.

111) 위의 책, 103-04.

112) E. P. Rice, *Intimate Relationships, Marriages, Families*(CA: Mayfield, 1976). Yvonne Rose Bush, *Bonding and Attachment*(Prescott, Arizona: Trafford Press, 2001), 104에서 재인용.

113) Yvonne Rose Bush, *Bonding and Attachment*(Prescott, Arizona: Trafford Press, 2001), 104.

114) 위의 책, 105.

115) Yvonne Rose Bush, *Bonding and Attachment*, 105-06.

116) Susan M. Johnson, *The Practice of Emotionally Focused Couple Therapy*, Second Edition: Creating Connection, 51-52.

117) 아인슈타인(Einstein)에 의하면 "모든 지식은 경험이며 그 외의 모든 것은 단지 정보일 뿐이다."라고 했다. 이것은 정서적 경험의 중요성을 뒷받침해 주는 것이다. Susan M. Johnson, *The Practice of Emotionally Focused Couple Therapy*, Second Edition: Creating Connection, 52.

118) Susan M. Johnson, "Emotionally Focused Couple Therapy," 115.

119) M. Ainsworth, "Attachment: Retrospect and prospect," In C. M. Parkes and J. Stevenson- Hinde, Eds., *The Place of Attachment in Human Behaviour*(London: Tavistock, 1982); Jeremy Holmes, *John Bowlby and Attachment Theory*(London and New York: Routledge, 2008), 223-24에서 재인용.

120) S. M. Johnson, "Emotion and the repair of close relationships," In W. Pinsof, and J. Lebow, Eds., *Family Psychology: The art of the science* (New York: Oxford University Press, 2005), 91-113.

121) S. M. Johnson, "The Revolution in couple therapy: A practitioner-scientist perspective,", 365-84.

122) Frank M. Dattilio, *Case Studies in Couple and Family Therapy: Systemic and Cognitive Perspectives*(New York: Guilford Press, 1998), xix.

123) G. R. Patterson, *Families: Applications of social learning to life* (Champaign, IL: Research Press, 1971). Frank M. Dattilio, *Case Studies in Couple and Family Therapy: Systemic and Cognitive Perspectives*, xix에서 재인용.

124) R. B. Stuart, "Operant-interpersonal treatment of marital discord," *Journal of consulting and Clinical Psychology*, Vol. 33 (1969), 675-682.

125) R. P. Liberman, "Behavioral approaches to couples and family therapy," *American Journal of Orthopsychiatry*, Vol. 40 (1970), 106-118.

126) Frank M. Dattilio, *Case Studies in Couple and Family Therapy: Systemic and Cognitive Perspectives*, xix-xx.

127) J. C. Coyne, and H. A. Liddle, "The future systems therapy: Shedding myths and facing opportunities," *Psychotherapy*, Vol. 29 (1992), 44-50.

128) Frank M. Dattilio, *Case Studies in Couple and Family Therapy:*

Systemic and Cognitive Perspectives, xxi.

129) Susan M. Johnson, *The Practice of Emotionally Focused Couple Therapy*, Second Edition: Creating Connection, 16.

130) Susan M. Johnson, "Emotionally Focused Couple Therapy," 116-17.

131) S. M. Johnson, and L. Greenberg, "Relating process to outcome in marital therapy,"*Journal of Marital and Family Therapy*, Vol. 14 (1988), 175-83.

132) Susan M. Johnson, "Emotionally Focused Couple Therapy," 116.

133) Susan M. Johnson,"Emotionally Focused Couple Therapy," 123.

134) S. M. Johnson, "Emotionally focused couples therapy: Straight to the heart," In J. Donovan, Ed., *Short term couples therapy*(New York: Guilford Press, 1999), 11-42.

135) Susan M. Johnson,"Emotionally Focused Couple Therapy," 123.

136) Susan M. Johnson,"Emotionally Focused Couple Therapy,"123-124.

137) B. Bradley, and J. Furrow, "Towards a mini-theory of the blamer softening event,"*Journal of Marital and Family Therapy*, Vol. 30 (2004), 233-46.

138) Susan M. Johnson,"Emotionally Focused Couple Therapy," 124.

139) R. L. Dunn, and A. L. Schwebel, "Meta-analytic review of marital therapy outcome research,"*Journal of Family Psychology*, Vol. 9 (1995), 58-68.

140) Susan Johnson,"Emotionally Focused Couple Therapy,"450-51.

141) S. M. Johnson, and L. S. Greenberg, "Relating process to outcome in marital therapy,"*Journal of Marital and Family Therapy*, Vol. 14 (1988) 175-183.

142) J. Gottman,"An agenda for marital therapy," In S. M. Johnson, and L. S. Greenberg Eds., *The heart of the matter: Perspectives on emotion in marital therapy*, 256-96.

143) J. Gottman, and R. W. Levenson,"Assessing the role of emotion in marriage,"*Behavioral Assessment*, Vol. 8 (1986), 31-48.

144) S. M. Johnson, and L. S. Greenberg,"Relating process to outcome in marital therapy," 175-83.

145) 수잔 존슨은 정서중심 부부치료에서 배우자들이 서로의 상호작용을 제한하고 안
    정된 결합(secure bond)의 발달을 막고 있는 정서적 반응을 조절(regulating),
    처리(processing), 조직(organizing)하거나, 또한 제한된 상호작용 패턴을
    자극하거나 부정적인 정서의 상황을 받아들여 그것을 유지할 때 상호작용이 일
    어난다고 설명한다. Susan Johnson, "Emotionally Focused Couple
    Therapy," 451.

146) J. Bowlby, *Attachment and loss: Vol. 1. Attachment*(New York:
    Basic Books, 1969); Susan Johnson, "Emotionally Focused Couple
    Therapy," Frank M. Dattilio, *Case Studies in Couple and Family
    Therapy: Systemic and Cognitive Perspectives*, 451에서 재인용.

147) Susan Johnson,"Emotionally Focused Couple Therapy,"451.

148) J. Bowlby, A secure base(New York: Basic Books, 1988). Susan
    Johnson, "Emotionally Focused Couple Therapy," 452에서 재인용.

149) Susan Johnson,"Emotionally Focused Couple Therapy,"451-53.

150) 위의 책, 453.

151) 위의 책, 453.

152) 정서중심 부부치료와 같은 경험주의 모델에서는 평가는 치료와 분리될 수 없다.
    치료자는 항상 내담자에 대해서 알아가고 내담자의 욕구를 평가해 간다. 하지만
    처음에 두 차례의 정서중심 부부치료 부부 공동회기(conjoint session)를 가진
    후 일반적으로 두 차례의 개인 회기를 갖는데 이러한 과정을 평가(assessment)
    라고 한다. 여기서 부부와 연결되기, 치료적 동맹을 맺어 부부가 안전감을 느
    끼고 치료자에게 수용 받고 있다는 느낌을 갖게 하고, 치료자가 자신들의 목표
    와 욕구를 이해하고 도와줄 수 있다고 믿게 된다. Susan M. Johnson, *The
    Practice of Emotionally Focused Couple Therapy*, Second Edition:
    Creating Connection, 113-14.

153) Susan Johnson, "Emotionally Focused Couple Therapy," 454.

154) S. M. 존슨은 "Emotionally Focused Couples Therapy: Empiricism
    and Art"에서 정서중심 부부치료의 2번째 단계, 비난 자를 순화하고 위축 자를
    다시 참여하게 하는 과정에서 부부간의 변화사건을 차단하므로 일어나는 현상으
    로 설명한다. S. M. Johnson,"Emotionally Focused Couples Therapy:
    Empiricism and Art," 275-76.

155) S. M. Johnson,"Emotionally Focused Couples Therapy:
    Empiricism and Art,"275.

156) E. Hesse,"The adult attachment interview: Historical and current

perspectives," In J. Cassidy, and P. Shaver Eds., Handbook of attachment: Theory, research and clinical applications(New York: Guilford Press, 1999), 395-433.

157) S. M. 존슨은 애착손상은 강력한 의존욕구가 있는 시기에 그 욕구가 안정되지 못하여 버림받고 배신당하는 한 양상으로 나타나는 관계 외상으로 설명하고 있다. S. M. Johnson, "Emotionally Focused Couples Therapy: Empiricism and Art," 276.

158) S. M. Johnson, Judy A. Makinen, and John W. Millikin, "Attachment injuries in couple relationships: A new perspective on impasses in couples therapy,"145-55.

159) R. D. Enfight, and R. P. Fitzgibbons, *Helping clients forgive* (Washington, DC: APA Press, 2000); Thomas L. Sexton, Gerald R. Weeks, and Michael S. Robbins, *Handbook of Family Therapy: The Science and Practice of Working with Families and Couples*(New York: Routledge, 2003), 276에서 재인용.

160) M. A. Whisman, "Marital dissatisfaction and psychiatric disorders: Results from the national co-morbidity study,"*Journal of Abnormal Psychology*, Vol. 108 (1999), 701-06.

161) S. M. Johnson, "Emotionally Focused Couples Therapy: Empiricism and Art,"276.

162) S. M. Johnson, and J. Lebow, "The coming of age of couple therapy: A decade review,"*Journal of Marital and Family Therapy*, Vol. 26 (2000) 9-24.

163) S. M. Johnson, "Emotionally Focused Couples Therapy: Empiricism and Art,"276.

164) S. M. Johnson, "Marital problems,"163-90.

165) S. M. Johnson, "Emotionally Focused Couples Therapy: Empiricism and Art," In Thomas L. Sexton, Gerald R. Weeks, and Michael S. Robbins, *Handbook of Family Therapy: The Science and Practice of Working with Families and Couples*(New York: Routledge, 2003), 276-77.

166) S. M. 존슨은 개념적인 일치는 치료자가 불화부부와 그들의 변화의 과정에서 연합하고 공동적인 것을 기록하는데 돕는 불화 부부의 영역의 맵(map)을 제공하며 또한 각각 배우자의 독특하고 특정한 것을 인정하고 존중하도록 도울

수 있는 맵을 제공한다. S. M. Johnson,"Emotionally Focused Couples Therapy: Empiricism and Art,"277.

167) J. M. Lewis, W. R. Beavers, J. T. Gossett, and V. A. Phillips, *No single thread: Psychological health in family systems*(New York: Brunner/Mazel, 1976). S. M. Johnson,"Emotionally Focused Couples Therapy: Empiricism and Art," 277에서 재인용.

168) S. M. Johnson,"Emotionally Focused Couples Therapy: Empiricism and Art,"277.

169) Susan. M. Johnson, *The Practice of Emotionally Focused Couple Therapy: Creating Connection*, 319.

170) Susan. M. Johnson, *The Practice of Emotionally Focused Couple Therapy: Creating Connection*, 320.

171) 위의 책, 321.

172) Susan. M. Johnson, *The Practice of Emotionally Focused Couple Therapy: Creating Connection*, 322.

제2장 정서중심 부부치료의 치료 접근방식

1. 경험주의 이론과 체계이론의 영향

정서중심 부부치료는 경험주의와 체계적 접근[1]을 통합한 치료이다. 정서중심 부부치료는 사람들이 정서를 경험하고 처리하는 방식과 부부가 상호작용 패턴에 따라 불화관계가 지속된다. 부부의 불화는 자생력이 있고 자기 강화적인 특성이 있어, 불화가 시작되면 몰입상태(absorbing state)에 빠져 자동적인 정서반응을 보인다. 이런 상태는 벗어나기가 힘들고 정서적 접근과 반응을 어렵게 한다. 연구에 따르면, 불화부부에게는 경직된 상호작용 패턴과 강한 부정적 정서를 나타내는 특징을 보인다. 인본주의적 경험주의의 관점은 부부의 경험을 재처리하고 확장하며, 체계적인 관점은 부부의 상호작용 패턴을 수정하도록 돕는다.[2]

1) 경험주의 이론: 개인의 내적 경험 강조

정서중심 부부치료는 근본적으로 인본주의적 치료법이다. 인본주의적 접근 방식은 항상 정서적 반응과 치료적 변화 과정에 초점을 두고 있다. 부부치료에서 정서적 신호는 부부가 춤을 추도록 하는 음악이다.[3] 그래서 이 치료과정에서 정서에 초점을 맞추는 것은 아주 자연스러운 것이다. 이 치료에서 다른 접근 방식과 달리 정서중심 부부치료는 전통적인 인본주의 접근 방식을 일반적으로 공유한다. 정서중심 부부치료의 실제와 관련이 있는 인본주의적 경험주의 접근 방식은 다음과 같다.[4]

① 과정에 초점을 둔다.

인간은 계속해서 경험을 처리하고 생성하며, 순간순간의 경험을 상징화하여 의미체계를 만들게 되므로, 자신의 경험에 관하여는 치료자보다는 내담자가 전문가이다. 치료자의 역할은 현재의 치료과정을 통하여 내담자가 좀 더 폭넓게 이해하고, 의식하지 못했던 부분을 통합해서 새로운 의미체계를 만들도록 돕는 것이다. 따라서 치료의 초점은 현재의 과정에 있다.[5] 이런 관점에서 문제는 과정이나 경험에 대한 단순한 내용이나 사실이 아니라 어떻게 과정이 진행되었느냐 하는 사건의 처리 방식에 있다. 정서중심 부부치료 치료자는 과정 전문가이므로 치료는 치료자와 내담자가 협력해서 찾아가는 과정으로 본다. 로저스(Rogers)[6]는 치료 과정은 치료자가 "경험을 하나하나 찾아가는 과정을 즐길 수 있는 것이다."이라고 하므로 과정의 중요성을 뒷받침해 주고 있다. 이러한 순차적인 과정은 사람마다 다르게 나타나며, 경험주의의 관점은 개인의 차이를 존중하고 있으며, 치료자는 개인과 관계가 있는 독특한 문화를 이해하려는 입장이다.

② 안전하고 협력적인 치료적 동맹에 초점을 둔다.

인본주의 치료자는 인간은 원래 소속감을 원하고, 다른 사람으로부터 가치를 인정받고 싶어하며, 다른 사람과의 관계의 맥락 속에서 가장 잘 이해될 수 있는 사회적 존재라고 본다.[7] 그래서 치료자의 수용과 공감이 경험을 재처리하고 새로운 의미를 만들어 내어, 새로운 힘을 얻게 하는 핵심적인 요소로 여기는 것은 놀라운 일이 아니다. 로저스에 따르면 치료자의 수용이나 각 내담자에 대한 치료자의 "무조건적 긍정적 관심"(unconditional positive regard)은 내담자가 새로운 방식으로 자신을 경험할 수 있게 한다고 했다. 또한 내담자의 경험에 대한 공감적 반영은 단순한 반영이 아니라 "내적 경험의 불안정한 틈"(frightening crannies of inner experience)을 찾아서 처리해 주고, 내담자의 경험을 정리하고 조직하게 하는 "계시"(revelation)에 가깝다고 했다. 포스트모더니즘적 관점에서 치료자는 평등, 진실, 및 투명한 태도로 중요한 안식처를 마련하는 것이다. 부부는 안식처에서 그동안 자신이 스스로 상대방을 방해하고 멀리했던 관계를 볼 수 있게 되고, 자신과 배우자에게 영향을 주고 있고, 스스로 선택해 왔던 행동들에 대해서 책임질 수 있게 된다. 부부치료의 과정을 통하여 배우자가 경험한 중요한 부분을 무시하거나 과소평가하지 않게 되고, 상대 배우자의 경험을 인정해 주려는 노력을 통하여 안정적이 된다.[8]

③ 건강에 초점을 둔다.

인간은 자연스럽게 성장과 발전을 지향하고 일반적으로 건강하고 싶은 욕구와 욕망을 가지고 있다. 이런 욕구와 소망이 제한받거나 인정받지 못하거나 거절되면 문제가 발생한다. 경험을 처리하는 과정이 제한되고 교착상태에 빠지면 문제가 생긴다. 이러한 견해는 제한된 상호작용 패턴의 문제에 초점을 두고 있는 대인관계적인 체계주의 관점과 맥을 같이한다. 이모델에서 건강이란 경험을 개방하고 융통성 있는 반응을 보이는 것으로 새로운 것을 배우고 새로운 것을 선택하고 새로운 환경에 적응할 수 있는 것으로 정의한다. 따라서 경험주의적 접근의 핵심은 탈병리화의 시각으로 본다는 것이다. 이러한 점을 중요하게 여겨 치료의 과정에서 인간의 타고난 부족함과 결함을 고치려 하는 것이 아니라 새로운 경험과 경험을 처리하는 새로운 방식으로서 성장에 초점을 맞춘다. 이러한 접근 방식은 선택의 폭이 좁아진 절박한 상황에서는 사람들의 대응방식이 제한 받게 되고 긍정적인 관계와 생활방식을 만들기가 어렵다고 생각한다. 볼비(Bowlby)에 의하면 이러한 대응방식이 새로운 관계에 대한 반응으로 발전해 가고 있다면 적응적일 수 있다고 했다.[9]

④ 정서에 초점을 둔다.

정서는 애착 이론에서와 마찬가지로 경험주의 접근방식에서 최우선적인 것으로 여기며 본질적으로 적응적인 것으로 생각한다. 볼비와 정서 이론가들은 정서가 사람들에게 자신의 소망과 욕구와 특히 관계 반응에서 핵심이 되는 우선적인 행동을 유발시킨다고 지적했다. 최근 경험주의 이론가들은 정서적 틀과 청사진은 욕구와 목표를 좌절시키거나 만족시키는 환경에서 형성된다고 했다. 그린버그, 라이스, 엘리어트에 의하면, 이러한 틀은 사람들이 경험을 구별하고 분류하는 것과 경험과 반응을 조직할 수 있도록 도와준다.[10] 이러한 틀은 우리가 경험을 예측, 해석, 반응 및 조절하는 것을 도와준다. 정서는 저장되는 것이 아니라 이렇게 조직된 반응의 틀을 활성화하는 상황을 평가함으로써 재구성되는 것이다. 치료과정에서 이런 정서의 틀은 활성화되고 탐구와 발달이 가능하도록 도와준다. 그래서 부부는 새로운 경험에 의해 개선된다. 또한 정서는 접근, 발전, 및 재구성되며 또한 순간순간의 경험을 조직하는 방식과 다른 사람에게 반응하는 방식을 변경하기 위하여 사용된다. 정서가 변화의 목표이자 매개체이다.

⑤ 교정적인 정서 경험에 초점을 둔다.

변화는 경험의 처리 과정을 확장하거나 강한 새로운 교정적 정서경험을 체험함으로써 현재 일어나고 있다. 따라서 변화는 근본적으로 통찰력, 정서의 환기 및 기술을 향상시키는 것으로만 해서 오는 것이 아니다. 변화는 정서적으로 경험하고 표현함으로서 가능하며, 또 이러한 정서경험은 개인이 중요한 경험을 조직하는 방식과 자신에 대한 생각 및 다른 사람과의 의사소통 방식 등을 변화시킬 수 있다. 그린버그(Greenberg) 등[11]에 의하면, 일반적으로 경험적 치료에서 뿐만 아니라 심지어 인지행동 개입에 있어서도 치료 과정에서 경험한 정서적 각성과 깊이는 긍정적 결과를 낳는다고 하였다.

앞서 언급한 경험주의적 접근에 대한 이론을 토대로 부부치료자는 다음과 같이 치료의 과정을 숙지하고 진행해야 한다.[12]

먼저 부부의 정서 경험에 초점을 맞추고 반영한다. 둘째, 정서 경험을 무시하거나 바꾸려 하는 것이 아니라 정서 경험을 인정하고 수용한다. 셋째, 특정한 상호작용에 보이는 것으로, 아직 드러나지 않은 가장 생생하고 신랄한 정서에 초점을 맞춘다. 넷째, 일반적으로 무엇을 혹은 어떻게 하는 과정질문이나 추측을 통하여 내담자의 경험을 확장한다. 다섯째, 문제가 되는 상대방의 반응보다는 이것을 유발하는 자극과 계기 등의 다른 요소에 내담자가 참여하게 하여 새로운 방식으로 경험을 처리해 보고, 또 포괄적으로 경험을 재조직할 수 있도록 이해시켜 나간다. 경험주의적 개인치료에서는 이런 과업을 수행하기 위하여 중요한 애착 대상과 상상의 대화를 하여 자신의 정서적 반응을 살펴야 한다.

경험주의적 치료법은 본래 개인치료에 사용하도록 고안되었는데, 여기서는 부부치료를 통하여 부부는 치료자가 상대 배우자의 경험을 재처리해 주는 것을 관찰하게 된다. 치료자는 상대 배우자 앞에서 개인치료를 시행하지 않는다. 내적 정신 경험의 탐구 목적은 치료의 과정이나 집에서 부부 간의 새로운 방식으로 접촉할 수 있도록 한다. 치료의 과정에서 부부의 내적 경험을 탐구하고 서로 다른 경험을 인정하고, 서로에게 상호작용을 격려할 때 치료자는 부부간에 균형을 유지해야 한다. 여기서 부부치료의 목표는 내담자의 경험을 처리하는 태도를 확장하고, 자신의 욕구와 목적에 맞게 경험을 상징화하고, 배우자를 포함한 자신의 환경에 새롭게 반응할 수 있도록 돕는 것이다.

2) 체계 이론: 상호작용 패턴의 변화

체계이론(system theory)은 미누친(Minuchin)과 휘시맨(Fishman)[13]이 제시하는 체계적 구조주의적 접근 방식을 의미한다. 이 이론은 현재의 상호작용과 개인행동을 유발하고 경직시키는 상호작용의 영향력에 초점을 둔다. 가족체계이론의 특징은 문제가 되거나 증상으로 나타나는 행동을 포함하여 반복되는 상호작용 고리를 차단하는 것으로 다음과 같다.[14]

첫째, 체계이론은 하나 혹은 두 개의 요소로 분리시키는 것이 아니라 전체적인 맥락을 파악하고, 어떻게 상호작용하는지를 살펴보는 것이다. 여기서 중심을 두는 것은 행동 패턴과 전후 관계를 살피는 것이다. 부분은 전체의 맥락에서 이해될 수 있으므로 한 배우자의 행동은 오직 상대 배우자의 행동의 관점에서 바라보아야만 이해할 수 있게 된다. 즉 여기서는 상호작용 패턴과 고리에 초점을 맞추는 것이다.

둘째, 체계를 구성하는 각 요소는 서로 견고한 관계를 유지하며, 예측 가능하고 구조화된 방식으로 상호작용한다. 이러한 구조는 안정성과 일관성을 갖는다. 변화를 위하여 치료자는 체계를 구성하는 요소들의 상호작용 방식을 변화시키는데 초점을 두며 구성원 자체에 집중하지 않는다. 한 배우자의 적개심이 감소하는 것 같이 요소의 한 부분이 변화하는 것은 일차적 수준의 변화이며 이것만으로는 불충분하다. 이런 점에서 외츨라워크

(Watzlawick), 위클랜드(Weakland), 휘시(Fisch) 등에 의하면 체계조직이 변화되다는 의미는 이차적 수준의 변화라고 했다.[15] 상호작용 과정과 상호작용이 강하게 자기 유지적인 패턴으로 조직되는 방식에 초점을 맞추는 것은 이런 맥락에서 자연스러운 것이다. 예를 들어 위축되었던 배우자가 개방적으로 되어 배우자에게 접근하면, 상대 배우자는 평소와 다른 이런 반응에 대하여 신뢰하지 못하고 지속적으로 공격을 가한다. 결국 위축된 배우자는 다시 이전의 태도로 돌아가게 되는 것이다.

셋째, 순환적 인과론[16]은 하나의 행동이 다른 행동의 원인이라 할 수 없고, 각자의 행동은 순환적 고리를 형성하여 비난자가 위축된 배우자의 행동을 불평하면, 위축자는 비난자의 불평에 반응하여 더욱 위축된다는 것이다. 내적 동기나 의도보다는 다른 사람에 대한 서로 배우자의 행동에 초점을 맞춘다. 이러한 관점은 치료자로 하여금 서로에게 영향을 미치는 순환적인 피드백 체계 안에서 어떻게 부정적인 반응을 유발하는지를 알 수 있게 한다.

넷째, 내용보다는 행동 속에 있는 의사소통적인 부분, 표현되는 방식에 따라 나타나는 명령과 관계 정의적인 요소를 강조하며 이것이 청자와 화자의 역할을 정의한다. 치료자가 친근함과 소원함, 자율성과 통제라는 용어를 통하여 부부의 상호작용 태도에 집중할 수 있다. 이것이 고리와 고리에 나타난 각자의 행동을 이해하는데 매우 중요하다. 중요한 사람과의 의사소통은 정의하는 방식에 따라 자신을 생각하는 방식에 영향을 미치고 그결과 관계구조가 변화하게 되면 자신에 대한 내적 정신 반응도 달라진다는 것이다.

다섯째, 치료자의 과제는 부부의 부정적이고 고정된 상호작용 고리를 변화시키는 것이다.[17] 1) 새로운 인식과 반응을 유도하기 위한 상호작용 태도를 재구성하거나 2) 두려움 나누기 등의 과제를 주어서 상호작용 패턴을 차단시키고 새로운 유형의 대화를 유도한다. 효과적인 치료를 위하여 치료자는 부부체계와 연합하여 치료적 동맹을 형성한다.

여섯째, 구조적이고 체계적인 개입의 목적은 변화된 상황과 욕구에 효율적으로 적응하기 위하여 융통성 있게 상호작용을 재구성하여 관계 속에서 개인을 성장시키는 데 있다. 즉 소속감과 자율성을 지지하고 접촉을 늘릴 수 있는 체계를 만들어 서로의 차이와 욕구를 수용하게 만든다. 미누친[18]에 의하면 "완전하게 연결되는 것이 완전하게 홀로 서는 것이다."라고 했다.[19] 그래서 안전하게 결합되면 개인적 차이는 더 이상 위협적이지 않으며 활기가 넘친다.

그러므로 체계적인 관점에서 보면 관계의 구조, 부부의 태도 및 상호작용 과정이 문제이다. 즉, 불화된 관계에서 전형적으로 보이는 자기강화적인 반응이 반복적으로 일어나는 연쇄작용 그 자체가 문제이다. 목표는 융통성 있는 태도를 가지고 새로운 유형의 상호작용에 잘 적응하여 부부가 관계에서 통제력과 소속감을 갖게 하는 것이다.

3) 체계이론과 경험주의 관점의 통합

경험주의와 체계이론은 서로 통합되기 쉽고 상호 보완적이며, 하나는 정신내적(intrapsychic)인 것과 다른 하나는 대인관계적(interpersonal)인 관점을 갖는다. 또한 두 이론은 상호 유사성도 많다. 두 가지 이론은 인간이 정신유전적인 결정요인에 바탕을 둔 고정된 성격 특성을 갖는 것이 아니라, 창조의 과정에서 끊임없이 변화하는 유동적 체계(a fluid system)[20]로 본다. 즉 경험주의와 체계이론은 사람을 변화에 불가피하게 저항하는 고정된 성격특성을 처리하는 것이 아니라 유동적이거나 과정 속에(in process) 있는 것으로 본다. 경험주의적 접근은 전통적으로 인간 내부(within the person)에 초점을 두고 있고, 반면에 체계이론은 상호작용을 구성하는 정서적 반응과 연관된 의미 외에 사람들 사이(between people)의 상호작용에 집중하고 있다. 정서중심 부부치료는 두 이론을 통합하는 것으로, 사람들 사이의 상호작용으로 일어나는 순환적 고리와 다양한 고리의 단계 안에서 부부간의 핵심적인 정서 경험에 초점을 맞추고 있다. 두 이론은 특정 행동을 이끄는 중요한 원인이 과거보다 현재에 의해 결정된다고 생각한다. 두 이론은 모두 경험과 상호작용이 구조화 되는 과정에 집중하고, 또한 이 둘이 어떻게 애착 댄스를 구성하느냐에 관심을 갖는다.

경험주의 접근에서는 불화 부부를 제한된 정보처리 방식과 반응을 보이는 부정적인 정서에 몰입된 상태에 갇혀 있다고 본다. 즉 불화 부부를 부족하거나 병적이라 여기지 않고 "갇혀 있다"라고 생각한다. 체계적 접근에서는 상호작용 패턴이 관계의 규칙에 의해 제한을 받는다고 생각한다. 두 접근방식에서는 치료자가 결합하거나 동맹을 맺어 그들이 더 새롭게 융통성 있는 태도, 패턴 및 내적 세계의 처리 방식을 만들어 가도록 돕는 것이 중요하다. 정서중심 부부치료의 관점은 부부치료자가 정신내적인 면과 대인관계적인 면을 통합하고, 상호 보완적이고 부부가 서로 발전시킬 수 있는 변화의 모델을 사용하는 것이 필수적이다. 사실 체계이론은 비인간적인 기법, 추상적인 인식론 및 가족 구성원들이 관계를 경험하는 방식에 관심을 두지 않는 것 등으로 비판을 받아 왔다. 체계적 접근에서는 의존성과 높은 결속을 지나치게 "밀착"(enmeshment) 되었다거나 건강하지 못하고 독립적이지 못하다는 의미로 잘못 인용되어 왔다.[21] 정서중심 부부치료의 경험주의적 관점은 체계이론가가 설명한 피드백 고리의 절반을 이루고 있는 정신내적인 부분, 즉 애정 어린 보살핌과 안정된 유대감에 집중하는 것이다. 정서중심 부부치료의 관점에서 보면, 안정된 애착이 형성되면 가장 높은 분화(maximum differentiation)[22]가 가능하고 친밀감과 유대감을 갖게 된다. 안정된 관계는 융통성을 높이고 상황에 반응(react)하기보다는 반영(reflect)할 수 있게 해 준다. 체계이론을 만든 베르탈란피(Bertalanffy)에 의하면 체계를 이끌고 구성하는 요소의 작은 변화는 전체 체계의 중요한 변화를 가져올 수 있다고 했다. 만일 애착 정서가 체계를 이끄는 중요한 구성요소이고 친밀한 사람간의 일차적인 신호체계(primary signaling system)라고 본다면, 체계적 관점 안에서 정서와 정서 변화의 과정을 통합하는 것은 용이해진다.[23]

니콜라스(Nichols)[24]에 의하면 망원렌즈(개인의 경험 관찰)와 광각 렌즈(상호작용 관찰) 둘을 같이 사용하는 것이 치료에 효과적이라고 했다. 이처럼 경험주의 모델은 치료자가 정서 경험에 접근하여 다시 처리할 수 있도록 해 주며, 보완적으로 체계적 모델은 치료자가 상호작용을 다시 구성할 수 있도록 안내하는 것이다.

2. 정서중심 부부치료의 핵심적 개입기법

정서중심 부부치료에서 치료자는 적절한 시기에 완수해야 할 우선적 세 개의 과제가 있다.[25] 첫 번째 과제는 치료적 동맹을 만드는 것이며, 두 번째 과제는 정서적 반응의 정의와 표현, 그리고 재구조화하는 것을 용이하게 하는 것이다. 치료자는 부부의 부정적 상호작용 고리(negative interaction cycle)에서 중심 역할을 하는 두려움, 불안 같은 취약한 정서들에 초점을 둔다. 이것들은 애착 욕구나 두려움의 관점에서 가장 두드러진 정서들이다. 치료자는 내담자에게 드러나고 그를 끌고 가는 경험의 경계선에 가까이 머물면서 인식과 경험을 확장하기 위해 인본주의적이고 경험적인 개입을 사용한다. 이것은 환기적 반영, 질문들(예를 들어, …일 때 그것은 당신에게 무엇과 같았나요?), 인정, 강조(예를 들어, 반복이나 상상기법을 포함), 그리고 공감적 해석을 포함한다. 그래서 치료자는 한 남편에게 시작할 때, 사실상 그가 그의 아내의 언사에 무척 화가 나서 불편하지 않느냐고 물을 수 있다. 치료자가 이러한 개입을 사용할 때 분노, 무감각 같은 반응적 반영은 슬픔이나 수치감, 또는 두려움이라는 좀 더 핵심적이고 주된 취약한 정서들로 숨으려는 경향이 있다.

상호작용의 재구성인 세 번째 과제는 치료자는 부부가 서로에게 반응하기를 억제하고 축소하는 부정적 고리를 추적함으로서 시작한다. 치료자는 새로운 관계를 만드는 과정을 안무하고 재구조화하는 구조적이고 체계적인 기법들을 사용한다. 문제점들이 고리와 애착 욕구, 그리고 두려움이라는 관점에서 재구조화된다. 그래서 치료자는 내담자에게 이와 같이 새로운 유형의 대화를 만들고 안정적인 애착을 촉진하면서, 특정 두려움을 자신의 배우자와 공유하라고 요구할 수 있다.

개입의 시기와 전달은 개입 그 자체만큼 중요하다. 부부와 치료자가 서로를 조율하고 치료자가 각 배우자의 스타일에 개입을 연결하는 것과 함께 치료의 과정을 발전시킨다.[26] 예를 들어, 전문적인 정서중심 부부치료 치료자들은 정서를 유도할 때 그들은 말을 천천히 한다. 유도하는 낮은 목소리를 사용한다. 그리고 사람들의 느껴진 경험을 잡아내는 단순한 이미지들을 통합시킨다. 그들은 내담자의 경험을 정서적으로 교류하며, 반영한 후, 내담자들이 같은 몰입된 수준에서 정서에 들어가도록 권한다. 정서적인 반응들은 그것들이 친숙치 않거나 위협적이거나 좀 더 추상적 설명에 의해서라기보다 좀 더 경직된 이미지에 유발되기 쉬울 때 진행하는데 더 오래 걸린다.[27] 정서중심 부부치료 치료자가 수행해야 할 과제들을 좀 더 구체적으로 살펴보면 다음과 같다.

1) 치료적 동맹의 형성과 유지

처음부터 정서중심 부부치료 치료자는 부부 각자의 정서적 경험의 구조를 확인하고, 이 경험을 부정적 상호작용 고리에 초점을 둔다. 이 반영과 확인은 정서와 상호 작용, 그리고 개방을 격려하는데 대한 평가 과정에서뿐만 아니라 강한 치료적 동맹 형성을 즉시 갖게 한다. 그 문제를 둘러싸고 있는 부정적 상호작용 고리에 대한 초점은 치료자가 양쪽 배우자에게 서로를 희생자로 구성하여 불평 없이 책임감을 할당하도록 한다. 이것은 치료의 과정에서 안전기지(secure base)를 만들고 자신감을 형성하는데 도움이 된다. 그러면 관계에 있어서 파괴적인 상호작용 고리는 부부 공통의 적이 되어 누가 "악마"이며, 누가 "성인"인지에 관해 투쟁한다.[28]

치료적 동맹을 형성하고 평가하는 것이 치료를 의미한다. 그것은 능동적 치료의 통합적인 부분이다. 첫 번째 회기가 끝날 때 쯤, 정서중심 부부치료 치료자는 대개 전형적인 문제의 고리에 대한 감각이 명료해져 다음과 같이 설명한다.[29]

> 예를 들어: "난 외롭고 격분되어서, 당신을 괴롭히게 되요. 당신은 당신이 날 결코 즐겁게 만들지 못할 거라고 느끼고 있어요. 그래서 당신은 무기력하고 거리감을 갖게 되지요. 그러면 나는 나의 비난을 강화시키고, 당신은 마음을 닫고 2-3일 간 날 피하고, 그리고 다시 시작하는 것이지요."

평가의 부분은 관계를 위해 능동적으로 찾고, 관계의 강화를 확인하는 것이다. 그래서 치료자는 남편에게 아내가 울 때, 그에게 무슨 일이 일어나고 있는지 묻는다. 그는 뻣뻣한 목소리로 공감이 없다고 대답한다. 그 치료자는, 아내가 그의 행동보다 다른 무언가에 화가 나 있을 땐, 그가 티슈를 건네주거나 그녀의 감정에 대해 묻거나 하면서 매우 공감이 잘 되는 것을 지적한다. 치료자들이 부부 사이의 상호작용을 관찰할 때, 부부의 상호작용에서 분명하게 작용하는 중요한 내재된 정서들과, 자신과 타인에 대한 정의를 하기 위해 임시적 가설을 형성하기 시작한다. 치료자가 적극적으로 부부에게 개입할 때, 부부가 얼마나 열려 있으며, 부부가 얼마나 치료에 쉽게 참여할 것인지 평가하는 것이 가능해진다. 시작 단계에서부터, 정서중심 부부치료 치료자는 부부를 좇아가는 것과 인도하는 것, 둘을 병행한다. 치료자는 애착, 강한 상호작용, 귀속 및 정서적 반응에 대해 배우자의 개방을 적극적으로 지시한다.

치료적 동맹의 형성은 인본주의적–경험치료에 바탕을 두고 있다. 정서중심 부부치료 치료자는 공감적 조율, 수용 및 진실성에 초점을 맞춘다. 일반적으로 인본주의적 치료자들은 전문가적인 근성의 가면 뒤에 숨는 것이 아니라, 적극적으로 참여하며 진실해야 한다. 그래서 치료자들은 치료적 동맹은 항상 모니터링 되어야 하고, 잠재하고 있는 어떠한 동맹의 파괴도 치료가 계속되기 전에 주목해서 고쳐야 한다.

치료적 동맹은 잠정적으로 위협하는 상호작용 가운데 정서적 경험과 정서적 교류를 탐지하고 재구조 하도록 만드는 안전 기지라는 애착 용어에 잘 나타난다. 치료자들은 사람들을 있는 그대로 받아들인다. 거니(Guerney)[30]에 의하면 부부사이에 연결된 배우자의 태도에 대한 합리적이고 타당한 이유와 어떻게 그것이 부부의 불화를 계속되게 하는 지를 정확하게 이해하기 위하여 공감을 시도한다고 했다. 이것은 애착 이론의 입장과 잘 맞는다. 볼비[31]는 부부를 이런 맥락 속에서 고려한다면, "역기능"(dysfunctional)적 반응이 타당하다고 항상 믿었다. 그는 그녀에게 좀 더 현실적이 되라고 말하는 것이 아니라 남편을 그녀의 챔피언으로 경험하기 위하여, 슬퍼하는 과부의 "비현실성과 불공정성"(unrealism and unfairness)에 공감하는 것에 대하여 말한다. 치료자들은 사람이 제한된 선택으로 어려움을 겪어야 된다고 가정하고, 이런 상황에서 스스로 비난하고, 무관심하고, 다른 상황에서 우리의 반응을 축소하고 문제를 만드는 것과 같은 방법들을 찾아야 한다고 가정한다. 치료자는 개인을 문제로 보기보다는 상호작용과 내적 경험처리 과정의 패턴을 구조화하려는 것이다. 이것은 치료적 동맹이 더 잘 형성되고 유지되도록 한다. 정서중심 부부치료에서 만약 치료자가 스스로 화가 나 있어 내담자를 비난하거나 제한을 두고 있다면, 그는 특정한 내담자의 행동을 이해하지 못하고, 또 자신의 경험과 관련되어 있는 내담자의 도움이 필요하지 않는다는 생각을 버리라고 권고받는다. 치료자는 성장하고 변화하는 내담자의 능력을 믿고 선택해야 할 뿐만 아니라 각 내담자가 이런 변화의 목표, 속도 및 유형을 따르도록 조심스럽게 행동해야 한다. 만약 특정 순간에 치료자가 상대배우자에게 털어 놓을 것을 제안했을 때, 내담자가 이를 거절한다면 치료자는 이것을 존중해 주어야 한다. 그러나 치료자는 지금 당장은 배우자가 상대 배우자에게 신뢰할 것을 요청함으로써 그 위험을 줄여 갈 수 있다.[32]

치료자는 협력자로서 부부가 결합하고, 경험을 처리하고, 그리고 새로운 관계 행동을 할 수 있도록 돕는다. 치료자는 또한 과정 자문가로서, 부부의 정신적 내용과 친밀한 관계 형성 방법에 숙달된 전문가처럼 행동해서는 안 된다. 보딘(Bordin)[33]에 의하면 긍정적 동맹은 다음 세 가지 요소를 가진다고 했다.

첫째 내담자가 치료자와 결합되어 치료자를 다정다감하고 우호적이라고 느끼며, 둘째 치료자가 제시한 과제(task)가 적절하고 도움이 된다고 생각하며, 마지막으로 치료자와 똑같은 치료 목표를 갖게 되는 것이다.

부부는 치료자가 자신을 수용하고 부부 불화의 일부분인 고통스러운 경험과 파괴적인 고리를 개선할 수 있을 것이라고 확신한다. 정서중심 부부치료의 결과를 예측한다는 면에서 볼 때, 동맹의 가장 중요한 요소는 과제의 내용이다. 치료자는 경험을 통하여 내담자가 치료 과제를 열심히 수행하는 것이 치료 결과에 결정적인 영향을 미친다는 것을 알게 된다. 정서중심 부부치료에서 치료 탈락률이 낮은 이유는 정서, 애착 욕구 및 애착 두려움에 집중하기 때문이라고 밝혔다. 내담자는 핵심적인 문제가 다루어지고, 자신이 수용되며 지지 받고 있다고 느끼는 것이다. 동일한 목표 설정과 치료적 동맹의 형성은 초기 회기에 핵심적인 부분이다. 단순히 갈등을 줄이고 보다 나은 방식으로 문제를 해결하기보다는, 안정적인 정서 연결에 치료 목표를 두게 되면 내담자와 가장 훌륭한 조화를 이루게 된다.[34]

존슨과 탈리트만(Talitman)[35]에 의하면 정서중심 부부치료의 연구에서 동맹의 수준에 따라 치료 결과 변이가 20%를 차지한다고 밝혔다.[36] 이것은 일반적인 심리치료의 경우인 10%보다 훨씬 높은 수치이다.[37] 동맹의 형성은 개인의 경험과 상호작용에 초점을 맞추는 정서중심 부부치료의 초기 단계의 개입에 있어서 아주 중요하고 고유한 부분이다. 부부관계의 경험과 태도를 반영하고 인정해 주며, 상호작용이 형성되는 방식을 비판하지 않고 진술하는 것 자체가 강한 개입으로 강한 동맹을 맺게 해 준다. 그래서 부부는 치료자가 자신들을 공감할 수 있다고 인식하며, 그들이 그동안 사로잡혀 있었던 파괴적인 상호작용 고리를 이해할 수 있게 된다. 일반적으로 동맹을 맺는 중요한 요인은 부부, 부부 불화 및 변화에 대해서 치료자가 어떤 태도를 가지고 있느냐 하는 것 등이다.[38]

정서중심 부부치료 치료자가 가져야 할 태도는 다음과 같다.[39]

① 공감적 조율(empathic attunement)

거니[40]에 의하면 공감은 상상의 활동으로 잠시 동안 각 내담자의 세계에 들어가 사는 것이다. 공감은 내담자의 불안을 누그러뜨리고 경험에 지속적으로 접근할 수 있게 해 준다.[41] 치료자는 내담자가 언급한 내용을 진실, 사실 및 역기능이라는 용어로 평가하지 않으면서 내담자의 세계에 접근해야 한다. 내담자가 지금의 관계에서 무엇을 원하고, 개인이 경험한 것의 핵심이 무엇인가에 초점을 맞추는 것이 중요하다. 스타인(Stein)[42]과 와스턴(Waston)[43]에 의하면 화자의 비언어적 메시지와 신체적 신호가 되는 모방 행동이나 반응, 그것들이 의미하고 있는 정서에 초점을 두는 것이 조율이라고 했다.

② 수용(Acceptance)

무비판적 태도는 강한 동맹을 맺는 데 중요한 역할을 한다. 치료자가 인간에 대해서 부족하고 결함이 있는 존재라는 시각을 가진 특정 모델을 고수하고 있다면, 무비판적 태도를 취하기가 어렵다. 이와 반대로 치료자가 인간에 대해서 긍정적으로 생각하고 변화하며 성장할 수 있다는 인간 고유의 능력을 신뢰하고 있다면, 무비판적 태도를 취하는 것이 쉬워진다. 가끔 치료자가 내담자의 특정 행동을 존중해 주기 힘들 때가 있어도 그 행동을 유발하는 정서는 존중해 주기 쉽게 된다. 예를 들어, 상실의 두려움과 배우자를 통제하고 싶은 욕구는 존중해 주면서 두려움으로 일어난 욕설과 이런 행동이 부부와 그 관계에 미치는 부정적인 영향을 반영시켜 나간다. 치료자는 변화를 시도하고 개선하기 전에 내담자의 진정한 모습을 조율하고 이를 수용해야 한다. 이런 수용은 소극적 의미가 아니라 적극적으로 인정하는 태도를 의미한다. 존슨[44]에 의하면 이런 과정은 단순히 비병리화시키는 것이 아니라 내담자의 부정적인 행동을 힘든 상황에 적응하기 위한 창조적인 행동으로 재구성하고, 이것을 기꺼이 알려는 생각은 용기 있는 행동이며 장점이 되는 것으로 재구성하는 것이라고 했다.

③ 진실성(genuineness)

치료자의 진실성은 동맹 형성에 중요하다. 치료자는 충동적으로 자신을 개방하는 것이 아니라, 내담자에게 접근하여 반응을 보임으로써 신뢰를 쌓아가는 것이다. 치료자는 실수를 인정하고, 내담자가 자신의 경험에 대하여 치료자를 교정하도록 허용한다. 부부치료에서 개인의 삶에 가장 중요한 애착 대상인 배우자와 함께 참여하기 때문에, 치료자와의 동맹이 개인치료보다는 강하지 않다. 치료자의 진실성은 투명하게 사실을 보여 주려는 의지를 말한다. 예를 들어 치료자는 흔히 개입을 위해 무엇을 하고 있는지, 그리고 이러한 개입이 치료 과정에 어떤 도움을 주는지 설명해 줄 수 있어야 한다.

④ 지속적이며 적극적인 모니터링하기(continuous active monitoring)

동맹이 전체 치료과정에서 잘 유지된다면 치료자는 적극적이고 신중하게 동맹을 평가하고 맺어가면서 유지해야 한다. 치료자는 부부와 교류되는 정도와 치료자에 대한 부부의 반응을 적극적으로 살피고 평가한다. 만약 동맹이 약화될 단서가 나타나면 치료자는 우선적으로 이것을 회복시켜야 한다. 치료자는 자신이 설명하고 개입한 것에 대하여 내담자의 반응을 보고, 부부의 생각과 욕망을 표현하게 한다. 치료자의 공감적 질문은 동맹이 파괴되는 것을 막아 주고 동맹을 강화시킨다. 예를 들어 회기 종결시 치료자는 부부가 치료에 열심히 노력한 점을 강조하고, 특히 치료의 회기와 내용에 관하여 부부가 관심이 생기고 염려되는 부분이 어떤 것인지 들어본다. 이후에 부부가 치료자에게 피드백 할 수 있도록 격려한다.

⑤ 체계 합류(Joining the system)

부부치료자는 각 배우자 외에 관계 체계에도 접근한다. 치료를 시작하면서, 치료자는 구조화되어 있는 부부 관계를 살피고 수용한다. 체계이론의 용어로 말하면, 치료자가 체계에 합류하는 것이다. 이것은 치료자가 부부와 연결되고, 관계에서 보이는 태도, 패턴 및 고리를 설명할 수 있을 뿐만 아니라 불화를 만들어 왔던 특정 패턴을 정확하게 부부에게 반영할 수 있는 것이다. 가장 일반적인 패턴은 방어(defend), 거리감(distance), 벽 쌓기(stonewall)에 따르는 요구(demand), 비난(criticize), 추적(pursue) 등이다. 치료자는 공감과 존중의 태도로 상호작용 과정과 패턴을 반영하고 부부가 상호작용에 대한 여러 가지 견해를 가질 수 있도록 돕는다. 치료자가 상대 배우자의 경험을 무시하지 않으면서 상대 배우자와 함께 자리에서 각 배우자의 부부관계, 태도 및 경험을 인정해 준다. 각 부부는 치료자와 상대 배우자를 서로 관련시켜 보게 된다. 이것은 동맹과 일반적인 변화 과정에서 결정적으로 중요한 요인으로 이런 태도는 치료자와 부부간에 협력적인 관계를 맺어 주며, 치료 초기 회기들에서 부부가 참여할 치료 목표와 과제를 탐구하기 위해서도 이런 태도가 필요하다. 정서중심 부부치료의 일부 평가과정은 부부의 목표를 명료화하는 것이며, 이 목표에 모순이 없는지 확인하고 치료를 통해서 부부가 무엇을 기대하고 있는지 밝혀야 한다.

2) 정서 경험에 접근하여 재구조화하기

일단 치료적 동맹이 형성되면, 정서중심 부부치료에서 기본적 치료과제 중 두 번째 과제로 정서 경험에 접근하여 탐색하고 재구조하는 과정으로 들어간다. 다음의 개입들은 이 과제를 수행하기 위해 정서중심 부부치료에서 사용된다.[45]

① 정서적 경험을 반영하기(Reflecting emotional experience)

치료자는 현재 마음의 신랄한 정서에 초점을 맞추고 그것을 반영하고 돌보는데, 치료자는 내담자의 경험에 대한 이해를 전달하고 그 경험에 내담자가 집중할 수 있게 한다. 여기서 반영은 단순히 앵무새처럼 말을 따라 하거나(echoing) 내담자의 말을 단순히 바꾸어 말하는 것(paraphrasing)이 아니다. 반영은 치료자의 강한 집중력이 요구되며, 내담자의 경험에 공감적으로 몰입해야 가능하다. 치료자는 내담자와의 경험을 진행하면서 내담자가 매순간 어떻게 자신의 경험이 구조화되었는지 그 방법을 탐지한다. 예를 들어 내담자의 정서적 교류가 갑자기 변화하거나 교착상태에 빠져서 적절한 단어를 찾지 못하는 순간이 이런 경험의 흐름에서 변화를 포착하여 회복하게 할 전환점이 되는 것이다.[46]

치료자가 적절하게 반영하게 되면, 내담자는 이해받고 인정받는 느낌을 갖게 되고, 치료회기를 안전하다고 여기며, 치료자를 동맹자로 생각한다. 이러한 반영은 내담자의 드러나지 않는 내적 경험에 집중하게 해 주고, 경험을 적극적으로 다듬어 주며, 상호작용 과정을 천천히 진행하도록 한다. 반영은 특정한 표현을 강조하고, 치료과정에 초점을 맞추게 해 준다. 반영은 경험의 새로운 국면이 드러날 수 있게 해 주는 전환점이 된다. 이런 반영은 내담자가 모호하고 추상적인 것을 명확하게 이해하고 감지할 수 있도록 돕는 것이다. 이런 반영은 사용하는 방식에 따라 위로하고 강조해 주는 역할을 한다. 이런 반영은 정서중심 부부치료의 치료자가 그 회기에 초점을 맞추고 지시하기 위해 사용하는 기본적인 도구이다. 적절한 반영은 내담자의 경험을 생생하게 하고, 실체적이고 구체적이고 명백하고 활기차게 한다.[47]

예를 들어: "당신은 내가 이해할 수 있도록 도와줄 수 있나요? 당신은 자신의 감정에 휩싸여 어떻게 남편의 반응을 받아들여

야 할지조차도 힘들어 하고 있는 것 같아요. 모든 것이 혼란스럽고 압도적인 상황 속에서 아주 걱정되고 예민해진다고 말하고 있는 것 같은데, 맞아요?"

여기서 주요 기능은 치료과정에 초점을 맞추는 것이며, 치료적 동맹을 형성하고 유지하는데 중요한 도구이고, 상호작용 태도에서 내재하는 정서적 반응을 분명하게 이해할 수 있게 해 준다.[48]

② 인정(Validation)

정서중심 부부치료 치료자는 부부가 보이는 반응이 잘못되었거나 비합리적이거나 부족하고 수치스럽거나 이상한 것이 없다는 태도를 견지해야 한다. 공감적 반영이 존중과 배려하는 느낌과 함께 전해질 때 이런 치료자의 메시지가 전달된다. 그러나 부부관계에 대해서 각자 부부가 경험한 것을 분명하게 인정해 주는 것이 필요하다. 치료자의 지지와 수용으로 형성된 안정감은 일반적으로 느낄 수 있는 불안이나 불화 부부가 흔히 취하는 상대를 무시하고 자기를 보호하려는 태도를 막아 주는 해독제 역할을 한다. 수용은 자기비판 그리고 예견되는 상대 배우자의 평가 때문에 제한될 수밖에 없는 경험과 이미지를 극복하게 해 주는 역할을 한다. 공감적 반영과 인정은 자신의 경험에 더욱 깊이 접근하게 해 주고, 이것을 통하여 이런 경험이 확대되고 구체화 되는 것이다.[49]

예를 들어: "당신은 지금 집중하기 힘들기 때문에 염려하고 계시군요. 보통 우리가 어떤 두려움을 갖게 되면 우리는 집중이 힘들 것 같아요. 그렇지 않은가요?"

주요 기능으로는 상호 반응을 인정하고, 경험과 상호작용이 어떻게 형성하는지에 대한 방식을 탐구하도록 상호간의 의사소통을 유지시키며 또한 치료자와 동맹을 형성하여 결합하는데 중요한 도구가 된다.

③ 환기적 반영(Evocative Responding): 자극을 유도

이런 반영은 배우자의 경험이 일시적이고 불분명하며 현재 나타난 부분에 중심을 두고 있으며, 치료자는 대화의 표면적인 내용의 주제를 뛰어 넘어 내담자의 정서로 초청된다. 치료자는 환기적인 이미지를 사용하므로 그런 경험을 일시적으로 확대하면서 이런 경험의 질과 경험에 대한 모호한 요소를 생생하게 포착하기 시작한다. 환기적 반응은 치료자가 사용하는 중요한 도구로서 첫째 내담자를 부정적인 정서로 이동하는 것을 돕고, 둘째 다른 사람을 비난하거나 얕보는 것으로 정서를 실현하는데 사용하며, 셋째 2차적 정서를 소유하는 방향에, 넷째 내재하고 있는 1차적 정서를 공식화하는 것에 사용한다.[50] 결국 이것은 자극, 신체적 반응, 욕구와 의미, 혹은 행동 성향에 대한 개방 질문을 통하여 경험을 확대시키는 과정이다.

> 예를 들어: "당신이 그것을 말할 때, 지금 당신에게 무슨 일이 일어나
> 고 있나요?", "그것이 당신에게 무엇과 같은가요?", "그래
> 서 어떤 일이 일어났을 때, 당신의 일부는 도망가거나 숨어
> 버리고 싶은 것 같군요."

주요 기능으로는 경험을 확대시켜 주며, 명확하지 않고 경계선상에 있는 불확실한 경험을 조직하여 명확하게 해 주며, 부부 상호간의 탐구와 개입을 격려하고 북돋아 준다.[51]

④ 강조(Heightening)

강조는 치료자가 내적과정과 상호작용과정을 추적하여 부부간의 특정한 반응과 상호작용을 강조하기 위해 선택한다. 긍정적이고 새로운 상호작용이 너무 많이 강조되었더라도 이런 반응과 상호작용은 부부의 파괴적인 상호작용을 개선하는데 중요한 역할을 하고 있다. 치료자는 배우자가 새로운 방법으로 그들의 정서적 경험에 참여하도록 돕기 위하여, 또한 다른 사람과 다양한 종류의 대화를 하기 위하여 이런 강화된 정서를 사용한다.[52] 여기서는 반복(repetition), 상상(images), 은유(metaphors), 재연(enactments) 등을 사용한다.

> 예를 들어: "부인을 보면서, 방금 하신 말을 다시 해 보시지요.""지금 당신은 암벽 등반만큼이나 힘들 것 같아 보이는 군요." "'당신에게 그것을 요청하기가 정말 힘들다'고 그에게 돌아서서 말해보시지요.""그건 너무 어려워서 물을 수 없어요. 당신에게 내 손을 잡으라고 말하는 것만큼이나 어려운 것 같아 보이는군요."

주요 기능으로는 핵심 정서를 강조하고 경험을 새롭게 이해하고 상호작용을 재구성하여 조직하게 해 준다.[53]

⑤ 공감적 추측 혹은 해석(Empathic conjecture or interpretation)

정서중심 부부치료 치료자는 내담자의 현재의 진술과 경험을 비언어적, 상호작용적, 상황적인 신호로부터 추론하여 내담자가 자신의 경험을 적절한 이야기로 채색하고 정리하고 전개해서 경험을 한 단계 진보할 수 있도록 돕는 것이다. 여기서 목표는 공감적 추측은 심인성(psychogenetic) 원인과 패턴에 대하여 언급하거나 내담자의 경험을 다른 방식으로 해석하지 않고, 정서경험을 확대하고 명료화시켜서 새로운 의미가 자연스럽게 나올 수 있게 하는 것이다. 여기에 사용된 추론은 치료자의 공감적 몰입으로부터 일어나며, 이런 공감적 몰입은 내담자의 경험과 지식 안으로 들어가서 부부의 상호작용 태도와 상호작용 패턴을 추론하는 것이다. 또한 이런 추론은 정서중심 부부치료의 토대를 이루는 성인 사랑의 관점인 애착 이론을 고려하여 이루어진다. 애착 이론을 경험적 관점에서 본다면, 이런 해석은 어떤 방법이 치료자에 의해서 내담자에게 부과되는 것이 아니라 배우자 자신의 깨달음으로부터 오는 것이라고 내담자 스스로 인식할 수 있도록 해야 한다. 부부치료에서 치료자가 체계와 문제의 반응이 무엇인지 잘 알고, 교정적인 피드백을 통하여 즉각적으로 잘못된 추론을 지적할 수 있기 때문에 이러한 위험은 적다. 추론은 시험적 태도로 해야 하며, 치료자는 부부가 치료자의 추론에 대하여 치료회기 동안 의견을 개진하고 교정해 줄 수 있다는 것을 분명하게 알려 준다. 정서중심 부부치료의 추론은 일반적으로 방어적 전략, 애착 욕망, 그리고 엄청난 애착 두려움과 환상에 관련이 있다. 이런 공감적 추측은 배우자에 의해서 경험된 자기 보호에 대한 욕구에 관한 진술 형태와 주체할 수 없는 애도, 위로 받고 싶은 욕망, 함입·정복, 거절 그리고 배신과 같은 전형적으로 느끼고 있는 인간의 두려움 등이 애착 반응의 표현 형태로 받아들여진다. 부부의 대화 속에서 드러나지 않았던 무가치하고 사랑스럽지 못하다는 식의 자기 정의가 이러한 방식을 통해서 명료해진다.[54] 그래서 치료자는 배우자의 경험을 상세히 설명하고 지금까지 구조화되거나 인정할 수 없었던 경험의 다른 요소를 명확하게 밝혀야 한다.

치료자가 상호작용을 재구조화하고 위축자의 재개입과 비난자의 순화를 촉진하고자 할 때, 특별한 유형의 추측이 정서중심 부부치료의 제2

단계의 변화의 과정에서 사용되었다. 이런 추측을 애착 씨뿌리기(seeding attachment)라고 불렀고, 또한 이것은 강조(heightening)나 인정(validation)의 형태를 취하게 된다. 치료자는 이런 두려움에 의해 차단되었던 애착 행동이 무엇이었는가를 말하면서 내담자의 두려움을 확대한다. 이런 개입은 정기적으로 성공적인 순화 과정에서 일어났다. 이런 추측은 내담자의 두려움에 의해서 만들어진 교착상태를 인정하고 또한 두려움이 약해졌을 때 무엇이 일어나는지에 대한 미래상을 제시한다. 이런 개입은 항상 "그래서 당신은 결코 … 할 수 없었군요."라는 말로 시작한다. 두려움에 의해 차단된 애착 욕구와 행동이 분명하게 된다. 이런 개입은 치료자가 후반부 치료과정에서 결합을 시도하게 될 애착 이미지를 제공한다.[55]

부부가 그들의 경험의 탐색에 저항하거나 위에서 언급한 기술이 효과가 없었을 때, 정서중심 부부치료 치료자는 비춰주기(disquisition)라고 불리는 특별하고 더 구체적인 추측의 형태를 사용한다. 비춰주기는 일반적인 부부와 부부문제의 유형에 대하여 치료자가 구성하여 들려주는 이야기이다. 치료받는 부부와 비슷하고 관련성 있는 내용을 구성하여 부부의 중요한 반응을 은유적으로 표현하고, 추측한 내재된 정서를 이런 이야기 속에 포함시킨다. 이 이야기는 광범위하고 위협적이지 않는 태도로, 현재 부부의 대인관계와 대인관계의 실재에 대하여 치료자가 이해한 것을 반영해 주어야 한다. 이것은 치료에 부부가 나타냈던 이야기를 확대해서 구성한 것이지만, 정서적 경험에서 보면 더 구체적으로 묘사되고 그런 경험과 어떻게 부부가 서로에게 반응하는지를 연결하는 내용이다. 이 개입의 일반적인 효과는 이야기의 어떤 면을 그들 자신의 경험으로 연관시켜서 동일시하는 것이다. 이것은 비교적 친밀한 부부와 연인에 대한 어떤 경험을 통하여 간접적이고 위협적이지 않는 방법으로 접근하게 한다. 또한 치료자는 내담자가 책임지려 하지 않는 경험을 추측하기 위하여 비춰주기 기법을 사용할 수 있다.[56]

예를 들어: "당신은 아무도 당신의 이 부분을 알아주지 못하고 수용

하지 못한다고 생각하는 것 같군요, 그렇지요? 그래서 선

택의 여지가 없이 숨을 수밖에 없었나 봅니다."

주요 기능으로는 특히 상호관계의 위치나 자신을 정의하는데 있어 새로운 의미를 깨닫게 하고 형성하게 하여 공식화 한다.[57]

⑥ 자기 개방

정서중심 부부치료가 다른 인본주의적이고 경험주의적 접근에 비교했을 때 정서중심 부부치료 치료자의 개방은 그다지 많은 편이 아니다. 이런 개방은 치료적 동맹을 향상하고 내담자의 반응을 인정하기 위하여 또는 내담자와 함께하여 그들 자신의 경험적인 요소를 확인하기 위하여 특정한 목적으로 제한되어 사용되었다. 이러한 개입은 정상적으로 생각하고 내담자의 반응을 인정하고 혹은 자신의 감정을 철회한 배우자에게 더 정서적 반응을 유발하도록 시도한다.

위에서 제시한 치료자의 개입은 먼저 부부를 있는 그대로를 수용하는 것에 기초를 두고 있으며, 이런 수용으로 경험을 탐색하고 경험을 구체적으로 밝히게 된다. 일반적으로 특정한 반응과 태도는 더 능숙한 방식으로 직면하거나 대체하는 것이 아니라 발전되고 다듬어진다. 정서중심 부부치료 치료자는 내담자에게 다른 반응을 제시하거나 가르치는 것이 아니라, 배우자가 잠재하고 있는 분노와 조용한 침묵 등의 부정적 반응을 탐색할 수 있도록 인정해 주거나 도와준다. 내담자가 친밀한 관계에서 자신과 다른 사람들에 대한 그들의 경험에 접근하고 처리하고, 필요하며 재조직하는 것을 돕는 것은 발견과 창조의 과정이다.[58] 이렇게 하여 내담자는 이전에 부정하고 옆으로 제쳐두고 지나갔거나 아직까지 구조화되지 못했던 자신

의 경험에 대하여 새로운 요소를 발견하게 된다.

⑦ 상호작용의 재구조화

치료자는 새로운 반응이 나타나면 이것을 명확하게 언급하고 강조하면서 부부의 새로운 태도를 강화시켜 나간다. 치료자가 이전 회기에서 재구조화 되었던 것을 요약하거나 부부 스스로 요약할 수 있도록 격려한다. 치료자는 새롭게 반응할 수 있는 상호작용을 유도해야 한다.[59]

다음의 개입들은 이 과제를 수행하기 위해 정서중심 부부치료에서 사용한다.[60]

⑧ 상호작용의 추적, 반영 및 재연(Tracking, reflecting, and replaying interactions)

> "지금 무슨 일이 일어났나요? 당신은 화가 나 돌변해서 그에게 항의
> 했어요. 그러나 남편은 여전히 당신의 분노에 집중하여 벽을 쌓고 있는
> 것 같은 데 맞나요?"

여기서 주요 개입의 기능은 상호 작용을 서서히 진행시키고 명료화시키며, 주요 상호작용 절차를 재연하는 것이다.

⑨ 고리와 애착과정의 관점에서 재구성(Reframing in the context of the cycle and attachment processes)

> "당신은 그녀를 잃을지 모른다는 사실에 몸이 얼어붙어버렸군요" "당
> 신이 감당할 수 없어서가 아니라 그녀가 너무 많이 당신에게 기대하기
> 때문에 몸이 얼어버린 거군요."

주요 기능으로 특정한 반응들의 의미를 전화시키고 배우자에게 대해 긍정적인 인식을 갖도록 상호관계를 새롭게 이해시켜 준다.

⑩ 상호작용 재조직 및 형성(Restructuring and shaping interactions)

현재의 위치를 재연(enacting new behaviors), 특별한 변화를 유도하기 위해 안무(choreographing specific change events)를 지시한다.

> "지금 당신이 부끄럽다고 얘기하신 것이 처음인 것 같군요. 부인에게 부끄럽다는 말을 한 번 해 보시지요." "당신이 필요로 하는 것을 그에게 요청해 보시겠습니까?"

이러한 개입의 주요 기능은 부정적인 상호 작용을 명료화하고 확대시키며, 새로운 대화와 관계를 형성하고 애착적인 결합을 만드는데 아주 중요한 접근성과 반응성을 격려하여 새로운 유형의 대화와 새로운 상호작용적 단계·태도를 만들어 긍정적인 고리를 만들도록 유도하는데 있다.

3. 치료적 교착상태를 극복하는 치료적 개입

1) 치료의 교착상태 : 개입[61]

정서중심 부부치료 치료자가 부부의 약화(de-escalation)를 창출하도록 도울 수 없고, 부분적으로 내향적 배우자의 더 큰 참여를 조장할 수 없다는 것은 이례적이다. 변화의 과정이 궁지에 빠지게 되는 가장 흔한 지점은 2기에 있다. 이것은 치료자가 확고한 유대감을 육성하기 위해 긍정적 상호작용의 형태로, 남을 탓하는 비판적인 배우자에게 자신의 배우자와 새로운 모험을 시작하도록 요청할 때 특히 그렇다. 때로는 치료자가 믿는 것을 배움의 어려움이라고 확고히 주장하고 어떠한 일시적 손상의 재발생의 국면이 생기더라도 희망적이며 포용적인 채 남아 있다면, 부부는 계속 앞으로 진보할 것이다.

치료자는 또한 교착상태를 돌아보고 정서적 관여의 새로운 레벨과 연관된 공포를 진정시키기 위해 각각의 배우자와 개별적 시간을 마련할 수 있다. 치료자는 그 부부의 여정과 현재의 상태를 생생히 그리면서, 또 부부가 부정적 고리로부터 그들의 관계의 권리를 주장하도록 권유하면서 교착상태를 재고해보기도 한다. 이것은 교착상태를 강화하고 규칙화하는 일반적 과정의 일부분일 수 있다.

배우자가 서로의 관계 댄스 안에서 상대방의 갇힌 상태를 능동적으로 명확히 표현할 수 있을 때, 이 상황의 강요된 결과를 좀 더 예리하게 느끼게 된다. 그래서 배우자에게 "난 당신을 절대 들일 수 없어요. 만약 내가 그런다면…."라고 지위에 도전한다. 그러면 배우자가 종종 그녀에게 신뢰로 가는 작고 새로운 발걸음을 떼도록 허락하는 재보증의 방식으로 반응할 수 있다. 만약 정서가 아주 멀리 달아나서 어떤 종류의 개입이든 방해한다면, 치료자는 가장 많이 억눌려진 배우자와 자신의 배우자의 딜레마를 공략할 이미지나 정형화된 이야기를 들려 줄 수 있다. 그 정서중심 부부치료 모델에서 이러한 이야기들은 "비춰주기"(disquisition)[62]라고 부른다. 그리고 그 부부는 그 이야기를 탐구하면서 그러므로 그들 자신의 딜레마를 먼 거리에서 바라볼 수 있다. 이 "손 뗀"(hans-off) 개입은 부부에게 반응이 필요치 않은 표준화 되었지만 명확한 거울을 제공한다. 그것은 우주적이고 위협적이지 않은 서술적 틀 안에서 딜레마에 노출 시 부부가 할 수 있는 일련의 선택들을 제시하는 것이다.

정서중심 부부치료의 변화과정에 대한 연구는 안정적 유대감이 차단된 것처럼 드러나는 특정 과정을 검토해 왔다. 존슨과 위프먼(Whiffman)[63]은 이것을 "애착 손상"이라고 했다. 애착 이론가들은 한쪽 배우자가 반응하거나 반응에 실패하거나 때로는 애착관계의 질을 불균형하게 영향을 주는 것 같은 긴급한 사건들을 지적했다.[64] 그러한 사건들은 사람이, 상대 배우자에게 느끼는 애착관계와 의존성에 대한 가정을 약화시킨다고 확증했다. 부정적 애착 관계, 특히 버림받거나 배신 등은 친밀한 관계로 가는 겉으로 보기에 회복 불가능한 손상을 유발한다.

많은 부부들에게 일반적으로 치료과정을 통하여 불화를 완화시키고 친밀감과 신뢰를 회복하기 위하여 시행된다. 치료과정 동안 아주 오래 전 일이라 해도, 이러한 사건들은 외상적 플래시백(traumatic flashback)처럼 생생하고 강력하게 정서적 태도로 자주 다시 나타나 상처받은 배우자를 억압한다. 대개 인생의 전환점이나 죽음, 육체적 위험 또는 불확실성의 맥락에서 일어나는 이러한 사건들은 "관계 외상"(relationship traumas)으로 생각한다. 배우자가 회복가능하고 재확인하는 방식으로 반응하기에 실패하거나, 상처 입은 배우자가 그런 재확인을 받아들일 수 없을 때 상처는 복합적이 된다. 부부가 그 상처를 뛰어 넘어 그들 사이의 유대감을 교정하려는 시도에서의 실패를 경험하기 때문에 그들의 실망과 소원해짐이 깊어간다. 그렇듯 아내의 유산 시 아내로부터 마음을 닫고 그 이야기를 더 이상 하고 싶지 않은 남편이 부부의 대화에서 그 생각을 재현하고, 새롭고 더 긍정적 상호작용을 차단하게 된다.

애착은 특히 감정이 취약할 때 고립과 분리의 극도의 정서적 역경을 강조하는 점에서 "외상 이론"(theory of trauma)[65]이라고 부른다. 이 이론적인 틀은 양쪽 배우자에게 왜 특정한 고통의 사건들이 관계에서 회전축처럼 중요한가, 각각의 사건의 중요한 특징이 무엇이 될 것인가, 그것들이 어떻게 특정 커플의 관계에 영향을 미치게 될 지와 어떻게 그것들이 최선의 해결책을 갖게 될지에 대한 이해를 제공한다. 존슨은 이러한 상처의 해결과정에 대한 현재 이해를 다음과 같이 설명한다.

첫째, 치료자의 도움으로 상처 입은 배우자는 상처 입은 채로 있으면서 그 충격을 분명히 얘기한다. 새로운 정서는 이런 시기에 빈번히 나타난다. 분노는 상처, 무기력, 두려움, 수치심을 분명하게 표현함에 의해 진화한다. 상처와, 현재의 관계에서의 부정적 고리는 명료해진다. 예로, 한 배우자가, "난 희망이 전혀 없어. 난 그가 내가 여기 없는 것처럼 행동할 수 없도록 그를 때릴 거야. 그는 나의 상처를 그렇게 닦아 내버릴 수 없어,"라고 말한다.

둘째, 배우자는 그 또는 그녀의 개인적인 부적절감이나 무감각을 반영하기보다 애착의 용어로 그것을 이해하기 위해 손상을 준 사건의 중요성을 듣고 이해하기 시작한다. 그러면 이 배우자는 상처 입은 배우자의 아픔과 고통을 이해하고 어떻게 그 사건이 그 또는 그녀에게 진화되었는가에 노력을 기울인다.

셋째, 그때 상처 입은 배우자가 좀 더 통합적이고 완전한 노력으로 망설이면서, 그 안에 포함된 상실에 대한 슬픔과 애착 결합을 잃을까 하는 두려움을 표현하면서 그 상처로 나아간다. 이 파트너는 상대에게 자신의 상처 입기 쉬운 자신을 보도록 허락한다.

넷째, 그 배우자는 좀 더 정서적으로 몰두되어 애착 손상에 대한 자신의 몫인 책임감을 인식하고 공감, 후회, 양심의 가책도 인지한다.

다섯째, 그 후 상처 입은 배우자가 상처를 준 사건 때에는 받을 수 없었던 위로와 보살핌을 자신의 배우자에게 요구하는 모험을 한다. 그 짝은 애착 손상의 외상적 경험을 해결하려 돌봄의 태도로 반응한다.

여섯째, 그러면 부부는 함께 그 사건을 새로운 이야기로 구성할 수 있다. 이 이야기는 상처받은 배우자를 위해 어떻게 그런 반응을 하게 되었는지 분명하게 수용할 수 있는 감각을 갖게 한다. 일단 애착 손상이 치유되면, 치료자는 좀 더 효과적으로 신뢰, 순화의 과정의 성장을 향상키시고, 유대와 결합을 위한 긍정적인 고리를 만들어 간다.

2) 치료의 적용 범위[66]

북미와 유럽 등지에서 정서중심 부부치료는 많은 다른 유형의 문제에 직면하고 있는 다양한 부부들에게 사용되어 왔다. 매개체를 통한 내담자, 대학 클리닉, 사설 기관, 또 부부들이 관계 불화(relation distress)에 더해 많은 문제들과 투쟁하고 있는 큰 도시의 병원 클리닉과 협력해서 발전되었다. 이러한 병원클리닉을 찾아오는 부부들 중 많은 수가 부부관계에 극심한 정신적 고통을 가지고 있었다. 이러한 부부들 중 몇은 부부치료 뿐 아니라 개인치료도 받고 있었고, 몇은 불안장애(anxiety disorders), 양극성 우울증(bipolar depression), 외상 후 스트레스 장애(posttraumatic stress disorder) 또는 만성 질병 때문에 약물치료 중에 있었다. 정서중심 부부치료 치료자는 전형적으로 우울증과 같은 증상을 부부의 상호작용 고리나 안정적 애착에 연결시킨다. 치료자들은 정서적 현실들과 부부의 부정적 고리가 어떻게 그러한 증상들을 만들고 유지하며, 악화시키는가와 그리고 역으로 이 증상들이 어떻게 이러한 현실들과 상호작용을 만들고 유지하며, 악화시키는가에 초점을 둔다. 일반적으로 개인적인 문제들을 그들의 관계적 맥락에 놓는 것은 부부가 그러한 문제들을 다루는 접근 방식에 새로운 관점을 찾도록 하는 것이다. 내담자 더그(Doug)는, "난 우리가 좀 더 많이 함께 해서 이

젠 덜 자극적지만 또 그 자극을 느낀다면, 글쎄요, 난 가서 그녀에게 날 만져 달라고 부탁할 거예요. 그것이 나를 더 온순하게 해 줍니다. 그렇게 해서 난 나의 욕구를 약간 감소시키고 그게 나의 기분을 더 나아지게 만듭니다.”라고 말한다.

앞서 언급한 대로 정서중심 부부치료는 나이나 계층, 배경과 성적 취향이 다양한 부부들에게 임상적으로 사용되어 왔다. 전통적인 부부는 개입에 부정적으로 영향을 주는 것처럼 보이지 않는다.[67] 그것은 부부가 붙들고 있는 믿음들은 아닌 것 같지만, 그들이 치료에서 문제화되고 있는 그 믿음들에 얼마나 견고히 밀착되어 있는지 몇몇 믿음들, 특히 의존성 요구를 병리화 하는 그런 것들은 정서중심 부부치료 과정에서 도전을 받는다. 예를 들어, 여자들은 그들의 배우자들이 이해 못할 생생한 방식으로 그들의 애착 욕구를 표현할 때, “질린다,”(sick) “미성숙하다”, “미쳤다”, 또는 일반적으로 “부적절하다”고 꼬리표를 붙인다. 과거 폭력을 당한 여자들이 느끼는 친밀함에 관한 양가감정은 화난 배우자에 의해 병적인 것이 될 수 있다. 성적 문제의 민감성의 관점에서 정서중심 부부치료는 그 모델이 결합 · 상호관계에 초점을 맞추고, 자발성을 유도하는 안정적인 결합을 필요로 하는 남성과 여성 모두에 가치를 두는 점에서, 크누드본–마틴(Knudson–Martin)과 마호니(Mahoney)[68]가 정의내린 성 민감성 개입의 기준과 일치하는 것으로 나타난다. 상대방을 강제로 통제하는 것보다 힘을 공유하고, 신뢰하는 것이 안정적인 성인 결합을 형성하는데 있어 본질적인 것이다.[69]

정서중심 부부치료는 동성애 부부에게도 사용되어진다. 비록 특수한 문제들이 고려된다 해도 이런 관계는 이성 관계와 똑같은 애착 관계 현실을 반영하며 똑같은 패턴을 따른다. 그린(Green), 베팅거(Bettinger), 잭스(Zacks)[70]에 의하면, 레즈비안 부부들이 특별히 “융합”되었다든지 게이 부부들이 “무관”하다는 것이 밝혀지지 않았고, 이러한 고정관념이 정확하지 않다고 했다. 정서중심 부부치료 치료자는 융합의 증거로서 꼬리표 붙여진 극도의 정서적 반응을 불안정한 애착 반영과 그 불안정을 유지하는 부정적 관계 댄스로 본다. 정서중심 부부치료 연구는 우리에게 개입이 다양하게 나타나는 문제점을 지닌 부부들에게 어떻게 영향을 주는지에 대하여 무엇을 우리에게 말해 주는가? 맥피(MacPhee), 존슨, 반더비어(Van der Veer)[71]에 의하면 낮은 성적 욕망은 회기 수가 아주 적을 때에는 중요하게 영향을 미치기 어렵다고 했다. 이렇게 제시되는 문제점들은 일반적으로 심리치료에서는 영향 미치기가 어렵다. 그러나 전형즈으로 손상 받은 관계와 손잡고 가는 다른 문제들에 대해서는 경험론적인 증거가 있고 결과도 긍정적이다. 데사울러스(Dessaulles), 존슨, 델턴(Delton)[72]은 정신 건강의 평범한 감기와 마찬가지인 우울증은 정서중심 부부치료에 의해 중요하게 영향을 받는다고 했다.

결혼생활의 불화는 우울증의 발병에 선행하는 가장 흔한 삶의 스트레스가 원인이다. 와이스먼[73]에 의하면 결혼생활이 불행한 사람들은 우울증에 대한 위험률이 25배나 높은 것으로 나타났다고 했다. 고든워커, 존슨, 매니언, 클로티어[74]는 정서중심 부부치료는 만성질환을 앓고 있는 아이를 가진 가족처럼 가족의 만성적 스트레스나 슬픔을 경험한 부부들에 높은 효과를 볼 수 있다고 보고하고 있다.

4. 애착 이론

부부 각자의 애착의 안전과 불안전 경도에 따라 부부 사이의 만족과 불만족이 결정된다. 안전하게 애착이 되면 긍정적이고 부정적인 정서를 잘 표현하게 되고, 고도의 높은 촉진적 개방(facilitative disclosure)과 갈등 중에 상호 표현하고 협상할 수 있는 좋은 영향을 끼친다. 대조적으로 애착이 불안전하게 되면 위협으로 느끼는 최근 배우자 파괴적인 행동을 추적할 수 있는 상관 관계가 높아진다.[75]

오타와(Ottawa) 대학교의 심리학과 존슨과 요크(York) 대학의 그린버그에 의해 1982년부터 부부치료 분야에 효과가 검증되어 정서중심 부부치료가 시행되고 있다. 정서중심 부부치료는 애착 이론과 경험주의적 가족치료 및 체계론적 접근방식을 바탕으로 현재 미국, 캐나다, 유럽에서 활발하게 시행되고 있는 부부치료 모델이다. 필자는 부부 관계의 불화문제를 해결할 수 있는 이론적 배경이 되는 것이 바로 애착 이론이며 오늘날 이것은 성인 애착에 대한 폭발적인 연구를 토대로 부부치료에 확실하고도 포괄적인 이론으로 부부치료에 자리매김하게 될 것으로 생각한다.

1) 애착 이론의 배경

1760년에 로마에서 그의 스승에 대해 기록한 어느 스페인의 가톨릭 감독은 고아원에서 자란 아이들은 그곳에서 그들이 보호 받고 양육을 받았지만 정기적으로 "슬픔으로 인하여 죽었다"고 보고했다. 1930년대와 1940년대에 미국의 병원 안에서 접촉과 정서적 접촉을 박탈당한 고아들이 떼 지어 죽었다. 정신과의사들은 그 아이들이 육체적으로는 건강했지만 다른 사람과의 관계에 무관심하고 냉담하여 상호관계를 가질 수 없었다고 하였다. 데이빗 레비(David Levy)[76]는 1937년 《미국 정신의학 저널》(American Journal of Psychiatry)에서 그런 아이들의 행동을 "정서적 기아"(emotional starvation)의 탓으로 돌렸다. 1940년대 미국 분석가 르네 스피츠(Rene' Spitz)는 부모로부터 분리되어 심각한 슬픔에 사로잡혀 있는 아이들을 "성장 장애"(Failure to thrive)라고 했다.

영국의 정신의학자 존 볼비는 그것이 무엇인가를 정확하게 보고 해결하였는데,[77] 볼비는 여러 가지 관찰과 조사보고를 통하여 일관성 있는 애착이론을 만들었다. 그는 남작(baronet)의 아들로 1907년에 태어나 보모와 가정교사의 지도를 받으며 상류계층에서 자랐다. 그의 부모는 그를 12살 이후에 디저트를 먹는 저녁 시간에만 가족들과 식탁에 앉을 수 있도록 하였고, 그를 캠브리지 대학의 트리니티대학(Trinity College)에 다니며 기숙사 생활을 하도록 내몰았다. 볼비는 그곳에서 일반적인 딱딱한 학문보다는 정서적 지지를 제공하는 학교생활의 영향으로 새로운 삶이 시작되었다. 그의 경험에 대한 호기심의 영향으로 볼비는 의과대학에 들어가서 7년 동안 정신분석을 경험하는 정신과 교육을 받았다. 그는 다른 사람들의 욕구를 과소평가했던 프로이드와 논쟁했던 로날드 페어번(Ronald Fairbairn)의 영향을 받아 환자의 어려움을 그들의 내적 갈등과 무의식적 환상에 두는 의견에 반대하면서, 인간의 문제는 대개 사람과의 진정한 관계에 뿌리를 내리고 있는 외적인 것임을 주장했다.[78]

볼비는 런던의 아동지도 클리닉(Child Guidance Clinics)에서 정서장애를 가진 아이들을 위해 일하면서 부모와의 황폐한 관계가 아이들에게 기본적인 정서와 욕구를 다루는 데에 있어서 부정적인 방법을 갖게 했다는 것을 알았다. 1938년에 정신분석가 멜라니 클라인(Melanie Klein) 감독 밑에서 초기 임상가로서, 볼비는 아주 불안한 어머니 밑에서 자라 과잉행동을 하는 아이로 선정되었다. 클라인은 아이의 투사와 환상에 관심을 가졌기 때문에, 볼비가 어머니와 이야기하는 것을 허락하지 않았는데 이런 일이 볼비를 격분하게 했다. 볼비는 이런 경험을 통하여 사랑하는 사람과의 결합의 질과 초기 정서 박탈이 인격의 발달과 다른 사람과의 결합에 핵심적인 요인임을 주장했다. 1944년 볼비는 "무관심의 얼굴 뒤에는 매우 깊은 고통이 있고 확실한 냉담함 뒤에는 절망이 있다.”(behind the mask of indifference is bottomless misery and behind apparent callousness, despair)라는 가족치료 분야의 연구논문인『44명의 청소년 도둑』(Forth-Four Juvenile Thieves)을 출간했다. 볼비의 젊은 날의 즐거운 경험(young charges)은 “나는 결코 다시는 상처받지 않을 것이다.”라는 태도로 얼어붙어 있었고, 절망과 분노로 마비되었다. 볼비는 제2차 세계대전에서 노숙자들에 의해 남겨지고 부모의 갈등에 의해 고아가 된 유럽 어린이들을 연구해 주도록 세계보건기구(World Health Organization)에 의해 요청을 받았다.[79] 볼비는 이런 정서적인 기아의 실제를 목격하면서 사랑하는 사람과의 접촉은 육체적인 영양공급만큼 중요하다는 것을 조사결과를 통하여 확인했다.

볼비는 자연적인 선택이 어떻게 생존을 돕는가에 관한 찰스 다윈(Charles Darwin)의 견해에 크게 영향을 받아, 그는 이전의 다른 사람과의 친밀한 관계를 유지하는 것이 생존의 탁월한 기술이라고 결론을 내렸다. 볼비의 이론은 급진적이라는 이유로 거절당하였으며, 그의 이론은 영국 정신분석학회 밖으로 거의 내몰렸다. 독창성이 없는 지식은 아이를 엄마와 다른 가족들에 의해 버릇없게 기르는 것은 매달리고 과도하게 의존하는 무능한 성인으로 만드는 것이라고 하였다. 합리적인 거리를 유지하는 것이 어린이를 양육하는 적절한 행동이라고 보았다. 볼비의 시대에 부모는 병든 아들, 딸과 함께 병원에 있도록 하지 않았고, 부모는 아이들을 문 밖에 떨어뜨려 놓아야만 하였다.[80]

1951년 볼비와 사회사업가 제임스 로버츤(James Robertson)은 “병원에 입원한 두 살 배기의 모습”(A Two-Year-Old Goes to Hospital)이라는 영화를 만들어 아이의 성난 분노, 병원에 혼자 남아 있는 아이의 공포와 절망을 생생하게 보여 주었다. 로버츤은 영국 왕립의학협회의 의사들이 사랑하는 사람들과의 분리에 따른 어린아이의 스트레스와 아이들의 위로받고자 하는 욕구를 이해하기를 바라면서 이 영화를 이들에게 보여 주었지만 이들은 이를 기각시켰고 금지해버렸다. 1960년대 영국과 미국에서 부모는 1주일에 1시간만 병원에 입원해 있는 아이들을 방문할 수 있도록 했다. 볼비는 다른 방법을 찾는 중 자신을 돕고 있는 캐나다 연구가 에인스워스를 만나 애착에 기초하고 있는 다음 네 가지 행동이 어떻게 고안되었는지를 알게 되었다.

첫째, 사랑하는 사람과 정서적 신체적 친밀감을 감시하고 유지한다. 둘째, 불안정하고 혼란에 빠지고 어려운 상황에 놓일 때 사랑하는 사람과 접촉한다. 셋째, 우리가 떨어져 있을 때 사랑하는 사람을 만날 수 없다. 넷째, 우리가 세상에 들어가 탐색을 할 때 우리를 위해 거기 있어 준 사랑하는 사람에게 의존하다.

이런 경험은 "낯선 상황"(Strange Situation)이라 불렀고, 사실상 많은 과학적 연구와 혁신적인 발달심리학을 만들어 냈다. 한 연구자는 어머니와 아이를 친숙한 방에 초청했다. 잠시 후 어머니는 아이를 연구자와 함께 있도록 하고 그 방을 나왔다. 3초 후에 어머니가 다시 들어왔다. 분리와 재결합이 한 번 더 반복됐다. 아이의 어머니가 밖으로 나갔을 때 대부분의 아이들이 불안정하고 동요하고 울기도 하고 장난감을 던졌다. 그러나 몇몇 아이들은 더 정서적으로 안정되었다. 그 아이들은 빠르고 효율적으로 스스로 진정하고 그들에게 돌아온 어머니와 쉽게 결합하였고, 그들의 어머니가 자신의 주변에 있다는 것을 확인하고는 다시 빠르게 놀이를 시작하였다. 아이들을 그들의 어머니가 필요할 때 자기들의 곁에 있을 것이라고 신뢰하는 것처럼 보였다. 그러나 덜 회복된 아이들은 불안하고 공격적이며 어머니가 돌아왔을 때 분리되었고 거리를 두었다. 일반적으로 스스로 진정할 수 있었던 아이들의 어머니는 더 따뜻하고 반응적이었으며, 반면에 화를 내는 아이들의 어머니는 행동을 예측할 수 없었고, 분리되었던 아이들의 어머니는 더 냉담하고 부정적이었다.[81] 이런 분리와 재결합의 단순한 연구에서,

볼비는 행동에 작용하는 사랑을 보았고 그 행동 양식의 기호체계를 알아내기 시작했다.

2-3년 후 볼비가 인간의 애착, 분리, 그리고 상실에 대한 세 개의 유명한 이론을 만들어 냈을 때, 그는 더 많이 알려졌다. 또한 그의 동료인 위스콘신(Wisconsin) 대학의 심리학자 할로우(Harlow)는 태어날 때부터 어미 원숭이로부터 분리됐던 그의 재미있는 연구보고서에서 "접촉 위안"(contact comfort)에 대한 영향력이 발표되면서 주의를 끌었다. 그는 분리된 유아가 부모와의 결합을 동경하는 경우에 철사로 둘러싸여 있는 어머니로부터 음식을 공급받는 것과 음식 없이 부드러운 천으로 된 어머니 사이에 선택이 주어질 때, 그들은 거의 대부분 헝겊으로 싸여진 어머니를 선택한다는 것을 알았다. 대체로 할로우의 실험은 초기 분리의 악영향을 보여 주었다. 생후 1년 동안 어머니와 분리된 건강한 유아 영장류는 사회적으로 장애를 가진 성인이 된다는 것을 보여 주었다. 그런 원숭이들은 문제를 푸는 방식이나 다른 것에 대한 사회적 신호를 이해하는 능력개발에 장애가 있었다. 그들은 불화되고 파괴적이었으며 사랑을 할 수 없었다. 처음에는 우습게 보고 경멸했던 애착 이론이 결국 북미에서 아이들을 양육하는 방식을 개혁하였다.[82] 오늘날은 아이들은 안정에 대한 절대적인 요구를 가진다는 이유로 애착 이론이 광범위하게 받아들여졌다.

2) 애착 이론의 기본체계

애착 이론(Attachment Theory)은 성인관계의 발전에 관련되어 있으며, 부부 치료의 광범위한 부분에 성인 사랑과 결합하여 많은 관심을 나타내는 포괄적인 이론을 제공하는 교류체계이론(transactional systemic theory)이다.[83] 애착 과정으로 로맨틱한 사랑의 개념은 성인사랑의 관계 연구에 커다란 영향을 주었고, 이 연구는 빠르게 발전되었다. 초기 연구는 개인의 상호관계를 형성하는 것으로 보고 설문지나 학생 샘플을 사용하였지만, 최근에는 부부 상호작용의 과정과 결과를 탐구한다.[84]

부부 관계는 부부의 중요한 경험과 기대, 독특한 상호작용 패턴과 광범위한 가족체계를 반영하는 복잡한 구조이며, 중요한 개념은 각 배우자가 상대 배우자의 행동에 대한 상황을 제공한다는 것이다. 배우자의 다양한 지식정보는 불안해하거나 회피하는 배우자에게 부정적인 상호작용 고리를 지적한다. 애착 이론은 정서를 다루는 것과 친밀한 관계와 연관된 동기부여에 특별히 강점을 보이고, 반면 체계이론은 개인의 관계에 깊이 자리하고 있는 폭넓은 상황으로 간주되는 욕구를 강조한다.[85]

① 애착 유형

안전 이론(security theory)을 처음 제안한 사람은 블라츠(Blatz)이며, 존 볼비에 의해서 발전되었고, 에인스워스가 체계적으로 연구하였다. 이들은 우간다(1954)에서 생후 1개월에서 24개월까지의 아기가 있는 28개 가정을 대상으로 매 2주마다 가정을 방문하고 아기를 관찰하는 연구과정에서 영아의 애착 유형에 개인차를 보였고, 어머니의 민감성과 반응성이 안정적인 애착을 형성하는데 영향을 미친다는 것을 알아냈다. 영아의 행동에 민감하게 반응하는 어머니가 양육한 아이는 안정적인 애착을 보이는 반면, 민감하지 못한 어머니가 양육한 아이는 불안정하게 애착을 하는 경향성이 드러났다. 안정적으로 애착이 된 아이들은 거의 울지 않았으며 어머니와 함께 있을 때 주위환경을 열심히 탐색할 수 있었다, 하지만 불안정하게 애착된 유아들은 자주 울었고 안아 주어도 울음을 그치지 않았으며 탐색하는 모습도 잘 보이지 않았다. 즉 엄마와 애착이 잘 형성된 아이는 안정감을 갖게 되어 이것을 기반으로 탐구할 수 있는 환경이 조성되기 시작한 것이다.

볼티모어에서 에인스워스는 생후 첫 1년 동안의 애착 발달에 관한 규범적 설명을 하기 위하여 연구를 시작하였다. 현재 임신 중에 있는 26가족을 미리 선정하고 출산 후 1개월에서부터 54주까지 가정 방문을 실시하여 영아와 어머니를 관찰하였다. 동시에 영아에서 나타나는 애착 평가를 위하여 "낯선 상황절차"(the strange situation procedure)를 개발하여 애착의 질적 특성에 나타나는 개인차를 확인하려고 하였다. 여기서 개인차를 구분하는 중심적 요인은 신기하고 친숙하지 못한 환경을 탐색할 때 안전기지(secure base)로서 어머니를 활용하는 영아의 능력이다. 이런 절차는 아동, 엄마, 그리고 "낯선 사람"이 등장하는 몇 가지 이야기로 구성되어 있다. 이것은 두 개의 의자와 아이가 가지고 놀 수 있는 다양한 장난감이 있는 특별한 방에서 실행한다. 아이가 엄마와 함께 방으로 들어온다, 그 다음에는 다정한 것 같지만 낯선 어른이 그 방으로 들어온다. 그리고 엄마가 아동을 남겨두고 그 방을 떠난다. 이제 아이는 낯선 어른과 함께 그 방에 남아 있다. 엄마는 약 3분 후에 돌아오고 엄마와 아동이 재회한다. 그 다음 엄마가 다시 그 방을 나가고 곧 이어 낯선 사람도 나간다. 이제 아이는 그 방에 혼자 남아 있게 된다. 엄마보다 낯선 사람이 먼저 그 방으로 들어온다. 그 다음에 엄마가 돌아와 아동과 엄마의 두 번째 재회가 있고 이 절차는 종료된다. 여기서 주목할 수 있는 것은 엄마와 재회하는 아이의 반응이었다.[86]

a. 안정 애착형(secure attachment B type)

이들은 어머니와 함께 있을 때는 편안하게 놀고 낯선 사람에게도 긍정적인 반응을 하고 어머니를 안전기지로 삼아 낯선 상황을 탐색한다. 낯선 상황에서도 어머니와 함께 있으면 안정감을 경험한다. 어머니가 떠나면 놀이를 중단하고 울지만 어머니가 돌아오면 매우 반기면서 어머니에게 다가간다. 이들은 애착 행동과 탐색행동 사이에 균형을 유지하고 있다. 이 유형의 아기의 어머니는 아기의 요구에 민감하게 반응하고 아기가 스스로 혼자 노는 것을 충분히 허용해 준다. 영아의 절반 이상이 이런 유형에 해당한다.

b. 불안/ 회피 애착형(anxious-avoidant attachment A type)

이들은 어머니를 탐색의 기지로 삼지 않는다. 어머니와 낯선 사람 모두에게 비슷한 반응을 보인다. 어머니와 떨어져 분리된 환경에도 심하게 울지 않고, 어머니가 돌아오면 외면하는 등 신체적 접촉 및 상호작용을 거부한다. 이런 아이들은 어머니와 떨어지거나 곤경에 처해도 어머니에게 위안을 구하지 않는다. 이 유형의 아기 어머니는 아이의 요구에 무감각하며, 아기와 신체적 접촉이 적고 화가 나 있거나 초조해 하며 거부하듯이 아이를 다룬다. 약 20%의 영아가 이 유형에 속한다.

c. 불안/ 양가적 애착형(anxious-ambivalant C type)

이들은 어머니와 떨어져 질 때는 물론 낯선 상황에서는 엄마와 함께 있어도 울음을 터뜨린다. 탐색활동을 거의 하지 않고 어머니 옆에만 있으려고 한다. 어머니와 떨어질 때도 심하게 울고 재회시간에 더 오랜 시간 울며 어머니에게 안기고 싶어 하기도 하고 피하고 싶어 하기도 하는 양가감정을 보인다. 어머니가 주는 장난감과 과자를 던지고 차버리는 등 분노를 표현하기도 한다. 이런 유아들은 지나친 애착 행동으로 탐색 행동을 하기가 어렵다. 이 유형의 어머니는 아기의 요구에 무감각하고 아기를 다루는 방식이 어색하지만 화가 나 있거나 아기를 거부하는 느낌은 없다. 약 10-15%의 유아가 이 유형에 속한다.

d. 불안/혼란 애착형(insecure-disorganized D type)

마인(Main)과 솔로몬(Solomon)(1990)은 네 번째 불안/혼란된 애착 유형을 추가하였는데 이 유형의 아동들은 현재까지 정신장애가 가장 쉽게 노출되어 있고, 영아 애착과 청소년 장애의 첫 보고에서도 정신 병리의 가장 뚜렷한 지표를 보이고 있다.[87] 이들은 떨어져 있는 부모를 다시 보았을 때 마치 얼어붙어 있는 것처럼 꼼짝 못하거나 부모로부터 도망쳐서 벽에 머리를 기대는 등 일관성 없고 체계화되지 못한, 혼란된 행동 패턴을 보였다. 이 유형은 회피와 저항이 혼합된 반응을 보인다. 낯선 상황에서 어머니가 돌아오면 치음에는 다가가서 안겼다가는 바로 화난 듯이 밀어버리거나 어머니에게서 떠나는 양극적인 반응을 보인다. 이러한 반응은 어머니와의 접촉에 대한 욕구는 강하지만 어머니로부터 무시당하거나 구박 받는 것에 대해서 느끼는 공포가 공존하기 때문에 나타나는 것으로 보인다.

『애착 유형』이라는 책이 1978년 출간될 당시에는 냉정하고 엄격하게 아동을 양육해야 자율성과 자신감이 발달한다는 것이 일반적인 육아상식이었으나 에인스워스의 논문과 책이 발표된 이후, 육아 상식은 정반대로 바뀌었다. 아동을 따뜻하게 대해 주고, 공감을 해 주고, 존중해 주고, 신뢰감을 주면서 일관된 보살핌을 제공할 때 자립심과 능력이 발달한다는 것이었다.[88]

② 애착 체계

볼비의 이론에 의하면 신체적 혹은 심리적 위협은 애착 체계를 자동적으로 작동시킨다고 가정하고 있다.[89] 유아는 신체적 정신적 위협에서 자신을 보호하기 위한 수단으로 지지적인 대상에게 접근성(Proximity)을 보장받기 위해 고안된 애착 행동을 가지고 태어난다고 했다. 이런 접근을 시도하는 행동은 애착 행동체계에 조직되어 있다. 애착 체계는 초기 유아의 생존에 결정적인 것이다. 하지만 전 생애에 걸쳐서 작동하고 있고, 필요한 시기에 접근을 시도하며 이와 관련된 사고와 행동으로 나타난다.[90] 또한 성인

의 이성간의 사랑, 결혼에 대한 헌신에 중요한 부분이며, 보통 결혼의 일차
적인 이유를 안정감에 대한 욕구와 애착이라고 하였다.

3) 애착 이론의 공헌

애착 이론의 초기 발달 이후 정서중심 부부치료의 커다란 변화는 친밀
한 관계의 특성에 대한 정서중심 부부치료의 이해에 관하여 애착의 영향
이 계속 증가하고 있다는 것이다. 이러한 관계가 정서중심 부부치료의 결
합에서 보인다 할지라도 최근 몇 년 내에 성인사랑(romantic love) 이론으로
애착에 초점을 두는 것이 증가하고 있고 더 분명해지고 있다.[91] 이것은 치
료자와 불화관계에 있거나 외상을 가지고 있는 개인과 불화관계에 있는 부
부 개입에 특히 도움을 주고 있다. 애착 이론에 관한 연구와 성인과 임상적
개입의 애착 이론의 적용은 지난 10년간 탐구되어 왔고, 임상치료자들에게
직접적으로 관련되어 있다.[92]

4) 건강한 관계의 관점

부부치료자에게 건강한 관계 모델은 아주 중요하다. 부부치료에는 일반
적으로 사랑과 관계에 대한 충분한 이론이 부족했다. 부부 불화의 특징을
밝히기까지 건강한 관계는 합리적이고 협상된 계약으로 받아들였다.[93] 또
한 "미분화"(differentiation)와 "밀착의 부족"(lack of enmeshment)과 같은 개념
은 다른 접근 방식에서 건강한 관계와 관련되어 있다. 정서중심 부부치료
용어에서 건강한 관계는 안전한 애착 결합을 말한다. 그런 결합의 특징은
상호 정서적 접근성과 반응성에 있다. 이런 결합은 부부의 정서를 조절하
고, 정보를 처리하고, 문제를 풀고, 차이점을 해결하고, 분명하게 의사소통

을 하는 능력을 최대한 활용하는 안전한 환경을 만들어 주는 것이다. 지난 15년간 성인 애착에 관한 연구는 안전한 관계는 더 높은 수준의 친밀감, 신뢰, 그리고 만족감과 관련되어 있었다.[94]

볼비는 1969년에 애착에 대한 3부작을 처음 책으로 출판했는데 이 이론은 타고난 생존기전을 나타내고 있다. 사실 그의 이론은 비행 청소년과 홀로 남아 있는 성인들에 대한 연구의 결과로 개발되었음에도 불구하고, 처음에 볼비의 연구의 대부분은 어머니와 아이들에게 적용되었다. 볼비는 애착 욕구가 "요람에서 무덤까지"(from the cradle to the grave) 간다고 했고, 내적, 외적 실재 존재를 조직하거나 정의하는데 사회적 영향력이 서로 작용한다고 믿었다. 특히 중요한 사람들과의 연결 감각은 중요한 안식처와 안전한 기지를 제공한다고 믿었다. 애착 대상과의 안전한 조율과 참여는 세상과의 조절과 참여로 그리고 스트레스를 조절할 수 있는 능력으로 변화되었다. 좀 더 최근에 애착 이론은 성인 애착관계에 적용되었다.[95] 아이들과 양육자 사이의 애착을 비교해 본다면 성인 애착은 더 호혜적이다. 보모와 성인관계의 성적 요소는 단지 애착으로부터의 분리로 보았지만, 지금은 대부분의 이론에 의해서 통합된 애착 체계의 요소로 생각한다. 예를 들어 성적 행동에서 보면 어머니와 아이가 연결되어 묶어져 있는 것처럼 성인의 배우자와 연결되어 있으며, 성인 애착은 오로지 성적 파트너로만 형성되어 있다.[96]

이런 관점은 성인에게 의존성을 비병리화하는 것이며 연속체로서 두 개의 다른 결과가 아니라 동전의 양면과 같이 자율적으로 연결되는 능력을 나타내는 것이다. 이것은 견고한 개인주의와 자기의지적 신화를 가진 북미의 전통에 도전하는 것이었다. 볼비의 관점에서 지나치게 의존적이거나 독립적인 것은 유아와 성인에게 가능하지 않다는 것이다. 오히려 사람은 효율적 의존과 비효율적 의존이 있다는 것이다.[97] 중요한 관계에서 안전은 정서를 조절하고 정보를 효율적으로 처리하고 분명하게 의사소통 하는 것을 돕는다. 만약 불화하고 있는 정서가 관계 자체에서 생겼다면 관계회복을 경험한 안정된 사람은 분열은 회복될 수 있다고 믿는다. 우리가 안전하게 애착될 때, 우리는 불화를 공개적으로 인정하고 반응을 이끌어내면서 지지하기 위해 다른 사람에게 돌아간다. 이것은 스트레스와 불확실성을 다루는 우리의 능력을 촉진하는 것이다. 또한 이것은 관계가 잘 진행되지 않을 때 우울감이 적어지도록 한다. 다른 사람으로부터 위로를 받을 때 외상 치유에 중요한 요소로 나타난다.[98]

과거의 관계로부터 형성된 애착 유형은 현재 맺고 있는 관계에 영향을 주지만, 치료적인 접근을 통하여 새로운 애착 관계를 경험하게 함으로써 애착 패턴을 바꿀 수 있다. 치료를 통하여 상처 입은 배우자가 안전한 결합을 형성하게 되면 부부는 서로의 상처를 다룰 수 있고, 자신과 배우자가 회복될 수 있는 치료환경을 마련할 수 있다. 애착 이론이 정서중심 부부치료에 적용되어 부부치료를 위한 가치 있는 안내자 역할을 하고 있는데, 애착이론이 부부치료자를 통하여 '절망감과 무가치한 감각'에 빠져 있는 부부를 도울 수 있다. 즉 사랑하는 사람과 안전한 결합을 갖도록 하는 것이다. 앞으로 애착 이론이 부부치료 분야에서 부부 불화를 해결하는데 큰 역할을 할 수 있을 것으로 생각한다.

5) 관계 불화의 관점

정서중심 부부치료는 관계불화를 애착 불안정(attachment insecurity)과 분리 불화(separation distress)의 렌즈를 통하여 바라본다.[99] 인간은 애착의 안정성에 위협을 받을 때 다음과 같은 순서로 반응한다.

먼저 일반적으로 분노하게 된다. 이런 분노는 애착 대상과의 접촉을 상실한 것에 대해서 저항하는 것이다. 만약 그런 저항이 반응을 환기시킬 수 없다면, 분노는 절망적이며 강압적일 수밖에 없으며, 애착 대상의 주의를 끌기 위하여 장기적인 전략을 진행하게 된다. 분리 불화 안에서의 두 번째 단계는 매달리기와 찾기로 그 당시 우울감과 절망감에서 벗어나려는 하나의 방식이다. 마지막으로 그 외의 모든 것이 실패하게 되면 관계가 단절되어 몹시 고통스러움을 겪게 된다.

애착 대상으로부터의 분리는 자동적으로 싸우거나 물러서거나 냉담한 반응을 보이는 등 외상적 스트레스 요인으로 개념화 할 수 있다. 관계에서 나타나는 공격적인 반응은 부부가 상대 배우자에게 통제를 받고 학대당하므로 그들의 애착불안정을 완화하기 위하여 애착 공황과 연결되어 있다.[100]

정서중심 부부치료의 관점은 가트맨의 연구와 함께 관계 불화의 특성으로 잘 설명하고 있다. 더욱이 이것은 관측한 연구에서 제공된 패턴을 설명하는 구조로서 애착 이론을 제공하고 있다.

첫째, 조사연구와 애착 이론은 정서의 표현과 조절이 친밀한 관계의 특성과 유형을 결정함에 있어서 중요한 요소임을 제시한다. 부정적인 정서 상태에 빠지는 것은 불화관계의 특성이다.[101] 가트맨은 부부가 이혼의 기로에 있다는 것을 부부의 얼굴 표정에서 정확히 예측할 수 있다고 했다. 이혼을 예측할 수 있는 것은 몇 번 갈등을 했느냐 보다는 정서적 유리상태가 중요한 요인이다. 그의 연구에서 분노는 정말 좋지 않다고 했다. 즉 분노는 애착 문제를 해결하거나 반응상태를 환기시키는데 도움을 줄 수 없다는 것이다. 애착의 관점에서 볼 때 학대를 제외한 어떤 반응도 분노보다는 낫다는 것이다. 이것은 "벽 쌓기"(stonewalling)가 왜 부부 관계를 허물게 하는 지를 대신 말해 주는 것이다.[102] 이것은 명백한 반응성의 부족을 가져와 무기력과 분노를 유발하면서 애착 안정성을 직접적으로 위협하는 것이다.

둘째, 통속적인 요구-철회(the familiar demand-withdraw)와 같은 고정된

상호작용 패턴은 관계에서 악영향을 끼칠 수 있다는 것이다. 그 이유는 이러한 패턴은 애착 불안정을 지속시키고 안정성 있는 정서적 교류를 어렵게 하기 때문이다. 한 조사연구는 사람이 무엇에 대하여 싸우는가 보다 어떻게 싸우느냐가 중요하다고 말하면서 비언어적, 의사소통 진행의 중요성을 밝히고 있다. 사람이 싸움을 하는 것은 애착 관계(attachment relationship)의 본성이며 그들이 그곳에 존재한다는 것을 암시하는 것이다. 그래서 부부인 앤(Anne)은 로저(Roger)의 양육 기술을 혹평했고, 로저는 그녀를 무시했다. 다음 순간 앤은 로저의 목소리의 어조를 비평하고 이것은 관계에서 그녀의 신호를 무시하는 방식이다. 5초 후에 부부는 누가 "성자"이고 누가 "악마" 인가에 대하여 싸웠다. 앤은 로저가 그들의 관계를 친밀하게 할 수 없고 반응할 수 없다고 결론을 내렸다. 방어-철회(defend-withdraw)에 이어 따라오는 비평-추적(criticize-pursue)하는 등의 지엽적인 고리의 성질은 애착 이론을 예측하는데 어떠한 가치도 없다. 단지 소중한 사람들을 접촉하려는 욕구 불만을 다루는데 제한적일 수 있다. 한 가지 방식은 다른 사람과의 반응의 부족에서 발생하는 불안을 처리하기 위하여 애착 행동을 증가해야 하는 것이다.(아마 이 과정에서 비평적으로 보일 수 있다.) 그때 다른 사람에 대하여 인지된 비평으로부터 그/그녀 자신을 피하거나 거리감을 두면서 반응한다. 가트맨의 연구와 애착 연구에서 이런 전략은 정서적 홍수와 높은 수준의 정서적 유발을 막을 수 없다고 제안했다. 애착 문제를 다루어 애착 대상과 교류하도록 하는 습관적인 접근방식은 유년시절에 습득할 수 있지만, 그들은 교정하거나 확정해서 성인관계성에서 더 자율적일 수 있다.

셋째, 가트맨은 의사소통 훈련 양식에서 배운 기술은 만족한 부부의 상호작용에서 일반적으로 분명하게 드러나지 않는다고 지적했다. 애착 연구에서 부정적인 고리에서 벗어나는 능력은 안정적인 관계 수준에 머무르는 것임을 밝혔다. 공감, 자기개방과 메타 의사소통(mete-communicate)에 대한 능력 등의 요인은 안정성과 관련되어 있다. 애착에 의해 두려움이 몰아칠 때, 그것은 한 배우자가 그/그녀의 대뇌피질과 잘 연결되어 명령을 따르는 것과는 다르다. 그러나 좀 더 안정적인 부부는 부정적인 고리를 약화하기 위하여 의식으로서 그런 기술을 사용 할 수 있다. 한 가지의 연구[103] 결과가 정서중심 부부치료 개입의 기술로 추가되었지만 이런 추가 기술이 더 나은 조사결과를 가져오게 하지는 않았다.[104]

넷째, 이런 연구와 애착 이론은 상호작용을 "완화하는 것"에 대한 중요성을 강조한다. 애착 이론에서 한 배우자가 위로 받기를 원하고 상대 배우자가 위로를 제공할 수 없는 과정에서 애착 가설은 방해를 받고, 관계성을 확인하는 것에 불균형적으로 영향을 미친다고 밝힌다.[105] 정서중심 부부치료 모델에서 이런 과정을 "애착 손상"(attachment injuries)이라 말한다.[106] 문제를 논할 때 대체로 "회피자"의 입장을 취하는 사람은 여러 상황에서 상대적으로 사회적일 수 있지만, 그/그녀의 배우자가 연약함을 보일 때 특히 위축된다.[107] 또한 애착 이론에서 그런 시기에 상호작용을 완만하게 만드는 것은 친밀한 관계를 재확인하는 데 영향력을 가지게 된다. 정서중심 부부치료의 변화 과정 중 "순화"의 연구에서 이것이 사실임을 밝힌다. 관계성에 대한 다른 연구와 애착 관계의 성질 사이를 특정한 관계를 추정하는 것이 가능하다. 애착 이론은 우울증과 부부 불화사이의 관련성을 이해하는 하나의 접근방식으로 사용되고 있다. 가트맨은 경멸은 부부관계를 아주 힘들게 하는 요인이라고 지적하면서, 그 이유를 애착 대상과의 상호작용에서 자신에 대한 우리 모델을 만들고 유지하기 때문이라고 설명했다. 경멸적인 반응은 자신의 무가치함에 대하여 직접적으로 피드백을 전달하여 불화 관계에 있는 부부에게 특별한 고통과 반응을 보이게 한다.[108]

관계 불화에 관한 연구는 애착 연구의 공헌과 함께 부부치료자들에게 최근에 만들어진 관계 학문을 제공하고 있다.[109] 이것은 우리가 내담자로서 상호작용이 일어날 때 내담자의 반응을 이해하고 예측할 수 있도록 돕는다. 또한 이런 과정을 통하여 내담자를 비병리화 하도록 도울 것이다. 예를 들어 "잘못 조직된 애착 전략"으로 내담자의 행동을 바라보는 시각은 "경계선 인격 장애"를 가진 내담자로 보는 시각보다 좀 더 도움이 될 수 있다는 것이다. 그런 관계의 학문은 우리가 효율적인 방법으로 지속적인 변화를 만들기 위하여 목표를 공식화 하고 개입을 목표로 삼는 것을 도울 것이다.[110]

6) 성인 애착 이론

① 성인 애착 이론의 발전

볼비는 성인 사랑에 대한 애착 이론의 적용을 살아 있는 동안 보지 못했다. 볼비는 성인도 애착에 대한 같은 욕구를 가진다는 것과—그는 제2차 세계대전 미망인을 연구했는데 노숙자 어린이들의 행동패턴과 유사한 한 것을 알았다. —이런 욕구는 성인관계를 형성하는데 영향을 미친다고 주장했지만 거절되었다. 아무도 상류계층 보수주의 영국 사람은 로맨틱한 사랑의 수수께끼가 해결되기를 기대하지 않았다. 사람들은 사랑이 일시적이고, 프로이드가 기초를 두는 본능의 위장된 성적 심취이며, 다른 사람들을 의존하려고 하는 미성숙한 욕구, 혹은 사랑을 도덕적인 입장으로 정의하면서— 사랑은 요구하거나 받는 것이 아니라 주는 것이라는 헌신적인 희생적 행위라고 하였다. 그러나 중요한 것은 사랑에 대한 애착의 관점이며, 여전히 존재하고, 성인시절 우리 문화에 성취된 사회적 심리적 이념과 관계가 없다는 것이다. 성숙은 독립적이고 자급자족할 수 있는 자기 충족적인 것을 의미한다. 삶이나 위험에 혼자 대처할 수 있는 확고부동한 전사의 개념은 오랫동안 그들의 문화에 깊이 배여 있었다. 심리학자들은 자부심이 강하지 못하거나 결정적으로 다른 사람들과의 관계에서 자신을 주장할 수 없는 사람을 표현할 때 미분화(undifferentiated), 공동의존(codependent), 공생(symbiotic), 혹은 융합(fused) 등과 같은 단어를 사용하였다. 이와는 대조적으로 볼비는 "효과적인 의존"이라는 말을 사용했고, "요람에서 무덤까지"(the cradle to the grave) 돌아갈 수 있는 방법은 정서적 지지의 힘이 그 신호라고 했다.[111]

성인 애착에 관한 연구가 시작될 때 사회 심리학자 필 셰이버(Phil Shaver)와 신디 하잔(Cindy Hazan)은 덴버(Denver) 대학에서 어머니와 아이가 같은 반응과 패턴을 나타내는지를 보기 위하여 사랑의 관계에 대한 질문지를 남녀에게 요청하면서 성인에 대하여 다음과 같이 답안지에 게시했다.

먼저 성인은 사랑하는 사람으로부터 정서적 친밀감을 요구하고, 둘째 불안정할 때 그들의 사랑이 보장 받기를 원하고, 셋째 사랑하는 사람과 분리되거나 거리감을 느낄 때 불화하게 되고, 넷째 사랑하는 사람이 등을 돌리는 것을 알았을 때 세상을 탐구하는데 더 많은 신뢰가 필요함을 느낀다고 했다. 또한 그들의 사랑이 안전하다고 느낄 때 쉽게 접촉하고 결합할 수 있다. 그들이 불안정하다고 느낄 때, 그들은 더 불안해하고 분노하고 통제하며, 그들은 함께 접촉하는 것을 피하고 멀리 떨어져 있게 된다는 것이다. 이것은 바로 볼비와 에인스워스가 어머니와 아이들에게서 찾아낸 것이다.[112]

하잔과 셰이버는 질문지의 결과와 볼비의 이론을 강화하는 중요한 연구들의 추적을 시작으로 많은 연구가 쇄도하였고, 현재 많은 연구들은 볼비의 성인애착에 관한 예측을 인정한다. 결론적으로 로맨틱한 부부 사이의 안전한 결합의 인식이 긍정적인 사랑의 관계의 중요한 열쇠이며, 이러한 관계가 개인에 대한 정신적 힘의 큰 원천이라는 것이다.

우리가 친밀함으로 위안을 얻고 사랑하는 사람을 의존함에 따라 안전감을 느낄 때, 더 잘 지지를 받고 지지를 해 줄 수 있다. 미네소타(Minnesota) 대학의 심리학자 심슨(Simpson) 교수는 연구를 하면서 83쌍의 부부가 방에 앉아 부부관계에 대한 질문지를 작성하게 했다. 여성 배우자에게는 사람을 매우 불안하게 하는 활동에 바로 참여하도록 했다. 질문지에 사랑의 관계에 안전하다고 표시한 여성 배우자들은 주어진 과제에서 그들의 불행을 공개적으로 공유하고 그들 남편으로부터의 지지를 요청할 수 있었다. 일반적으로 그들의 애착 욕구를 부정하고 친밀감을 피했던 여성 배우자들은 이러한 순간에 더 위축되었다. 남성들은 두 가지 반응을 보였다. 하나는 관계가 안전하다고 표시한 남성배우자는 평상시보다 더 지지적이었고 그들의 배우자를 터치하고 미소를 짓고 부인에게 위안을 주었다. 다른 하나는 애착 욕구에 불편하다고 표시한 남자들은 그들 부부의 불화를 가볍게 여겼고 다정함이 적었고 또한 접촉도 적었다.[113]

부부가 안전하게 연결되었다고 느낄 때, 그들은 불가피하게 받게 된 상처를 쉽게 감싸고, 몹시 흥분이 될 때 덜 공격적이게 된다. 이스라엘의 바일란(Bar-Ilan) 대학의 미쿠린서(Mikulincer)[114]는 참여자들에게 어떻게 관계가 연결이 되었고, 갈등이 일어났을 때 분노는 어떻게 처리했는지 등의 질문을 했다. 갈등에 대한 부부의 행동 계획에 반응할 때 부부의 심장 박동횟수를 감시했다. 친밀하다고 느끼며 배우자를 의지하고 있는 부부는 분노가 적었고, 상대배우자에게 부당한 의도가 있었다는 생각이 적었다. 그들은 더 통제된 방식으로 분노를 표현하고 문제를 해결하고, 그들 부부와 재결합하는 등 좀 더 긍정적인 표현을 한다고 표시했다.[115]

사랑하는 사람의 안정된 결합은 능력을 불어넣어 주고 있는 것이다. 미쿠린서의 연구 집단에서 보면 우리가 다른 사람과 안전하게 결합되었다고 느낄 때 자기 자신을 더 잘 이해하고 더 좋아한다는 것이다. 자신을 표시하는 형용사 목록이 주어질 때 더욱 더 안정된 사람들은 긍정적인 특징이 있는 것을 고른다는 것이다. 그들의 약점에 관하여 물을 때 자신이 간단하게 느낀 생각을 쉽게 이야기했고, 여전히 자기 자신에게 좋은 느낌을 가지고 있었다. 또한 미쿠린서는 볼비가 예측했던 것처럼 안전하게 결합된 성인은 새로운 정보에 더 호기심이 많고 더 개방적이다. 그들은 다양한 방식으로 대답할 수 있는 질문을 좋아한다고 말하는 모호한 표현에 편안함을 가졌다. 개인의 행동을 그들에게 표시하게 했고, 그들은 이런 개인의 긍정적 반응과 부정적인 특징을 평가했다. 연결된 참가자는 개인에 대한 새로운 정보를 더 쉽게 받아들이고 그들의 평가를 교정했다. 우리가 다른 사람에게 안전하게 결합되어 있다는 느낄 때, 새로운 경험에 대한 개방성과 신뢰에 대한 융통성은 더 쉬워지는 것이다. 호기심은 안전한 느낌으로부터 오고, 경직성은 위협에 대한 경계하고 있는 것으로부터 온다는 것이다. 피츠버그의 카네기 멜론(Carnegie Mellon) 대학의 심리학자 피니(Feeney)[116]는 280쌍의 부부를 통하여, 그들의 욕구가 배우자에 의해 받아들여졌다고 느끼는 사람들은 그들 자신의 문제를 푸는데 더 신뢰하는 마음을 가졌고, 그들 자신의 목표를 성공적으로 성취하는데 쉬웠다는 것이다.[117]

② 성인의 낭만적인 애착 유형

하잔과 셰이버에 의하면 "내가 만약 그/그녀를 필요로 할 때 과연 내가 의지할 수 있는가?"라는 물음에 대답하는 방식으로 다음과 같이 성인 애착 유형을 나누었다.[118]

a. 안정 애착 유형

일반적으로 많은 부부들은 기본적으로 그들이 필요로 할 때 배우자가 함께 할 것이라고 생각하며 배우자를 믿을 수 있다. 이러한 유형이 안정된 애착유형이다. 이들은 상대를 신뢰할 수 있고, 자신에 대해서 사랑스럽고 위로 받을 만한 가치가 있다고 생각한다. 또한 애착 정보를 평가하여 애착 욕구가 생기면 분명한 정서적 신호를 보낼 수 있다. 불가피하게 배우자와 어떤 차이가 나더라도 배우자에게 신뢰감을 보여 준다. 즉 결합이 위협을 받았을 때에도 융통성 있게 대처할 수 있다. 이들은 배우자와 가까워지는 것도 편안하게 여기고 자기를 개방하게 되며, 배우자가 자신을 필요로 할 때는 접근하고 혼자 자신의 감정과 스트레스를 다룰 수 있다. 어려움을 당했을 때 안정 애착형은 "내가 어려움을 당해 힘들면, 중요한 사람에게 다가가서 도움을 청할 것이고 그는 다가와서 지지해 줄 것이다. 나는 그가 옴으로 위로를 받고 평안해져서 다른 일상으로 돌아갈 수 있게 될 것이다."라고 기대한다.

> "나는 쉽게 다른 사람하고 친해지고 의지하는 것이 편안해요."
> "나는 당신으로부터 버림받지나 않을까 혹은 너무 가까워지지 않을까 하는 식의 걱정을 더 이상 하지 않게 되요.'

b. 불안 애착 유형

이러한 유형은 위의 질문에 대해서 '아마도 그럴 것이다.'라고 대답을 하는 애착 유형으로 애착 대상에게 강하게 매달리고 자신의 욕구를 공격적으로 요구한다. 종종 자신이 부족하거나 사랑을 받을 가치가 없다는 두려움을 갖게 된다. 거절되는 것에 대한 두려움이 많으며, 의존욕구가 강하여 신체적으로나 정서적으로 가까워지고 싶어 한다. 예민하고 표현이 많아지고, 다른 사람을 돌봐주려고 하며 지배적인 경향이 강하다. 열린 대화를 너무 많이 하여 강한 정서가 표현되어 문제 해결이 어려워질 때가 있다. 배우자를 이상화하지만 요구가 많고 자신의 욕구가 충족되었다고 느끼지 못한다. 성적인 행위보다는 껴안기와 같은 애정과 친밀감을 더 즐긴다.

"다른 사람은 내가 원하는 만큼 나와 가까워지려고 하지 않아."

"나는 다가가려고 하는데, 남들은 자꾸만 나와 멀어지려고 해."

c. 공포 회피 애착 유형

위의 질문에 대하여 '아니다.'라고 하는 답을 하는 경우로 애착욕구는 느끼지만 상대와 가까워지는 것을 포기하고 회피적인 반응을 보이게 된다. 친밀감을 원하고 있으나 거절되는 것에 대한 염려가 많다. 부부관계를 통하여 신체적으로나 정서적으로 가까워지기 힘들고 개방을 하지 않는다. 화가 나거나 지지가 필요할 때에도 배우자에게 향하지 않고, '배우자가 그것을 채워 줄 수 있다.'라는 생각을 못한다. 또한 예민하고 연약하며 소극적이어서 의사소통 문제 해결에 어려움이 많고 자신의 욕구를 희생한다.

d. 거부 회피 애착 유형

애착 욕구를 부인하고 다른 사람을 믿을 가치가 없다고 여기며, 회피적인 반응을 보인다. 관계의 필요를 적게 느끼고 다른 사람이 자신을 어떻게 보는지에 관심이 적은 자기 충족형이다. 개방을 하지 않고, 정서적인 친밀감과 신체적 애정 표현이 적다. 스트레스 시 배우자에게 다가가지 않고 다른 사람의 필요를 눈치 채지 못한다. 문제 해결 능력이나 대화술이 부족하고 정서적으로 거리를 두고 배우자를 부정적으로 보고 비관적이며 판단을 많이 한다. 회피형 유형은 성적인 만족을 적게 찾는 편이며 우발적인 성행위가 불안한 애착 유형이나 안전한 애착유형보다 많다.

③ 애착 체계의 결혼생활에 적용

성인에서는 위협이 닥치면 자동적으로 배우자를 생각하게 된다. 먼저 불안형의 사람은 애착체계가 자주 장기간 작동하며, 다른 사람은 위협을 느끼지 못하는 상황에서도 활성화된다. 자신은 지지를 받지 못한다는 느낌으로 분노하고 불만을 갖게 된다. 이런 유형의 상대 배우자는 자극을 많이 받게 되면 힘들어 한다. 일반적으로 불안형의 배우자를 달래기가 더 힘들다. 왜냐하면 위협을 받으면 사랑, 친밀감을 연상할 뿐만 아니라 과거의 상처와 애착 손상을 입은 것과 관련된 부정적 개념과 기억을 떠올리기 때문이다. 다음으로 회피형의 사람은 배우자보다는 스스로 문제를 해결하려고 하여 문제가 발생한다. 타인의 애착이 필요하지 않는 것처럼 행동하지만 오히려 친밀감과 지지를 원하고 있고 욕구를 느끼고 있다는 것이다.

1) 정서중심 부부치료는 효과적인 체계적 접근이며, 강조점은 상호작용 고리를 변화시키고 부부 서로의 정신내적 경험을 변화하게 만들고 고리에 의해서 지지해 주기도 하고 지지를 받기도 한다. 이 치료에서는 치료 초기에 부정적인 상호작용 고리를 먼저 확인하고 서로 표현되지 않았던 내재된 정서에 접근하는 것이다. 새롭게 경험된 내재된 정서라는 점에서 보면, 문제의 고리, 개인의 상호작용 태도 및 부부의 행동이 그때 재정의 되는 것이다. 예를 들어 배우자의 비난은 내재된 자기 포기(abandonment)의 두려움, 취약함, 고독함의 표현으로 보게 되고, 반면에 상대 배우자에 대한 위축과 거절은 자기 보호와 탐식(engulfment)에 대한 두려움으로 본다. Leslie S. Greenberg, and Susan M. Johnson, *Emotionally Focused Therapy for Couples*, 29.

2) Susan M. Johnson, *The Practice of Emotionally Focused Couple Therapy Second Edition: Creating Connection*, 41.

3) S. 존슨은 불화 부부가 몰입상태에 빠질 때, 정서적인 음악과 부부의 댄스의 패턴은 상처와 절망의 순환적 고리에 빠져들게 하여 점점 더 악화된다고 했다. 이런 맥락에서 볼 때 즉 정서는 곧 음악이며 부부의 상호작용은 춤동작으로 보는 것이다. 위의 책, 41.

4) Susan M. Johnson, *The Practice of Emotionally Focused Couple Therapy Second Edition: Creating Connection*, 72.

5) 이 이론은 인간 이해를 정신유전적 결정 요인을 바탕으로 고정된 성격의 특성을 갖는 것이 아니라 끊임없이 변화하는 유동적인 체계로 보고 있다. 그래서 행동을 변화하는 중요한 요인이 과거보다 현재에 의해서 결정되므로 정서중심 부부치료는 현재의 과정에 초점을 두는 이유이기도 하다. Susan M. Johnson, *The*

Practice of Emotionally Focused Couple Therapy Second Edition: Creating Connection, 49.

6) C. Rogers, On becoming a person(Boston: Houghton-Mifflin, 1961). Susan M. Johnson, *The Practice of Emotionally Focused Couple Therapy Second Edition: Creating Connection*. 42에서 재인용.

7) D. Cain,"Defining characteristics, history and evolution of humanistic psychotherapies," In D. Cain, and J. Seeman, Eds., *Humanistic psychotherapies*(Washington, DC: APA Press, 2002), 3-54.

8) Susan M. Johnson, *The Practice of Emotionally Focused Couple Therapy, Second Edition: Creating Connection*, 42-43.

9) Susan M. Johnson, *The Practice of Emotionally Focused Couple Therapy, Second Edition: Creating Connection*, 43-44.

10) L. Greenberg, L. Rice, and H. Elliott, *Facilitating emotional change: The moment-by-moment process*(New York: Guilford Press, 1993); Susan M. Johnson, *The Practice of Emotionally Focused Couple Therapy,* Second Edition: Creating Connection. 44에서 재인용.

11) L. S. Greenberg, L. M. Korman, and S. C. Paivio,"Emotion in Humanistic psychotherapy," In D. Cain, and J. Seeman, Eds., *Humanistic psychotherapies: Handbook of research and practice*(Washington, DC: APA Press, 2002), 499-30.

12) Susan M. Johnson, *The Practice of Emotionally Focused Couple Therapy Second Edition: Creating Connection*, 45.

13) S. Minuchin, and H. C. Fishman, *Family therapy techniques*(Cambridge, MA: Harvard University Press, 1981). Susan M. Johnson, *The Practice of Emotionally Focused Couple Therapy Second Edition: Creating Connection*. 47에서 재인용.

14) Susan M. Johnson, *The Practice of Emotionally Focused Couple Therapy Second Edition: Creating Connection*., 47-49.

15) P. Watzlawick, J. H. Weakland, and R. Fisch, *Change: Principles of problem formation and problem resolution*(New York: Norton, 1974); Susan M. Johnson, *The Practice of Emotionally Focused Couple Therapy Second Edition: Creating Connection*. 47에서 재인용.

16) 어려움(causality)은 순환적이다. 그래서 A의 행동이 B의 행동의 원인이라고 말할 수 없다. 예를 들어, 일반적인 부부의 패턴, 즉 한 배우자가 상호작용을 요구하고 동시에 다른 배우자가 철회를 시도하는 패턴은 자기 영속적인 피드백 고리이다. 요구(demanding)가 철회(withdrawal)를 만들고 혹은 철회가 요구를 만든다고 말하는 것을 불가능하다. Susan M. Johnson, "Emotionally Focused Couple Therapy," 109.

17) 가족체계 치료자의 과제는 상호작용에서 고정되고(stuck), 반복되는(repetitive), 부정적인(negative) 고리를 차단하여 새로운 패턴을 유도하는 것이고, 체계이론은 그 자체에서 새로운 패턴의 특성에 더 융통성이 있게 하는 것이다. Susan M. Johnson, "Emotionally Focused Couple Therapy," 109.

18) S. Minuchin, and M. P. Nichols, *Family healing*(New York: The Free Press, 1993), 286.

19) 그동안 체계이론가들은 애정 어린 배려(nurturance)와 관계/연결(connection)보다는 오로지 경계와 통제에 초점을 맞추었다는 것이다. Susan M. Johnson, *The Practice of Emotionally Focused Couple Therapy Second Edition: Creating Connection*, 49.

20) Susan M. Johnson, "Emotionally Focused Couple Therapy," 110.

21) R. Green, and P. D. Werner, "Intrusiveness and closeness-caregiving: Rethinking the concept of family enmeshment," *Family Process*, Vol. 35 (1996), 115-36.

22) 미누친이 "완전하게 연결되는 것이 완전하게 홀로 서는 것이다."라고 했듯이 분화는 의지하는 사람에게 안전하게 연결/결합될 때 완전한 자신을 갖추게 된다는 것이다. Susan M. Johnson, *The Practice of Emotionally Focused Couple Therapy Second Edition: Creating Connection*, 49-50.

23) S. M. Johnson, "Listening to the music: Emotion as a natural part of systems theory," *Journal of Systemic Therapies*, Vol. 17 (1998), 1-17.

24) M. Nichols, *The self in the system*(New York: Brunner-Mazel, 1987). Susan M. Johnson, *The Practice of Emotionally Focused Couple Therapy Second Edition: Creating Connection*. 51에서 재인용.

25) Susan M. Johnson, *The Practice of Emotionally Focused Couple Therapy Second Edition: Creating Connection*, 117.

26) S. M. Johnson, and V. Whiffen, "Made to measure: Adapting

emotionally focused couple therapy to partners attachment styles,” *Clinical Psychology: Science and Practice*, Vol. 6 (1999), 366-81.

27) G. Palmer, and S. M. Johnson,“Becoming an emotionally focused couple therapist,”*Journal of Couple and Relationship Therapy*, Vol. 1 (2002), 1-20.

28) Susan M. Johnson,“Emotionally Focused Couple Therapy,” 119-20.

29) Susan M. Johnson, “Emotionally Focused Couple Therapy,” 120.

30) B. Gureney,“The role of emotion in relationship enhancement marital/family therapy,” In S. M. Johnson, and L. S. Greenberg, Eds., *The heart of the matter: Perspectives on emotion in marital therapy*, 124-50.

31) J. Bowlby, *The making and breaking of affectional bonds*(London: Tavistock, 1979), 94.

32) Susan M. Johnson,“Emotionally Focused Couple Therapy,” 120.

33) E. Bordin,“Theory and research on the therapeutic working alliance: New directions,” In A. O. Horvath and L. S. Greenberg, Eds., *The Working alliance: Theory research and practice* (New York: Wiley, 1994), 13-37.

34) Susan M. Johnson, *The Practice of Emotionally Focused Couple Therapy Second Edition: Creating Connection*, 58-59.

35) S. M. Johnson, and E. Talitman, “Predictor of success in emotionally focused couple therapy,”*Journal of Marital and Family Therapy*, Vol. 23 (1996), 135-52.

36) 일반적으로 치료자와 지속적으로 긍정적 동맹을 맺는 것은 치료 효과를 높이는 데 필수적이기는 하지만 이것이 전체를 반영하지 못하며 그 자체만으로는 불충분하다. 그러나 치료 과정에서 정서적인 교류와 사랑하는 사람과 힘들고 위험하다고 느껴왔던 상호작용을 통하여 변화가 유발된다는 점을 볼 때, 긍정적이고 위안을 제공하는 동맹은 매우 중요하다. Susan M. Johnson, *The Practice of Emotionally Focused Couple Therapy Second Edition: Creating Connection*, 59.

37) L. Beutler,“The dodo bird id exint,”*Clinical Psychology: Science and Practice*, Vol. 9 (2002), 30-34. Susan M. Johnson, *The Practice of Emotionally Focused Couple Therapy Second Edition: Creating Connection*. 59에서 재인용.

38) Susan M. Johnson, *The Practice of Emotionally Focused Couple Therapy Second Edition: Creating Connection*, 59-60.

39) 위의 책, 60-63.

40) B. G. Guerney, "The role of emotion in relationship enhancement marital/family therapy,"124-150.

41) 로저스에 의하면 전통적인 경험주의적 접근에서 내담자와 의사소통을 할 때, 치료자가 공감적인 태도를 가지는 것 자체만으로도 치료에 도움이 된다고 했다. C. Rogers, *Client-centered therapy* (Boston: Houghton-Mifflin, 1951).

42) D. N. Stern, *The interpersonal world of the infant*(New York: Basic Books, 1985). Susan M. Johnson, *The Practice of Emotionally Focused Couple Therapy Second Edition: Creating Connection*. 60 에서 재인용.

43) J. C. Watson, "Revisioning empathy," In D. Cain, and J. Seeman, Eds., *Humanistic Psychotherapies: Handbook of research and practice* (Washington, DC: APA Press, 2002), 445-72.

44) Susan M. Johnson, *The Practice of Emotionally Focused Couple Therapy, Second Edition: Creating Connection*, 61.

45) Susan M. Johnson,"Emotionally Focused Couple Therapy," 120-21.

46) Susan M. Johnson, *The Practice of Emotionally Focused Couple Therapy Second Edition: Creating Connection*, 78.

47) 위의 책, 78-79.

48) Susan M. Johnson, "Emotionally Focused Couple Therapy," 121.

49) Susan M. Johnson, *The Practice of Emotionally Focused Couple Therapy, Second Edition: Creating Connection*, 79.

50) Susan M. Johnson,"Emotionally Focused Couple Therapy," 121.

51) 위의 책, 121.

52) Susan M. Johnson, *The Practice of Emotionally Focused Couple Therapy, Second Edition: Creating Connection*, 82-83.

53) Susan M. Johnson, "Emotionally Focused Couple Therapy," 121.

54) Susan M. Johnson, *The Practice of Emotionally Focused Couple Therapy*, Second Edition: Creating Connection, 84-85.

55) 위의 책, 86.

56) Susan M. Johnson, *The Practice of Emotionally Focused Couple*

Therapy, Second Edition: Creating Connection, 87-88.

57) Susan M. Johnson, "Emotionally Focused Couple Therapy," 121.

58) Susan M. Johnson, *The Practice of Emotionally Focused Couple Therapy*, Second Edition: Creating Connection, 89-90.

59) 위의 책, 195.

60) Susan M. Johnson, "Emotionally Focused Couple Therapy," 121.

61) Susan M. Johnson, "Emotionally Focused Couple Therapy," 122-23.

62) J. Millikin, and S. M. Johnson, "Telling takes: Disquisitions in emotionally focused therapy," *Journal of Family psychotherapy*, Vol. 11 (2000), 75-79.

63) S. M. Johnson, and V. Whiffen, "Made to measure: Adaption emotionally focused couple therapy to partners attachment styles," *Clinical Psychology: Science and Practice*, Vol. 6 (1999), 366-81.

64) J. A. Simpson, and W. S. Rholes, "Stress and secure base relationships in adulthood," In K. Bartholomew, and D. Perlman, Eds., *Attachment processes in adulthood*(London, Penn: Jessica Kingsley, 1994), 181-04.

65) L. Atkinson, "Attachment and psychopathology: From laboratory to clinic," In L. Atkinson, and K. J. Zucker, Eds., *Attachment and Psychopathology*(New York: Guilford Press, 1997), 3-16.

66) Susan M. Johnson, "Emotionally Focused Couple Therapy," 124-25.

67) S. M. Johnson, and E. Talitman, "Predictors of success in emotionally focused marital therapy," 135-52.

68) C. Knudson-Martin, and A. Mahoney, "Beyond different worlds: A post gender approach to relationship development," *Family Process*, Vol. 38 (1999), 325-40.

69) Susan M. Johnson, "Emotionally Focused Couple Therapy," 125.

70) R. J. Green, M. Bettinger, and e. Zacks, "Are lesbian couples fused and gay male couples disengaged?" In J. Laird, and R. J. Green, Eds., *Lesbians and gays in couples and families*(San Francisco: Jossey-Bass, 1996), 185-230.

71) D. C. Macphee, S. M. Johnson, M. C. Van der Veer, "Low sexual desire in women: The effects of marital therapy," *Journal of Sex and Marital Therapy*, Vol. 21 (1995), 159-82.

72) A. Dessaulles, S. M. Johnson, and W. Denton,"The treatment of clinical depression in the context of marital distress,"*American Journal of Family Therapy*, Vol. 31 (2003), 345–53.

73) M. M. Weissman,"Advances in psychiatric epidemiology: Rates and risks for major depression," 445–51.

74) J. Gordon-Walker, S. M. Johnson, I. Manion, and P. Clothier, "An emotionally focused marital intervention for couples with chronically ill children,"1029–36.

75) Dory A. Schachner, Phillip R. Shaver, and Mario Mikulincer, "Adult Attachment Theory, Psychodynamics, and Couple Relationships: An Overview," In Susan M. Johnson, and Valerie E. Whiffen, Eds., *Attachment Processes in Couple and Family Therapy*(New York: Guilford Press, 2006), 29.

76) David Levy,"Primary affect hunger,"*American Journal of Psychiatry*, Vol. 94 (1937), 643–52.

77) Susan. M. Johnson, *Hold Me Tight: seven conversations for a lifetime of love*, 16.

78) 위의 책, 16–17.

79) Susan. M. Johnson, *Hold Me Tight: seven conversations for a lifetime of love*, 17–18.

80) 위의 책, 18.

81) Susan. M. Johnson, *Hold Me Tight: seven conversations for a lifetime of love*, 18–19.

82) Susan. M. Johnson, *Hold Me Tight: seven conversations for a lifetime of love*, 19–20.

83) S. M. Johnson, and M. Best,"A systemic approach to restructuring attachment: The 정서중심 부부치료 model of couple therapy," In P. Erdman, and T. Caffery Eds., *Attachment and family systems: Conceptual, empirical, and therapeutic relatedness*(New York: Springer, 2002), 165–92.

84) Judith A. Feeney,"The Systemic Nature of Couple Relationships: An Attachment Perspective,"Phyllis. Erdman, and Tom Caffery eds., *Attachment and Family Systems: conceptual, Empirical, and Therapeutic Relatedness*(New York: Routledge, 2003), 139.

85) Judith A. Feeney,"The Systemic Nature of Couple Relationships:
An Attachment Perspective,"160.

86) Mary D. Salter Ainsworth, Mary C. Blehar, Everett Waters, and
Sally Wall, *Patterns of Attachment: A Psychological study of the
strange situation*(Hillsdale, NJ: Earlbaum, 1978); J. Bowlby,
"Attachment and loss: retrospect and prospect,"*American Journal
of Orthopsychiatry*, Vol. 44 (1982), 9-27에서 재인용.

87) M. Main, and J. Solomon, "Procedures for identifying infants
as disorganized/disoriented during the Ainsworth strange
situation," In MT Greenberg, D. Cicchetti, and EM Cummings,
eds., *Attachment in the preschool years: Theory, research, and
intervention*(USA: University of Chicago Press, 1990), 121-160.

88) Mario Marrone, *Attachment and Interaction*, 이민희 역,『애착 이론 과
심리치료』(서울: 시그마프레스, 2007); 박은미, 박성덕, "애착 이론과 정서중심
적 부부치료,"『용인정신의학보』, Vol. 13, No. 1 (2006), 3-13에서 재인용.

89) J. Bowlby, *Attachment and loss: Attachment,* 2nd Edition Vol.
1 (New York: Basic Books, 1982); Dory A. Schachner, Phillip
R. Shaver, and Mario Mikulincer,"Adult Attachment Theory,
Psychodynamics, and Couple Relationships: An Overview,"21에서
재인용.

90) Dory A. Schachner, Phillip R. Shaver, and Mario Mikulincer,"Adult
Attachment Theory, Psychodynamics, and Couple Relationships:
An Overview,"21-22.

91) S. M. Johnson,"The revolution in couples therapy: A practitioner-
scientist perspective,"365-85.

92) Susan M. Johnson,"Emotionally Focused Couple Therapy," 110.

93) N. S. Jacobson, W. C. Follette, D. McDonald,"Reactivity to positive
and negative behavior in distressed and non-distressed married
couples," *Journal of Consulting and Clinical Psychology*, Vol. 50
(1982), 706-14.

94) Susan M. Johnson, "Emotionally Focused Couple Therapy," 112.

95) C. Hazan, and P. Shaver,"Conceptualizing romantic love as an
attachment process,"*Journal of Personality and Social Psychology*,
Vol. 52 (1987), 511-24.

96) Susan M. Johnson, "Emotionally Focused Couple Therapy," 112-13.

97) N. S. Weinfield, L. A. Sroufe, B. Egeland, and E. A. Carlson, "The nature of individual differences in infant-caregiver attachment," In J. Cassidy, and P. Shaver, Eds., *Handbook of attachment: Theory, research, and clinical applications*(New York: Guilford Press, 1999), 68-88.

98) B. van der Kolk, C. Perry, and J. Herman, "Childhood origins of self-destructive behavior," *American Journal of Psychiatry*, Vol. 148. (1991), 1665-71.

99) S. M. Johnson, "Attachment theory as a guide for healing couple relationships," In W. S. Rholes, and J. A. Simpon, Eds., *Adult attachment* (New York: Guildford Press, 2004), 367-87.

100) Susan M. Johnson, "Emotionally Focused Couple Therapy," 114.

101) J. Gottman, Marital interaction: Experimental investigations (New York: Academic Press, 1979); Susan M. Johnson, "Emotionally Focused Couple Therapy," 114에서 재인용.

102) Susan M. Johnson, "Emotionally Focused Couple Therapy," 114.

103) P. James, "Effects of a communication component added to an emotionally focused couples therapy," *Journal of Marital and Family Therapy*, Vol. 17 (1991), 263-76.

104) Susan M. Johnson, "Emotionally Focused Couple Therapy," 114.

105) J. A. Simpson, and W. S. Roholes, "Stress and secure base relationship in adulthood," In K. Bartholomew, and D. Perlman, Eds., *Attachment processes in adulthood*(London, Penn: Jessica Kingsley, 1994), 181-204.

106) S. M. Johnson, Judy A. Makinen, and John W. Millikin, "Attachment injuries in couple relationships: A new perspective on impasses in couple therapy," 145-55.

107) J. A. Simpson, W. S. Roles, and J. S. Nelligan, "Support seeking and support giving within couples in an anxiety provoking situation: The role of attachment styles," *Journal of Personality and Social Psychology*, Vol. 62 (1992), 434-46.

108) Susan M. Johnson, "Emotionally Focused Couple Therapy," 115.

109) S. M. Johnson, "The revolution in couples therapy: A practitioner-

scientist perspective," 365-85.

110) Susan M. Johnson,"Emotionally Focused Couple Therapy," 115.

111) Susan. M. Johnson, *Hold Me Tight: seven conversations for a lifetime of love*, 20-21.

112) 위의 책, 21-22.

113) Susan. M. Johnson, *Hold Me Tight: seven conversations for a lifetime of love*, 22.

114) Mario Mikulincer,"Adult attachment style and individual differences in functional versus dysfunctional experiences of anger,"*Journal of Personality and Social Psychology*, Vol. 74 (1998), 513-24.

115) Susan. M. Johnson, *Hold Me Tight: seven conversations for a lifetime of love*, 23.

116) Brooke C. Feeney,"The dependency paradox in close relationship: Accepting dependence promotes independence,"*Journal of Personality and Social Psychology*, Vol. 92 (2007), 268-85.

117) Susan. M. Johnson, *Hold Me Tight: seven conversations for a lifetime of love*, 23-24.

118) C. Hazen,"Attachment in an organizational framework for research on close relationship: Targer article,"*Psychological Inquiry*, Vol. 5 (1994), 1-22.

제3장 한국인을 대상으로 한 정서중심 부부치료 이론의 적용

1. 한국부부의 특수한 정서와 문화

　필자는 부부관계에서 발생하는 갈등으로 고통을 겪고 있는 불화 부부에게 다른 치료 기법보다 정서중심 부부치료가 가장 적당한 치료법이라는 확신을 갖고 있다. 정서중심 부부치료는 정서의 경험과 상호작용을 확장함으로써 제한되고 경직된 정서반응에 접근하여 경험을 처리하고 부부가 안정적으로 결합하도록 만드는 일곱 단계 과정이며, 또한 친밀한 관계에서 상호작용을 통하여 나타나는 경험적 접근과 체계적 접근이 통합된 치료기법임을 정서의 특성과 함께 기술할 것이다. 이런 치료법이 어떻게 한국 부부에게 잘 적용될 수 있을 것인지를 알아보기 위하여, 동양과 서양의 사상을 비교해 보고, 한국인의 심정을 문화적 측면에서 바라본 한국인 고유의 정서 개념인 정, 한, 체면 등으로 살펴보고자 한다. 또한 이런 한국의 정서가 어떻게 정서중심 부부치료와 잘 적용될 수 있는지를 살펴보고자 한다.

1) 한국인과 서양인의 정서 비교

동양과 서양이 고유한 문화적 역사와 유산을 가지고 있듯이, 필자는 동양과 서양에 고유한 심리적 차이가 있다는 가능성을 열어 놓고, 동양과 서양을 비교해 보면 서로 개념에 다소 차이가 있음을 발견하게 된다. 리처드 니스벳[1]이 『생각의 지도』(*The Geography of Thought*)에서 밝힌 것처럼 동양인은 부분보다 전체를 바라봄으로써 상호간의 관계에 중심을 두었고, 또 개인의 독특성보다는 보편성에 무게를 두어 더불어 살아가는 삶의 경험을 더 중요하게 생각하였다. 이렇게 부분보다 전체를 바라보는 동양적 시각은 상호작용이 일어나는 의사소통에도 영향을 미쳤다. 개인을 강조하여 자신의 생각을 분명하게 표현하는 서양과 달리 동양은 커뮤니케이션을 하는 경우에도 '말하는 사람의 입장'에서 대화하기보다는 '듣는 사람의 입장'을 생각하여 말할 것을 강조하였다. 예를 들어 어떤 아이가 노래를 잘못 부르는 경우, 서양의 부모들은 애매하게 돌려 말하지 않고 그만 하라고 직접적으로 이야기한다. 그러나 같은 상황에서 동양의 부모들은 "야, 노래 참 잘한다."라고 말한다. 아이가 처음에는 우쭐해서 노래하지만, 조금 후 부모의 말이 무엇을 의미하는지 알아차리고 결국 노래를 그치는 경우와 같다. 그래서 서양인들은 동양인들의 속마음을 알 수 없다고 말하고, 반면에 동양인들은 서양인들이 가끔 무례하다 싶을 정도로 지나치게 직설적이라고 생각하기도 한다.

정양은[2]은 문화와 사상적 측면에서 동·서양의 마음에 대하여 사회적 감정을 중심으로 비교하였다. 마음을 동양에서는 심(心)으로 서양에서는 "mind"로 칭하는데, 동양의 심(心)은 심적 체험, 정적 체험, 의지적 체험 전체를 포괄하는 개념이고, 서양의 "mind"는 어떤 질료(substance)로 구성되었다고 보았다. 그 "mind"의 질료 구성요인을 Idea, Image, Impression

또는 Reflection 등으로 생각하였으며, 더 나아가 행동주의가 과학적 실증주의의 영향을 받아 행동, 즉 Behavior를 주장하는 이론으로 이어졌다고 보았다. 결국 서양의 이런 사상은 필연적으로 mind를 질료의 집합체로 본다는 의미이다. 이와 달리 동양의 마음은 심(心) 자체는 존재하지만 그 마음은 실체로서의 존재가 아닌 성질의 작용으로서 존재한다는 것이다. 따라서 심(心)은 질료적인 실체로 인식되지 못하지만 인의예지(仁義禮智)의 작용으로 파악되는 유교사상의 인간이해의 중심사상과 같은 맥락을 갖는다.

필자는 사회관계적인 측면에서 바라 볼 때, 이런 영향은 개인의 생각을 중요하게 다루는 개인주의적 성향을 나타내는 서양의 특성과 관계를 중요하게 보는 관계주의적 성향을 나타내는 동양의 특성으로 대비하였다. 이런 관계는 서양의 '분석적 사고'와 동양의 '종합적 사고'의 틀로 구분하는 것과 같은 맥락이다. 또한 전체와 부분의 대비는 동·서양의 의학부분에서도 찾아 볼 수 있다. 서양 의학은 수천 년 전부터 이어져 온 분석적 전통을 가지고, 문제를 일으키는 신체의 부분을 찾아내어 그 부분을 떼어내거나 고치는 '적극적인 개입'이 서양 의학의 특징이다. 그러나 동양의학은 서양 의학보다 훨씬 더 종합적이기 때문에 수술과 같은 적극적 개입은 거의 하지 않는다. 건강은 몸 안에 존재하는 기들의 균형으로 유지되며, 질병은 약초와 같은 자연산 치료제의 힘으로 치유된다고 믿었다. 이렇게 동서양이 전체와 부분을 보는 시각의 차이는 전체적인 관계를 보는 상호의존적 사회와 부분에 속하는 개인에 초점을 두는 독립적 사회로 구분될 수 있다. 동양인은 개인의 힘보다 외부의 힘을 중요하게 생각하는 집합주의적이고 상호의존적 사회에 살고 있기 때문에 서양에 비해 '외부 환경'에 더 많은 주의를 기울이게 된다. 필자는 이런 부분의 영향은 한국의 체면 문화와도 관련성이 있다고 생각하였다. 반면에 서양인들은 부분적인 것에 중심을 두므로 개인주의적이고 독립적인 사회에 살고 있으며, 보다 분석적인 눈으로 세상을 봄으로써 환경보다는 사물 자체에 많은 주의를 기울인다. 이런 부분의 영향은 서양인들이 사회적 행동이나 대인관계적인 측면에서 상대방이 자신에게 어떤 생각과 감정을 가지고 대하였느냐에 문제의 초점을 두기보다는 상대방이 나에게 무슨 행동을 했느냐를 더 중요하게 보는 것과 같다.

이렇게 전체를 보는 동양의 시각은 '모난 돌이 정 맞는다'라는 동양의 격언에서처럼 개인의 개성이 자유롭게 표현되기보다는 억압되었다는 것을 나타낸다. 예를 들어, 미국 가정에서는 누구에게든 '고맙다'라는 말을 잘 한다. "식사 테이블을 정리해줘서 고마워." "세차를 해 줘서 고마워." 등의 표현이 자연스럽다. 그러나 이런 경우에 동양에서는 마땅히 행해야 할 의무로 생각하여 고맙다는 말을 잘 하지 않는다. 실제로도 미국과 유럽을 제외한 세계의 많은 나라에서는 개인의 선택을 상대적으로 그리 중요하게 생각하지 않는다. 동양적 사고에서 바라본 개인은 항상 어떤 구체적인 맥락 속에 관계를 맺고 있는 존재이다. 그래서 사회적 상황에서 인간을 분리시켜 개인의 행위나 속성을 추상적으로 생각하는 것은 동양의 사고방식에서 아주 낯선 일이다. 그래서 동양은 서양에 비해 개인의 성공보다는 집단 전체의 목표 달성이나 화목한 인간관계를 더 중요하게 생각한다.

인류학자인 에드워드 홀(Edward Hall)은 이런 차이를 '저 맥락'(low context) 사회와 '고 맥락'(high context) 사회로 구분하여 설명하였다. 저 맥락 사회인 서양에서는 사람을 맥락에서 떼어내어서 이야기하는 것이 가능하므로, 개인은 맥락에 속박을 받지 않는 독립적이고 자유롭게 이 집단에서 저 집단으로 이 상황에서 저 상황으로 자유롭게 옮겨 다닐 수 있다. 그러나 고 맥락 사회인 동양에서는 인간이란 서로 긴밀하게 연결되어 있는 유동적 존재로서 주변 맥락의 영향을 크게 받는다. 이런 점에서 동양인의 행동은 다른 사람들과의 관계에 의해 조정되고 또한 다른 사람들에게 영향을 주는 것이기 때문에 인간관계에서 조화를 유지하는 것이 사회생활의 가장 중요한 목표로 삼고 있다. 이런 영향으로 인하여 동양인들은 자신이 속한 내집단에서는 강한 애정을 보이는 반면 외집단이나 그저 아는 사이인 경우에는 상당한 거리를 두고, 자신이 내집단 구성원과 유사하다는 느낌을 가짐으로써 외집단 구성원보다 훨씬 더 신뢰하게 된다.

이런 동·서양의 차이점은 한 연구결과를 통하여도 알 수 있다. 사회심리학자인 김희정과 마커스(Markus)는 사람들에게 여러 대상의 그림을 보여주고 그 중 한 사물을 선택하는 연구 결과에서 미국인들은 가장 희귀한 것을, 한국인은 가장 보편적인 것을 골랐다고 한다. 다시 말해 이것은 사회 구성의 기본 단위에 대한 견해차이라고 볼 수 있다. 사회 구성의 기본 단위를 개인 사이의 관계 또는 집단으로 보느냐(집단주의), 아니면 독립적이고 자율적인 개인으로 보느냐(개인주의)에 따라 개인과 내집단과의 관계에 대한 견해, 개인 사이의 상호의존성의 정도 및 개인 사이의 교환의 양상 등의 차이가 결과적으로 빚어질 것이기 때문이다. 여기서도 자기개념에서 동양의 보편성과 서양의 독특성을 잘 대비되고 있음을 증명하고 있다.

니스벳[3]은 동양인은 서양의 논리사고에 비해 경험에 더 높게 의존하고 있다고 설명했다. 다음의 두 가지 명제;

1) 모든 새는 척골동맥을 가지고 있다. 그러므로 모든 독수리는 척골동맥을 가지고 있다.

2) 모든 새는 척골동맥을 가지고 있다. 그러므로 모든 펭귄은 척골동맥을 가지고 있다.

이 명제에 동·서양인들 중 어느 것에 더 설득력이 있는가를 연구한 결과 서양은 논리, 동양은 경험에 치중되어 있다고 밝혔다. 즉 위의 두 주장은 동일한 전제를 가지고 있지만 결과적으로 표적이 되는 새(독수리 또는 펭귄)가 얼마나 '전형적인가'에 따라 달라진다는 것이다. '모든 독수리는 새이다', '모든 펭귄은 새이다'라는 전제를 생각해 볼 때 이 둘은 동일하게 설득력을 갖지만 한국인은 서양인에 비하여 놀랍게도 전형적인 대상에 대하여 더 설득력이 있다는 것이 연구 결과 밝혀졌다. 이것은 이전의 경험 때문에 '펭귄을 새로 간주하는 것'보다는 '독수리를 새로 간주하는 것'이 더 쉽기 때문이다. 이런 실험결과를 통하여 한국인이 미국인보다 경험에 근거한 판단을 더 많이 한다는 것을 증명하였다.

필자는 이어령[4] 교수의 『디지로그』에서도 한국인의 음식 문화를 통하여 표현한 서양과 다른 독특한 한국적 정서를 느낄 수 있었다. 오늘날 현대는 지적 재산권(IPR, Intellectual Property Rights)이 물질 소유권보다 파워가 강한 지식정보시대, 다양한 분야의 퓨전기술이 끝이 없는 시대, 디지로그 시대에 IT 산업의 선두주자로 뛰고 있는 한국인의 심성 속에는 아날로그적인 감성과 발상이 묻어 있었다. 이전에는 주소를 적는 방법 하나에도 동서가 달랐지만 인터넷 전자메일이 생기면서 이런 문화의 차이는 상실되었다. 그 이후 @의 표시만 달면 국가와 소속집단을 통하지 않고서도 자신의 ID와 서버명만 적으면 세계와 직접 만나게 되었다. 특히 여기에 사용하는 발신자의 위치표시를 나타내는 @을 미국인들은 '앳 사인'(at sign)이라고 불렀고, 한국은 '골뱅이'라고 했는데, 여기서도 미국의 디지털적인 논리의 반영과 한국의 '골뱅이'는 시골의 맑은 냇물을 연상시키는 시각에 찌개의 얼큰한 미각까지 느끼게 하는 아날로그적인 발상과 감성의 산물이 대조를 이루고 있다. 또한 하나하나가 개별화되어서 다른 것과 섞어 먹을 수 없는 서양의 음식과 달리, 모든 음식과 함께 어울리며 어떤 음식과 먹어도 잘 맞는 조화와 융합을 상징하는 김치 패러다임, 독립된 개별 음식 맛을 즐기는 서양 것과 가장 대조를 이룸으로써 한데 섞이고 어울려서 어느 것이 어느 맛인지 모르게 융합 혼성된 맛을 즐길 수 있는 음식인 비빔밥의 융합, 통째로 모든 것을 입안에 넣고 씹는 총체적 감각을 포함한 쌈 문화, 나물의 형태가 서로 얽혀 있으며 얽혀 있는 것을 씹는 맛이 나는 나물 문화, 조화와 균형으로 물건을 나르는 지게 문화, 모든 음식에 다 사용할 수 있는 젓가락 문화 등에서 부분보다 전체를, 개인보다 관계를 우선시하는 한국인의 상호의존성과 관계성에 나타난 독특한 한국적 정서를 엿볼 수 있었다. 정서중심 부부치료 모델에서 건강은 자부심을 갖거나 타인과 분리되는 것이 아니라 상호의존성을 유지하는 것으로 봄으로써, 개인보다 관계를 우선시 하여 상호의존성과 관계성을 갖는 한국인의 정서는 정서중심 부부치료의 치료에 좋은 강점으로 부각될 것이다.

또한 오늘날 정보화 시대에서 경험하는 발신형과 수신형의 동서 정보문화를 통하여 서로 다른 정서를 느낄 수 있다. 서양의 정보는 'Information'으로 무엇인가를 알리고 전한다는 의미로 발신 지향적인 성격을 갖는다. 하지만 한자문화권에서 사용된 정보는 캐내는 것으로 수신지향적인 성격이 강하다. 그래서 '인포메이션 데스크'(information desk)는 한국말로 '안내'라고 사용한다. 즉 정보를 받는 수신처라는 의미이다. 동양의 언어관습에서 찾아 볼 수 있듯이 "머리카락을 깎는다"라고 하지 않고 "머리를 깎는다"는 표현은 머리와 머리카락을 정확하게 구분하지 않고 듣는 사람으로 하여금 그것을 메우도록 하는 것이다. 또한 음료수를 주문할 때 "한 두서너 병 가져오라" 등의 표현은 주문자의 의지보다는 수신자가 스스로 알아서 가져오라는 뜻이 담겨 있다. 그래서 서로 사이가 가깝거나 마음이 통하는 정이 없으면 염화시중이나 메시지의 행문(行文) 사이를 읽는 이심전심의 정보 전달이 불가능한 한국인의 독특한 정을 엿볼 수 있다. 우연히도 정보란 말에 정(情)자가 붙어 있는 의미도 한국인의 전통적인 정보관은 바로 메시지 자체보다 그것에 정(情)을 담아 알리는(報) 것으로서의 정보라고 할 수 있다. 즉 말하는 사람은 그것을 듣는 사람의 입장이나 마음을 살펴야 한다. 그렇지 않고 일방적으로 메시지를 전하면 정이 떨어진다고 한다. 필자는 서양의 발신지향적인 특성에 비해 수신 지향적인 문화를 가진 한국적 정서는 화자보다 청자의 입장을 강조하고 배려함으로써 개인의 개성이나 감정이 자유롭게 표현되기보다는 제한되고 억제되어 자신의 생각을 분명하게 표현하는데 방해가 되는 약점이 있다고 생각한다. 즉 적응적이고 반응적인 체계를 가진 정서를 표현하지 않고 억압할 때, 고통을 야기하는 부정적 행동, 사고, 감정의 패턴이 반복되어 발생하는 부부의 불화는 정서중심 부부치료 치료자의 개입을 통하여 내재된 정서의 경험을 표현하게 하고, 또 제한되고 경직된 정서의 경험을 처리해 줌으로써 안정적인 결합을 하게 만드는 치료적 접근은 상대방의 입장을 고려하여 감정 표출을 눌러 왔던 한국적 정서에서 치료의 효과가 더 증가될 것으로 생각한다.

이런 점에서 한국인과 서양인의 차이는 결국 아래의 도표에서 언급한 바와 같이 자기 개념, 사회관계, 접근 방식, 세상의 지각 방법, 사회적 존재 방식, 사고, 커뮤니케이션 등에서 다르게 나타나는 것을 알 수 있다. 이런 한국인과 서양인의 차이점에 대한 이해의 폭을 넓혀 갈 때 정서중심 부부치료의 적용에 대한 효율성에도 커다란 영향을 미칠 수 있을 것이다. 필자는 앞에서 서술한 동양과 서양의 정서를 살펴본바 본 연구에서는 한국인과 서양인의 정서를 다음과 같이 도표로 비교하였다.

〈표1〉 한국인과 서양인의 정서비교

구분	한국인	서양인
문화와 사상적 측면의 마음	심(心) 자체가 존재하지만 실체로서의 존재가 아닌 작용으로서의 존재로 파악함	Mind를 Idea, Image, Impression, Reflection 등의 질료(substance)의 집합체로 보아 구성하는 질료를 강조함

경험적 사실 위치	경험적 사실이 곧 심(心)이 아님, 경험적 사실은 심(心)을 기능하게 하는 계기가 될 따름	체험적 사실자체가 mind로 환원됨
정(情)의 의미	유교사상에서는 사물의 감각을 유발한 반응작용 전체로 봄	경험적 사실로서 지·정·의와 더불어 mind의 구성요소로 쾌, 불쾌를 수반한다고 봄
사회적 정	7정(七情)으로 구분함, 유교는 7정외에 사단(四端)을 정으로 규정	희랍철학자: 쾌락의 정, Descartes: 6개 Passion, Watson: 공포, 분노, 애정을 기본적, 단위적 정으로 구분
사회관계	관계주의	개인주의
접근 방식	경험중시	논리중시
자기개념	보편성–더불어 사는 삶	독특성–홀로 사는 삶
세상의 지각방법	전체를 봄	부분을 봄
사회적 존재방식	개인의 힘보다 외부환경 중시	환경보다 사물자체에 주의를 기울임
사고	종합적 사고	분석적 사고
문화	행동에 책임을 질 수 있는 내재적 마음을 강조	명시된 행동과 그 결과에 우선적인 중요성을 둠
커뮤니케이션	듣는 사람의 입장을 강조 (타인 중심적) 자신의 감정 표현을 억제	말하는 사람의 입장을 강조 (자기 확신적) 자신의 생각을 분명하게 표현

2) 한국부부의 전통적 정서개념

최상진[5] 교수는 《한국 사회심리학 저널》(Korean Journal of Social Psychology)에서 문화 심리학적 관점에서 한국인들의 자기–심리학을 추론하면서 정, 우리, 체면, 눈치, 한 등의 개념들을 토착적 심리학의 관점에서 분석하였다. 최상진 교수는 한국인의 자기는 정서적 또는 암시적 의사전달을 하는 아주 미묘한 방식을 개발하고, 사회적 체면에 높은 민감성을 가지고 있으며, 또 한(恨)이라 부르는 원망과 후회의 모순되는 정서적 성질로 가득 찬 정서적 지층에 관심을 보이는 것으로 특징지었다. 장로회신학대학교 오규훈 교수는 한국인 고유의 정서인 정(情)을 한국인들만이 느끼고 경험할 수 있는 독특한 뉘앙스를 지닌 문화적 감정이라고 했다. 이처럼, 정서중심 부부치료의 정서적 접근과 반응을 알아보기 위하여 한국인의 친밀한 감정을 대변하는 정(情)의 개념을 살펴보는 것이 필요하다.

① 정(情)

한국문화는 종종 정(情)의 문화라 불릴 정도로 정(情)은 한국의 심리적 경험인 친밀감, 관계성, 서양 문화적 맥락에서의 정서 등을 다스리는 가장 일반적이고 만연한 정서이다. 이런 정(情)은 애착과 같은 감정이 정서의 기초가 되는 심리적 유대의 형태로 전환될 때 느껴진다. 한국인들의 사람과 관련된 정(情)은 사회적 관계의 인간적인 측면에서 가장 중요한 정서적 차원 중의 하나이다. 장로회신학대학교 오규훈 교수는 신학 분야에서 한국인의 대표적 정서는 한(恨)이 아니라 정(情)이 한국정서를 대변하는 것으로 보았고, 한국 사람들만이 느끼고 경험할 수 있는 독특한 뉘앙스를 지닌 문화적 감정으로서 정(情)의 정서는 한(恨)과 대조적으로 한국 민중의 주체자로 보았다. 서양에서는 이런 정(情)과 상응하는 개념이 없고, 정(情)을 다른 사람이나 대상에 대한 친밀감, 애정, 그리고 자기희생에 대한 오랜 동안 접촉의 결과로서 사람, 대상 혹은 장소에 느끼는 애착 감정으로 설명한다. 정(情)이 생성되기 위하여 그것이 사람이 될 수도 있고 장소가 될 수도 있지만 정(情)의 개개체와 대상자 사이에 전거의 요소가 우선 존재해야 한다.

정(情) 행위자는 정(情) 대상자와 오랜 기간을 보내야 한다. 한국인들이 한 집에서 오랜 동안 살았을 때, 그 집에 정(情)들었다고 말한다. 두 이웃이 오래 동안 같은 장소에서 함께 살았을 때에도 그들은 서로 정(情)이 들었다고 말한다. 그러나 일시적인 경우는 정(情)이 생기기 어렵다. 두 이웃이 같은 공동체에서 함께 힘든 시간을 보냈을 때, 그들은 그렇지 못한 사람들보다 더 강한 정(情)을 느낄 수 있는 것이다. 그래서 정다운(Cheong-ful) 사람들은 다른 사람들에게 정서적으로 의존적이며 심리적으로 자치적이지 않다는 것을 알 수 있다. 정(情)에 깊이 뿌리박힌 정서적 의존성 때문에 정(情)은 친밀감, 비밀관여, 그리고 따뜻하게 공유된 감정들을 경험한 사람들 사이에서 가장 발달하기 쉽다. 이런 점에서 한국인들은 각자 개인이 다른 사람들과 함께하는 존재임을 확신하고 공유된 마음을 느낄 때 가장 친밀한 정서적 유대가 발달된다.

한국인들이 다른 사람들에게 정(情)을 준다는 것은 이런 의미에서 마음을 주는 것을 뜻한다. 한국인들의 이런 정(情)은 우리(We-ness) 심리학에서 훨씬 더 분명하게 나타난다. 한국인들은 인지적 인식을 강조하는 서양의 우리 개념과 달리 온정, 친밀감, 위안, 안정감 등의 정서적 차원을 강조하였다. 한국인의 우리라는 개념은 인식할 현상이 아니라 느낄 현상이라는 점이며, 사람이 집단 안에서 사회적으로 수용될 때 느끼는 개인 상호간의 긍정적 감정을 유발하는 것이다. 그래서 최상진[6] 교수는 한국인들의 자기는 다른 사람들과 자신을 분리하고 분화된 실재로서 인식하는 인지적인 힘이 결핍되어 있다고 했다. 한국인들의 자기는 가정된 우리라는 중심적 힘에 융해되기 쉽고, 일단 융해되면 눈이 보이지 않을 뿐 아니라, 분리할 수조차 없다. 이런 우리라는 비전의 힘 속에 덮여서 한국의 자기들은 자치적이고 개별적인 존재를 경험하기가 쉽지 않다. 필자는 이런 정(情)의 개념에서도 동·서양의 사회관계에서 나타나는 전체에 중심을 두고 있는 관계주의와 부분을 중시하는 개인주의로 구분될 수 있음을 알 수 있다.

한국인의 정(情)은 대인관계에서 가까움과 밀착 정도를 나타내는 특성이 있다. 한국인의 정(情)은 '함께'의 경험을 통하여 형성되며, 정(情)의 관계에서는 비밀이 없고 간격이 없고 허물없는 마음이 푸근한 관계란 점에서 그 원형을 가족관계에서 찾을 수 있다. 이런 점에서 정(情)은 인위적으로 만들어질 수 있는 것이 아니라 저절로 장기간의 접촉과정에서 이슬비에 옷이

쫓듯 자신도 모르는 사이에 들게 된다는 것이다. 이처럼 정(情)은 의지성이 없다는 것을 전제로 하고, 정(情)이 상대나 자신의 마음속에 저절로 생겨나야 함을 뜻한다. 한국인에게 저절로 생겨난 본마음이 중요하고, 이런 마음은 상대방의 심리를 구체적 상호작용의 상황에서 상대방의 행동을 통하여 추론하는 과정을 통해 추정하게 된다. 이렇게 친밀감을 조성하는 한국인의 커뮤니케이션에서 중요한 것은 마음속에 저절로 우러나오는 정(情)의 정서를 효과적으로 상대에게 전달하는 방법이다. 필자가 보기에 관계의 성공을 통하여 신뢰감과 친밀감을 회복함으로써 정서적 변화를 목적으로 하는 정서중심 부부치료의 치료효과는 친밀감을 조성하여 마음속에 저절로 우러나오는 정(情)의 정서를 활용할 때 정서 경험과 상호작용의 확장이 더 확실하여 치료에 좋은 효과를 거둘 것으로 본다.

장로회신학대학교 오규훈[7] 교수의 정(情)의 정서를 한(恨)과 대조적으로 한국 민중의 주체자로 본다면, 정(情)을 통하여 한국 민족이 한국 사회의 부당한 제도로 억압과 착취의 상황을 어떻게 극복하고 생존해 왔는가를 알 수 있다. 이런 점에서 한국 사람들은 혹독한 현실에서 살아남기 위하여 서로 돕고 돌보는 상호 인간관계성을 발전시켜왔다. 한국 민족은 서로 나누고, 돕고, 협력하고, 의지하지 않으면 안 되었고, 이를 통하여 신체적, 정신적으로 자신들의 안전을 확보할 수 있었다. 이렇게 상호의존적인 인간관계를 통하여 발전한 것이 바로정(情)의 정서라고 보면, 정서경험과 상호작용을 확장하여 안정적인 관계 형성으로 안정적 애착과 결합을 목적으로 하는 정서중심 부부치료 치료기법에 한국인의 정(情)의 정서를 잘 활용하여 표현할 때 놀라운 치료의 효과를 가져 올 것이다.

② 한(恨)

다양한 국적을 가진 사람들 중에 얼굴을 감추고 말하지 않은 상태에서 상대방의 감정, 생각, 행동 등을 보고 한국인으로 판단할 수 있는 독특한 심리적 특성을 찾는다면 그것은 '정'(情)과 '한'(恨)의 문화이다. 특히 한(恨)은 한국인의 심성의 저변에 깔려 있는 고유한 정서로 매우 복잡한 문화, 심리적 구조와 역동성을 갖는다. 한(恨)의 심리에는 억울함과 부당함을 내포하고 있어 남에게 부당한 차별대우나 피해를 받게 될 때 억울함과 동시에 증오심을 함께 느낀다. 그러나 한(恨)의 심리상태는 증오심을 극복했을 때 나타나는 현상이다. 예를 들어, 힘없는 사람이 힘 있는 사람으로부터 피해를 받았을 때, 그 책임을 자신의 무력감으로 돌려 상대에 대한 증오심을 줄일 수 있지만, 마음 한구석에 힘없는 사람은 피해를 받아도 되는 것인가의 문제에 대한 회의가 일어나서 그 해답을 찾지 못한 상태에서 한이 생겨난다. 다시 말해 한은 부분 긍정(힘이 없으니까)과 부분 부정(힘이 없다고 당해야만 하는 것이 옳은 일인가)이 복합된 심리상태로 볼 수 있다.

이러한 상태의 한(恨)을 개인 심리 수준의 한(恨)이라고 한다면, 문화 예술적 차원에서의 한(恨)은 이와 또 다른 성격을 갖는다. 즉 후자의 한(恨)은 부정적 측면의 감정상태만이 아니라, 오히려 한(恨)을 즐기는 차원의 긍정적 감흥상태를 포함한다. 한국적인 한(恨)의 예술이나 한(恨)의 문학은 비록 그 내용은 비극적이나, 그 내용에 대한 심리적 경험은 공감적이며 동시에 긍정적 만족을 갖는 것이다. 여러 개의 껍질을 가진 한(恨)은 한국인의 정서와 문화에 깔려 있는 문화심리 현상으로 볼 수 있다. 한(恨)은 마음(情)이 머문다(恨)는 두 단어의 합성어로서 억울한 마음이 남아 있고, 다른 사람이 이 심정을 몰라줄 때 한(恨)의 마음은 커진다. 따라서 한(恨)을 풀어가는 하나의 방법은 자신의 억울한 심정을 유발시킨 당사자가 자신의 억울함을 이해해 주는 것이며, 이것이 이루어지지 않을 때는 주변사람이라도 자신의 심정을 이해해 줄 때 한(恨)은 줄어들게 된다. 예를 들어, 한국인이 일본인에게 '정신대 문제'를 사과하라고 요구하는 것은 바로 한(恨)의 유발 당사자로 하여

금 한국인의 한(恨)을 인정하라는 심리적 요구로 극히 한국적이다. 즉 한(恨)은 남이 자신의 억울함을 이해하지 못할 때 한(恨)이 발생하며, 자신이 과거에 겪었던 억울함을 자기와 동일한 상황에 처해 보지 못한 사람에게 이야기해도 이해하지 못할 것이라는 한탄조의 생각이 한(恨)을 그대로 머물게 한다는 것을 암시한다.

최상진 교수가 한(恨)은 기초적이고 근본적인 한국인들의 문화적 자기를 구성하는 가장 깊은 정서적 구조라고 말한 것처럼, 한(恨)은 한국인의 예술, 문학, 일상적 활동을 포함한 한국인들의 생활에 대하여 한국적 한의 정서에 대한 이해 없이는 이해하기 어렵다는 것이다.[8] 이런 의미에서 토착 한국인이 한국 문학이나 예술을 반영하는 가장 한국인다운 기질을 가려내라는 질문을 받는다면 '한'(恨)을 결코 빼 놓을 수 없을 것이다. 필자는 '한'(恨)은 분개, 분노, 애도, 후회, 증오 등 방어할 수 없고 돌이킬 수 없는 비극적인 사건으로 인하여 생기게 된 복합적인 심리적 상태로 본다. 이런 '한'(恨)의 혐오적인 정서들은 풀리지 않거나 밖으로 표출되지 않은 상태로 정서적 구조의 깊은 자리에 남아 있다.

대부분 한국인들은 한(恨)이 한국인의 민족적 감정이라고 표현하는 것처럼 필자는 한(恨)은 한국인의 가장 심층적인 감정 및 심성을 갖는 한국정서라고 생각한다. 최상진 교수는 한(恨)을 구체적으로 세 개의 수준으로 구분하였는데, 첫째 감정수준의 한(恨), 둘째 직접적인 자신의 감정상태보다는 심미의 대상으로 전환된 정서체계로서의 한, 셋째 사람의 성격특성과 같은 성격특질의 한(恨)으로 구분하였다. 가장 초기단계인 감정수준의 (恨)은 부당한 차별대우를 받았을 때, 필요한 것이 다른 사람에 비하여 현저하게 부족하여 고통을 당할 때, 돌이킬 수 없는 큰 실수를 범했을 때, 이 세 가지의 조건에서 발생한다고 하였다.[9] 이런 상황에서 발생하는 한(恨)의 심리상태는 자신의 불행에 대한 자책과 불행에 대한 부당함의 심리가 결합된 복합된 감정 상태이다. 이처럼 한국인의 정서에는 어떠한 모습으로든 한(恨)의 정서를 포함하고 있는 한국인의 문화적 질병이기도 하다. 그러나 중요한 것은 이런 한(恨)을 감소하기 위하여 어떤 형태로든 감정이 표출되어야 그 억눌렸던 한(恨)이 감소되므로, 이런 한(恨)을 이해하고 공감해 주는 상대가 있어야 한다. 예를 들어 한(恨)이 많은 노인이 누구에게나 자신의 한(恨)을 이야기하려 하지 않고, 자신의 입장과 비슷하거나 공감해 줄 대상이라고 판단될 때 그 사람에게 끊임없이 털어 놓는 경우와 같다. 이런 한(恨)을 가진 한국적 정서의 바탕에서 내재된 정서의 경험과 반응을 표현하게 하여 정서적 경험을 변화시켜가는 정서중심 부부치료의 치료기법은 한국정서에 아주 적합한 모델이 될 것이다.

③ 체면

위에서 언급한 우리와 정(情)을 개인 사이의 친근하고 비형식적인 관계로 특징짓는다면, 한국인들의 체면 심리학은 한국인 자신의 사회적 측면인 지위-의식(status-conscious)을 가장 잘 나타내고 있다. 사실 체면은 우리만이 갖고 있는 우리 문화 특유의 현상은 결코 아니다. 중국이나 일본을 비롯한 유교 문화권에서는 물론 서구나 미국, 그리고 아프리카를 포함한 세계 모든 문화권에서 정상적인 성인이라면 누구나 체면을 유지하거나 세우고자 하는 욕구를 가지고 있다. 그러나 한국인의 욕구는 좀 별난 데가 있다. 서구인은 몇몇 제한된 영역, 즉 자율적인 사람과 바람직한 성격의 소유자 등에서 체면을 찾는데 비하여 한국인은 생활 전반에 걸쳐 체면에 신경을 쓴다. 임태섭 교수는 의식주의 선택, 승용차 등의 구입, 친구나 준거 집단의 선택, 진학 및 취업, 학교 성적 및 진급, 선물의 선택, 명절맞이 인사 등 남의 이목을 끌 가능성이 있는 것이라면 어떠한 행위나 소유물도 체면과 관련짓는다고 하였다.[10] 이처럼 체면이 한국인의 생활에 높은 비중을 차지하기 때문에 자신의 체면이 손상당하는 것을 '죽기보다도' 싫어하며, '체면에 몰렸다'라는 표현에서 알 수 있듯이 필요한 경우에는 불이익을 감수하면서라도 자신의 체면을 세우고자 한다. 이런 체면문화는 서양과 달리 개인의 힘보다 외부환경을 중시하는 동양인의 사회적 존재방식을 확연하게 드러내고 있다. 이런 점에서 최상진 교수가 말한 것처럼 체면은 사회적 존중감과 긴밀하게 연관되어 있으며, 체면은 사회적 자기로 볼 수 있다.[11] 이렇게 사회적 측면에서 드러난 한국인의 체면 정서는 다음과 같이 특징짓는다.

첫째, 체면이 사회적 준거나 교양에 따라 조절되기 때문에 사회적 지위에 따라 행동한다. 둘째, 체면을 유지하는 것은 청중 앞에서 자신이나 또는 배우자의 도움에 의해 편성된 사회적 행동의 구성요소이다. 셋째, 체면은 주로 형식적이고 공식적인 장치 내에서 유지된다. 넷째, 체면은 자신의 지위나 다른 사람과의 지각을 인식해야 하는 계급적으로 관계화된 사회에서 중요한 현상으로 자신에 대하여 "방심하지 않는 태도"(watchful attitude)는 생존을 위하여 배워야 할 필수적인 사회적 기술과도 같다. 이와 같은 체면은 실체라기보다는 이미지 또는 관계상 겉으로 드러나는 모습으로 남의 인정을 받고자 공적으로 세워지는 것이라 하겠다. 체면을 세운다는 것은 그 사회적 부분에서 자신의 모습이 바람직하게 보이도록 행동한다는 것이다.

필자는 이런 한국인의 정서에 깔려 있는 체면문화는 자신의 생각을 분명하게 표현하는 화자의 입장을 강조하는 서양과 달리 타인 중심적으로 청자의 입장을 강조함으로써 자신의 감정과 표현을 억압하여 제한을 받게 된다고 생각한다. 정서적 경험과 반응에 제한을 받는 이런 한국의 체면문화는 부부 관계에 영향을 미치게 됨으로써 제한되고 경직된 정서경험에서 발생하는 부정적 고리를 정서중심 부부치료가 해결해 줄 수 있는 좋은 치료모델로 생각한다.

3) 한국적 적용

앞서 살펴보았듯이 동·서양은 특정 상황에서 서로 다른 정서 반응을 나타내는 것을 알 수 있다. 한국인과 서양인의 정서비교를 통하여 나타난 한국인의 정서와 한국적 정서를 대표하는 정(情), 한(恨) 그리고 체면의 특성이 어떻게 정서중심 부부치료의 정서원리에 어떻게 적용되는지를 살펴보고자 한다.

정서중심 부부치료는 경험과 상호작용을 확대시키는 것으로 갈등하는 불화부부의 제한되고 경직된 상호작용의 정서 반응에 접근하여 정서 경험을 재처리하고 안정적 결합을 형성시키는데 중요한 접근성과 반응성을 유도하는 것이 일차적 목표이다. 이런 목표 달성을 위하여 정서중심 부부치료는 정신내적인 면과 대인관계적인 면을 다룸으로써 개인의 내적 경험을 변화시키는 경험적 접근과 상호작용의 패턴을 변화시키는 체계론적 접근을 통합한 치료기법이다. 정서중심 부부치료의 목표에서처럼 불화부부의 안정적 결합을 위한 시도로 정서경험에 대한 접근성과 반응성을 유도하는데 가장 중요한 것은 한국인의 정서특성을 아는 것이 필요하다. 앞서 언급한 바와 같이 한국의 정서는 정(情)과 한(恨) 그리고 체면문화를 잘 적용함으로써 정서중심 부부치료의 치료효과는 확실히 증가할 것으로 본다.

정서중심 부부치료에서 관계상의 갈등을 해결하는 가장 중요한 부분은 정서이다. 정서는 환경에 행동할 태세가 되어 있는 형태로 관계를 유지하거나 분열하게 만드는 관계적 행동성향으로서 기본적으로 분명하고 강한 동기를 가지고 있으며, 또 사회적 신호에 주목하여 적응적이며, 반응체계를 만들어 안전감과 생존, 욕구 충족을 위하여 개인의 행동을 신속하게 재조직하는 성질을 가진다. 이런 정서에 의미를 부여하고 있어 상호작용을 유발하는데 결정적인 역할을 하며, 친밀한 관계에서 더 강력하게 나타난다. 따라서 부부 상호작용을 통하여 정서적 경험을 잘 처리해 줄 때 건강한 가족관계가 된다. 그러나 정서적 경험과 반응의 표현이 억압될 때, 부정적 고리가 생겨 고통을 야기하는 불화의 주요요인이 되어 대인관계에 어려움을 줄 뿐만 아니라, 이런 정서 작용에서 받은 상처로 관계의 악순환이 되풀이된다. 정서중심 부부치료에서는 불화관계를 원래 부족하거나 발달이 지연되었거나 또는 사회적 기술이 미숙한 것이라고 보지 않는다. 배우자의 욕구와 욕망은 건강하고 적응적인 것으로 보며, 오히려 이런 욕구가 위협받고 취약해졌다고 인식될 때 어떻게 반응하느냐에 초점을 둔다. 그러므로 정서중심 부부치료 치료자는 내담자에게 다른 행동을 가르치는 것이 아니라, 배우자의 경험과 반응을 인정해 줌으로써 관계를 회복시켜 나간다. 필자는 이런 정서중심 부부치료를 받아들여, 앞서 언급한 정(情), 한(恨), 체면의 정서, 특히 억울한 일이 있더라도 그것을 공개하여 원만하게 해결하지 못할 바에야 차라리 덮어 두는 편이 더 현명한 것이라 생각하여 좌절과 파탄이 한으로 움츠려들게 되는 그런 한(恨)의 정서를 인정해 줌으로써 관계회복을 경험하는 좋은 치료기법이 될 것이다.

한국인의 심성 속에는 다른 사람들이 자기들의 속마음을 알고 그 속마음을 비난하거나 혹은 비웃을지도 모른다는 두려움 때문에 자기들의 감정을 드러내지 않으려는 타인지향적인 성향이 있다. 또는 자기들의 감정을 드러냄으로써 상대방이 불편하게 느낄지도 모른다는 두려움 때문에 자기의 느낌이나 생각을 표현하고 싶어 하지 않는다. 이러한 느낌은 앞서 도표에서 언급한 것처럼 커뮤니케이션에서 듣는 사람의 입장을 강조하여 자신의 감정과 표현을 억제하는 성향으로 나타난다. 특히 한(恨)의 심리상태는 자신의 불행에 대한 자책과 불행에 대한 부당함의 심리가 결합된 복합된 감정 상태이며, 한국인의 정서에는 어떠한 모습으로든 한의 정서를 포함하고 있어 이런 한을 감소하기 위하여는 어떤 형태로든 감정이 표출되어야 그 억눌렸던 한이 감소되며, 이런 한(恨)을 이해하고 공감해 주는 상대가 있어야 한다. 이런 한국의 한(恨)의 정서를 인정하면, 부부의 제한되고 경직된 상호작용 이면에 있는 정서반응에 접근하여 정서경험과 상호작용을 확장함으로써 경험을 재처리하는 정서중심 부부치료 치료기법은 한국인의 정서를 이해하여 적용하는 좋은 장이 될 것이다.

또한 오규훈 교수가 한국 민중의 주체자로서 정(情)을 말한 것처럼, 한국 민족은 서로 나누고, 돕고, 협력하고, 의지함으로써 신체적 정신적으로 안전을 확보할 수 있었고, 이러한 상호의존적인 인간관계를 통하여 발전된 것이 정(情)의 정서이다. 이렇게 대인관계적인 면을 다룸으로써 상호작용 패턴을 변화시키는 체계론적 접근과 개인의 내적 경험을 변화시키는 경험적 접근을 통합한 정서중심 부부치료는 상호의존적인 인간관계에 바탕을 두고 있는 정(情)의 정서를 활용하면 한국 정서에 적절한 치료기법이 될 것이다. 필자는 니스벳이 동양과 서양을 서로 다른 시각에서 본『생각의 지도』에서 보는 것처럼 논리를 중시하는 서양과 경험을 중시하는 동양의 차이점을 인정하면, 정서의 경험과 상호작용을 확장하여 안정적 결합을 만들어 가는 정서중심 부부치료의 특성은 동양은 논리보다 경험을 중요하게 여겨 경험에 근거한 판단을 더 많이 한다는 점에서 정서중심 부부치료는 한국인의 정서에 더 잘 적용될 것으로 본다.

또한 이규태의『한국인의 힘』에서 말하는 겉으로 웃고 속으로 울며, 격한 감정의 노출을 은폐함으로써 남으로부터 자신을 보호하려는 한국인의 의식구조에서 보면, 정서 경험과 반응을 표현함으로써 내담자의 고통스러운 정서를 인정하고 지지하여 안정적 결합을 할 수 있게 하는 정서중심 부부치료의 치료기법은 개인보다 전체, 관계 그리고 외부환경을 중요시하여 생긴 정(情)·한(恨)·체면문화의 바탕 위에 있는 한국적인 정서에 효과적인 것으로 생각한다.[12]

그리고 이어령의 『디지로그』에 담고 있는 한국인의 정서, 즉 조화와 융합을 상징하는 김치 패러다임, 독립된 개별 음식 맛을 즐기는 서양과는 달리 융합과 혼성된 맛을 즐기는 비빔밥의 융합, 총체적 감각의 쌈 문화, 조화와 균형으로 물건을 나르는 지게 문화, 모든 음식에 다 사용할 수 있는 젓가락 문화 등에서 부분보다 전체를, 개인보다 관계를 우선시하는 한국인의 상호의존성과 관계성에 나타난 독특한 한국적 정서를 엿볼 수 있다. 정서중심 부부치료 모델에서 건강은 자부심을 갖거나 타인과 분리되는 것이 아니라 상호의존성을 유지하는 것으로 봄으로써, 개인보다 관계를 우선시하고 상호의존성과 관계성을 갖는 한국인의 정서는 정서중심 부부치료의 치료에 좋은 강점으로 부각될 것이다. 부인으로부터 과묵하다는 평가를 받았던 남성 배우자에게 특히 잘 치료가 되는 정서중심 부부치료는 유교 문화의 영향으로 감정을 표출하기보다는 표현을 억압받았던 한국인의 경우, 정서적 경험과 반응을 인정하여 내재된 정서를 표출하게 함으로써, 이것을 관계에 통합하여 회복시켜가는 정서중심 부부치료의 치료법은 이런 점에서 한국인에게 더 잘 적용될 수 있는 치료모델이 될 것으로 생각한다.

2. 한국적 정서중심 부부치료 모델

1) 한국적 상황에서의 정서의 중요성

정서중심 부부치료의 치료 기법을 설명하기 전에 정서에 대한 개념을 명확하게 하는 것이 중요하다고 생각한다. 여기서 우선 정서의 중요성과 역할을 살펴보고 이를 한국적인 상황에 적용해 보고자 한다. 정서의 반응은 부적절한 것이 아니라 높은 수준의 정보처리를 하는 체계로 당황스러워하는 것에서부터 실망스러워하는 것까지 다양하게 언급되는 기본적이고 보편적인 정서 상태를 말한다. 이런 보편적인 정서로는 분노, 두려움, 놀람, 기쁨, 수치·혐오, 고통·고뇌, 슬픔·절망을 말한다. 이러한 정서들은 타고난 신경학적 근거를 가지고, 사회적 기능과 밀접한 관계가 있는 것으로 출생 직후부터 나타나는 즉각적이고 자동적인 반응이다. 예를 들어 아무도 없는 상황에 독사를 만나게 되었을 때 순간 위험함을 인지해서 도망갈 준비를 하는 강력한 행동화 경향이다. 그러나 자세히 보았더니 나무토막이었다. 그럴 때 안전하다고 느껴 긴장을 푸는 것과 같다. 이것을 부부치료에 적용한 것이다. 부인이 남편에게 자신을 사랑하는지 물으면, 남편은 인상을 쓰고 눈썹을 찡그린다. 부인은 이런 반응을 부정적이고 위험하다고 평가하여 입과 몸은 싸울 자세를 취한다. 그리고 다시 한 번 "바보 같은 그런 인상이 무얼 의미하지?"라고 묻는다. 남편은 물러나 버리고 이때 부인은 재평가하여 "역시 아무런 반응이 없군, 내가 바보같이 기대를 했어."라고 생각한다. 그리고 부인은 남편에게 심한 공격을 퍼붓는다. "당신은 정신적으로 불구자야! 내가 도대체 왜 여기 있는지 모르겠어." 정서가 부인을 공격적인 태도로 만들었고, 이런 반응으로 인하여 남편은 더 방어적인 태도를 취하며 한 발 뒤로 물러나게 된다. 정서의 이런 과정을 통하여 치료자는 여기에 초점을 맞추고 명료화하고 정서를 확대하고 개선하여, 정서반응과 확대해야 할 것이 무엇인가를 찾는 것이다.[13]

이것은 위험을 감지하거나 무서운 상황을 감지할 때 피하거나 도망하는 것을 말한다. 정서는 또한 풍부한 의미를 가지고 있어서, 주변의 환경이 우리에게 어떤 영향을 주고 있는지에 대하여 강한 피드백을 해 준다. 이 피드백은 반응을 조절하고 행동을 조직한다. 그래서 정서는 우리가 원하고 필요한 것이 무엇인지 알려준다. 이런 이유로 정서를 고려하지 않고 행동을 결정하기란 거의 불가능한 것이다.

정서는 기본적으로 분명하고 강한 동기를 가지고 있다. 분노와 같은 정서는 싸울 수 있는 힘을 실어 주어 공격자에게 대항할 수 있게 하고 피해를 막아 준다. 슬픔은 상실감에 대하여 대항하고 타인의 관심을 유발시켜 도움을 받는다. 수치심은 타인에게 자신을 숨기고 사회집단에서 물러나게 만든다. 두려움은 투쟁심과 회피 반응을 일으키고 상대방에게 배려의 마음을 유발하게 만든다. 그래서 정서는 적응적이며, 반응 체계를 만들어 안전감, 생존, 및 욕구충족을 위하여 개인의 행동을 신속하게 재조직하는 성질을 가진다. 이런 정서들은 사회적 신호에 주목하여 인식하며, 의미를 부여하고, 특히 애착 관계를 조절하려는 양상을 보인다. 특히 정서는 타인과의 특정 반응과 상호 작용을 유발하는데 결정정인 역할을 한다. 그래서 정서를 표현하면 보상적인 정서 반응이 곧바로 일어난다. 애착의 관점에서 본다면, 두려움과 갈등을 표현하면 동정적인 마음과 위로하고 싶은 마음이 생긴다. 예를 들어 약점을 표현하면 배려의 마음이 생기고 상대를 무장 해제시키는 역할을 한다. 그러나 분노가 표현되면 순종 또는 거부감을 유발한다. 때로 더 강한 정서는 상대방의 관심을 무시하기도 하고, 투쟁—도망 혹은 접근—회피라는 극단적인 반응을 가져온다. 이런 반응은 억제하고 통제하기 힘들고, 불화관계에서는 상대방의 반응을 억누르는 경향이 있다.

정서는 특히 친밀한 관계에서 더 강제적이고 강력하게 나타나고 있다. 즉 중요한 사람과 정서를 경험하고, 반응하는 관점에서 정서는 안정감과 기본적인 욕구를 충족하기 위하여 빠르게 행동을 유발한다. 친밀한 관계에서 정서는 자신의 욕구를 향하게 할 뿐만 아니라 주위 환경의 의미에 영향을 미친다. 그래서 화가 나면 자신이 받은 상처와 드러나지 않았던 숨겨진 욕구에 초점을 둔다. 그래서 자신의 욕구가 좌절되었던 과거를 회상하고, 그와 비슷한 상황을 만나면 배우자로부터 반응을 얻어내기 위해 주장을 하고 요구하게 된다. 정서는 특히 애착 행동을 형성하는데, 즉 두려우면 가까이 다가가고 위로를 받으려고 한다. 이것은 자신과 다른 사람에 대한 정의를 어떻게 내리고 있는가에 따라서 정서의 움직임이 달라지기 때문이다.

만약 이런 정서 반응들이 처리되지 않은 채 남아 있다면, 현재 상황의 처리 방식을 왜곡하고 제한하게 된다. 예를 들어 학대를 받은 사람은 학대에 대한 정서 때문에 현재의 관계 경험을 고통스럽다고 인식한다. 이렇게 정서가 억압되면 상황을 어렵게 만들고 정서적인 고통에서 벗어나기 어렵게 된다는 것이다.[14] 특히 정서적 지각과 표현이 제한을 받으면 반응이 협소해지고 부정적인 정서와 상호작용의 소용돌이에 갇히게 된다. 불화 부부는 일반적으로 이차적인 정서의 반응에 작용하고 배우자의 부정적인 반응을 유발시켜 부정적인 정서를 지속시키게 된다. 여기서 치료자는 불화의 고리에서 표현되는 이차적인 반응을 반영하고, 또 그것을 인정하며 치료를 시작한다. 정서중심 부부치료는 그동안 주목받지 못하고, 분화되지 않은, 부인된 일차적인 정서반응에 초점을 두고 있다. 정서중심 부부치료 과정에서 정서는 이전과 달리 처리되고 조절되기 때문에 적응적인 반응을 유발한다. 그래서 상호작용에서 숨겨진 일차적 정서는 부부치료 과정에서 새로운 수준의 정서적 교류를 하게 해 주고 문제가 되었던 파괴적인 상호작용 고리를 개선시켜 재구조화 하는 것이다.

그래서 정서중심 부부치료에서 초점을 두어야 할 정서는 다음과 같은 것이다.

먼저, 치료의 과정에서 나타나는 비언어적이고 상징적인 표현으로 가장 신랄하고 생생한 경험에 초점을 둔다.[15] 예를 들어 눈물, 극적인 비언어적 제스처 및 강한 이미지 혹은 꼬리표 붙이기를 들 수 있다. 둘째, 애착욕구와 두려움에 관련된 정서에 중심을 둔다. 셋째, 부정적인 상호작용을 만들고, 접근과 반응을 제한하는 정서에 초점을 둔다.

치료자는 위축된 사람이 배우자의 불평을 피해 물러나면서 잠깐 드러낸 두려움에 초점을 맞춘다. 왜냐하면 이러한 두려움이 정보처리와 상호작용 반응을 좁게 만들고 제한하기 때문이다.

2) 정서중심 부부치료의 치료목표와 변화단계 및 치료자의 역할

정서중심 부부치료의 목표는 앞서 언급한 바와 같이 부부의 정서적 경험과 상호작용 반응을 확대해 가는 것이다. 부부가 상호작용을 취하는 두 가지 태도, 즉 각 배우자의 개별적인 정서를 경험하는 방식과 부부의 상호작용을 조직하는 방식을 통하여 유지되는데, 달리 표현하면 정신내적 현실과 부부 상호작용 행동에서 나타나는 습관적인 움직임에 의해 좌우된다. 이러한 현실과 행동은 상호의존성이 있어서 지속적으로 서로 영향을 주고받는다. 부부가 정서적으로 긍정적인 결합을 형성할 때 상호작용은 새로운 과정을 밟게 되어 재구조화 되는 것이다. 이런 안정적 결합을 형성하는 것이 정서중심 부부치료의 궁극적인 목표이다. 그래서 분노보다는 두려움에 대한 경험을 표현하게 될 때 배우자를 덜 위협하고 더 많은 접촉을 유도하며, 정서적인 개입을 늘임으로 유대감의 필요를 표현하고 위로와 안정감을 얻을 수 있다. 볼비에 의하면 변화는 긍정적인 치료동맹을 만들어 치료 과정에 안전기지(secure base)를 제공할 때 일어난다고 했다.[16] 그래서 안식처를 제공하고 탐색을 위한 안전기지를 제공하는 치료자와 함께 긍정적인 동맹을 만들고 유지하는 것이 필수적인 것이다. 정서중심 부부치료 치료에서 강조하는 세 가지 "3P"가 있는데, 현재(Present), 과정패턴(Process Patterns), 그리고 일차적 정서(Primary Affect)로 이것에 초점을 두어 정서적인 경험과 상호작용의 반응을 확대해 가는 것이다.[17]

치료 과정에서 사용한 정서중심 부부치료 변화의 단계는 구조화된 단기

치료 접근방식으로, 이것은 존슨이 시행한 아홉 단계 이론에서 앞서 언급한 한국적 정서를 고려하여 일곱 단계로 변형한 정서중심 부부치료 모델이다. 처음 세 단계는 평가(assessment), 파괴적인 상호작용 고리를 약화(De-escalation)시키는 과정이다. 중간 4-6단계는 특정변화 과정을 만들어 상호관계의 변화가 나타나서 새로운 정서적 결합을 경험[18]하게 되는 것이다. 마지막 일곱 단계는 이러한 변화를 강화(consolication)하게 하여 부부가 생활 속에서 이런 변화를 적용해 갈 수 있도록 한다. 갈등의 정도가 심하지 않는 안정된 애착유형의 경우는 이런 치료단계가 빠르게 진행된다. 그러나 갈등이 심한 경우에는 소극적이고 위축이 심한 배우자를 상대 배우자보다 먼저 치료를 진행시키는 것이 중요하다. 위축되었던 배우자의 정서적 개입이 선행되고 나면 적극적이고 비판적이던 배우자가 반응을 나타내므로 신뢰감을 제공할 수 있게 도와주어야 한다. 정서중심 부부치료에서 제시하는 일곱 단계는 다음과 같다.

① 제 1기: 부정적인 상호작용 고리의 단계적 약화(The De-escalation of Negative Cycles of Interaction)

제 1단계: 치료적인 동맹을 형성하고 애착의 관점에서 나타나는 부부의 갈등 문제를 확인하라.

제 2단계: 애착 불안정과 관계 불화를 지속하게 하는 파괴적인 상호작용 고리를 확인하라.

제 3단계: 상호작용 이면에 숨겨져 있는 정서에 접근해서, 문제를 부정적 고리, 내재된 정서, 및 애착 욕구의 관점으로 재구성한다. 그래서 부정적인 고리가 공동의 적인 동시에 부부의 정서적 박탈과 불화의 원인이라고 개념화한다.

앞서 언급한 바와 같이 정서중심 부부치료 첫 세 단계에 나타나는 일차적인 변화는 부정적인 고리의 약화(De-escalation)이다. 여기서 부부는 상호작용에서 메타 시각(meta-perspective)을 가지는 것이다. 각자의 현실을 인정하고 부부 모두가 부정적인 고리의 공동의 피해자이며, 맞서 싸워야 할 대상은 상대 배우자가 아니라 공공의 적인 고리가 그 대상임을 알게 된다. 부부 각자가 그들의 불행을 만들었다는 것을 보게 되고, 서로는 공공의 적인 고리에 맞서서 부부가 함께 세워지도록 용기를 주는 모습으로 바뀌어지게 된다. 이것을 받아들일 때에 분명한 행동의 변화가 일어나게 된다. 그러나 이 과정에서 부부 상호 행동의 변화는 있지만 부부간의 위치, 규칙이 변화되지 않았기 때문에 만약 여기서 치료를 멈추게 된다면 더 이상 긍정적인 변화가 진행될 수 없다. 그래서 이 단계에서는 치료적 동맹[19]이 중요하고 고리(cycle)와 숨겨진 정서, 애착 욕구에 대하여 자각할 수 있게 접근하여 애착 안정을 향상시키는 새로운 고리가 시작되어야 한다. 치료자는 비난하거나 평가하는 태도를 보이는 것이 아니라 부부 상호작용에 대하여 확인하고 추적하는 접근 방식을 통하여 과정에 집중하는 것이다.[20]

여기서 눈여겨 볼 것이 있다면 존슨은 제 1기를 평가, 확인, 접근, 그리고 재구조화 등으로 네 단계를 취하고 있으나 여기서는 평가, 확인, 그리고 접근과 구조 등으로 3-4단계를 묶어서 세 단계로 만들었다. 그 이유는 정서중심 부부치료는 단기치료라는 점을 감안하여 빠른 시간에 부부가 원활한 상호작용을 통하여 관계가 회복되어 안정적인 결합이 이루어지는 것이 정서중심 부부치료의 일차적인 목적이다. 그러므로 이런 부분을 만족해 줄 수 있는 것은 3-4 단계, 즉 고리로 인하여 각자의 부부가 드러내지 않았던 정서에 빠르게 접근하여 내재하고 있는 정서와 애착 욕구를 재구조화하는 것이 중요하고 시급하기 때문이다. 필자는 평가보다 미래의 문제해결 중심으로 나아가기를 선호하는 한국적 상황과 정서의 속성을 고려하여 3-4 단계를 같은 단계에서 시행하였다. 왜 그렇게 단축을 하였는가 하면, 정서중심 부부치료 정서에서 중요하게 다루는 상호작용의 고리는 신속성(speed), 자동성(automaticity), 그리고 경직성(rigidity)으로 빠른 영속성의 특성을 가지고 있어, 파괴적이고 부정적인 고리를 빠르게 처리하지 않을 때 현재를 왜곡하고 제한하게 된다. 그래서 이런 고리의 성격을 감안하여 3-4단계를 묶어서 하나의 과정으로 처리하는 것이 안정적 결합을 위한 좋은 접근방법이며, 이런 고리의 특성과 한국의 정서와 잘 맞는다는 점이다.

빌 게이츠는 일찍이 2000년대 키워드가 '속도'(speed)가 될 것이라고 한 것처럼, 현대 사회에서는 개인이든 조직이든 속도 시대에 알맞은 빠른 판단, 빠른 행동, 빠른 변신을 요구하는데, 이런 점에서 IT 산업을 위시하여 조선, 건설, 자동차, 철강 등의 분야에서 빠른 속도로 다른 나라를 앞설 수 있게 된 한국인의 빨리빨리 문화전통의 특성과 잘 조화될 수 있다. 독일의 세계적인 물류업체 DHL의 한국법인 대표 알란 캐슬스도 한국인의 속도정신이 앞으로 동북아 물류시장에서 주도권을 잡는데 커다란 영향을 줄 것이라고 하였다.[21]

한국인은 세계 어느 나라 사람보다 빠른 걸 좋아하여 오전에 가구를 주문하면 오후에 배달되기를 원하며, 그런 정서의 특성은 상호작용 고리의 신속성, 자동성과 영속성의 특성을 가진 정서중심 부부치료의 성질과 필자가 단축한 정서중심 부부치료 치료 기법이 서로 잘 적용될 수 있다고 본다. 한국인의 정서는 정서중심 부부치료의 3단계 과정에서 상호작용 이면에 나타난 정서 반응의 접근과 4단계 과정의 문제를 부정적 고리, 내재된 정서, 애착욕구의 관점에서 재구조화하는 것, 이 둘을 단축하여 통합할 때, 훨씬 더 빠르게 부정적 고리가 약화되어 정서 경험을 쉽게 표출할 수 있고, 또 이렇게 함으로써 새로운 시각에서 상대 배우자를 볼 수 있게 되어 긍정적인 상호작용의 태도 변화를 촉진할 수 있게 된다.

최근 심리학에서 정서에 대한 관점이 급격하게 달라졌다. 다음의 세 가지 이유 때문에 정서는 상호작용과 인지를 이해하는데 있어서 중심적인 것으로 보기 시작했다. 정서는 첫째, 중요한 정보에 영향을 미치는 것에 주목하고, 둘째, 목적을 세우는데 영향을 주는 동기부여를 하며, 셋째, 다른 사람과 상호작용을 조절하는 의사소통을 한다.[22] 정서는 사람들 안에서 개인이 가지는 의미 있는 정보를 계속 처리하기 위한 하나의 신호(signal)체계로 작용하는 현저한 변화를 감지하면서 시작되었다.[23] 또한 정서는 적응적인 것으로 보고 있다.[24]

그린버그, 라이스와 엘리어트[25]에 의하면, 정서는 행동과 상호작용의 일차적인 주최자일 뿐만 아니라 동기부여(욕구와 관심의 형태 안에서)와 인지(평가의 형태 안에서)에 관련된 복잡하게 통합된 요인으로 이해하였다. 이자드(Izard)[26]에 따르면, 놀램, 행복, 분노, 슬픔, 두려움 및 혐오감 등과 같은 분리된 일차적인 정서는 내적인 경험이 되는 것과 생존과 적응에 관련된 행동 성향[27]을 보여 주고 있다는 것이다.

팽크셉[28]에 의하면 정서는 다양한 접근 방식에 있어서 대뇌 피질(cortex)의 고도의 인지 능력 안에 정보처리에 영향을 미친다고 했다. 사실상 정서는 종종 빠르고 효과적인 결과로 자동적으로 작용하는데, 인간의 인지 체계는 이유 없이 분노하는 사람과 상황이 있을 때 한 개인의 감정을 유발하는 대상을 향하여 자동적으로 정보를 기록하여, 의식과 정서에 신호를 보낸다는 것이다. 앞서 언급한 이런 정서의 특성을 감안하여 부부 사이의 부정적이고 파괴적인 고리를 확인하고, 치료자는 그런 고리에 부부가 접근하여 새로운 정서적 경험을 통하여 재구조화해 주는 과정을 같은 단계에서 진행하는 것이다. 이렇게 하면 제 1기에서 목표로 하는 고리 약화(De-escalation)를 효율적으로 돕고, 제2기의 과정으로 쉽게 들어 갈 수 있기 때문이다.[29] 또한 이기춘은 한국인의 심성은 유교적 문화의 영향으로 자신의

감정을 드러내기보다는 억압하므로써 감정의 응어리가 그대로 한으로 남
아 있다고 한 점을 고려하여,[30] 강한 정서가 처리되지 않고 그래도 남아 있
을 때, 정서가 왜곡되고 제한되어서 어려움을 겪게 된다. 그러므로 특히 치
료자가 개입하여 새로운 정서로 재구조화 하여 긍정적인 고리를 만들어 부
정적 고리를 약화시키도록 돕는 것이 한국인의 정서에 더 알맞다.

② 제 2기: 상호작용 태도를 변화시키기(Changing Interactional Position)

제 4단계: 감춰진 애착 정서, 욕구, 및 자신의 이면을 나타내도록 돕고,
이런 부분을 상호작용 관계에 통합시킨다.
제 5단계: 상대 배우자가 배우자의 경험과 새로운 상호작용 반응을 수용
하도록 격려한다.
제 6단계: 욕구와 욕망을 표현하고 정서적 교류를 유도하며, 부부가 결합
할 수 있는 계기를 만들어 애착을 재정의할 수 있도록 돕는다.[31]

정서중심 부부치료의 제 2기가 시작되는 4단계에서는 주로 정신내적
(intrapsychic)인 문제를 다루며, 치료자는 부부의 감추어지고 드러나지 않았
던 애착 욕구와 두려움을 표현할 수 있도록 격려하며 도와주어야 한다. 5
단계에서 부부는 상대 배우자가 정서적으로 새로운 정서적 경험을 수용하
고, 상대 배우자에 대한 시각, 반응을 확장시켜 나간다. 4-5단계가 성공적
으로 진행되면, 변화의 계기가 되는 6단계의 위축자 재개입과 비난자 순화
가 일어난다.[32] 여기서는 단계적인 약화가 이루어진 상태로서 부부가 서로
협력하고 부정적인 고리에 벗어날 수 있도록 변화되는 것이다. 치료 2기
에서는 부부는 신뢰를 회복하고 안정적으로 결합할 수 있게 된다. 사실 3
단계까지는 부부에게 초점을 두었다면 4-5단계에서는 개인에게 집중하고

있다는 점이다. 위축자가 자신의 애착 욕구와 두려움을 깊이 이해하여 6단계로 잘 진입할 수 있는 토대를 만들어 주고 있다. 이런 과정을 거치면서 위축자는 상대배우자에게 적극적으로 접근하고 반응을 보이게 된다. 이후에 비난적인 배우자도 같은 과정을 밟게 된다.[33]

4-5단계는 순환적인 과정을 밟게 된다. 이 과정에서 한 사람이 자신의 경험을 조금씩 상대 배우자와 공유한다. 이때 상대 배우자는 공유한 내용을 거부하거나 부정적으로 반응할 수 있으며, 그 내용을 수용하지 못하고 결등을 겪기도 한다. 이때 자신의 경험을 더욱 명확하게 표현하도록 도와준다면, 상대 배우자는 이것을 수용할 것인지를 갈등하다가 배우자의 새로운 경험을 자신의 내적 세계로 통합시켜 나간다. 4-5 단계의 목표는 치료자가 제 1기에 드러난 애착적인 약점, 상처, 두려움을 부부가 지각하여 깊이 교류하고 수용할 수 있도록 돕는 것이다. 부부가 깊이 교류하기 위하여 3D, 즉 정서를 깊게(Deepen), 다듬어서(Distill), 개방(Disclose)해야 한다. 치료자는 부부가 상처와 두려움에 지속적으로 접근하도록 해야 하며, 부부는 각자 자신의 욕구를 인식하게 되면 6단계에서 이를 표현함으로써 의사소통이 새로워진다. 왜냐하면 정서가 드러난 욕구는 명확해지기 때문이다. 치료자의 도움을 받아 이런 욕구를 배우자에게 표현하면 상대방은 쉽게 반응할 수 있다.[34]

앞서 언급했듯이, 6단계에서는 두 가지의 핵심적인 변화가 나타난다. 먼저, 위축된 배우자의 재개입(withdrawer re-engagement)으로 상호관계의 위치가 변하고 더욱 활발하게 관계하므로 배우자에게 더 적극적으로 접근하게 만든다.[35] 두 번째, 변화는 비난자 "순화"(softening)[36]로 공감적인 반응에 대하여 끌어당기는 효과를 가진다. 이런 순화는 정서중심 부부치료의 관계 불화를 회복할 수 있게 되어, 양쪽 배우자가 6단계를 완성했을 때 새로운 형태의 정서적 교류가 가능하고 결합하는 과정이 일어난다. 6단계에서는 부부는 정서적 경험에 접근하고 관계에 안정감과 연결감을 갖기 위하여 자신의 욕구를 명확하게 표현한다. 즉 이전 단계에서 정교화 된 애착욕구가 6단계에서는 명확해져서 당당하게 직접 표현하게 되는 과정이다. 그래서 애착 욕구의 핵심이 되는 접촉을 통하여 위로받고 싶다고 요구하고 안정감과 긍정적인 자기 개념을 갖는데 필요한 배우자의 반응을 요구하게 된다. 이런 과정은 일반적으로 그 회기의 치료자에 의해서 촉진된다. 여기서 치료자는 긍정적인 반응을 인정하고 강조하며 지지해 주어야 한다. 특별히 상호작용을 따라 강조하고 재구성하여 새로운 정서 경험을 통하여 새롭게 상호작용 할 것을 지지한다. 이런 과정이 생활 속에서 이루어질 때 부부는 서로를 신뢰할 수 있고 상호 접근하고 반응하면서 서로 위로를 얻게 된다.

앞서 설명한 과정을 자세히 살펴본다면 4단계는 치료과정의 분수령이라 할 수 있다. 부부 상호작용을 재구조화하기 위하여 꼭 필요한 과정이다. 존슨과 그린버그[37]에 의하면, 정서중심 부부치료의 변화과정의 연구를 통하여 적극적으로 교류하고 정서적으로 깊이 경험하는 부부가 치료를 통하여 관계의 변화가 가장 많이 나타나서 부부 갈등으로부터 회복을 예상할 수 있게 된다고 하였다. 특히 4-5 단계 과정에 중요한 변화를 생각해 본다면, 이 단계에 부부관계가 점점 안정되어, 부부 관계를 움직이고 있었던 부정적인 고리의 관점에서 일차적인 정서를 볼 수 있게 된다. 부부는 또한 치료자에게 자신의 애착, 두려움, 상처, 상실을 표현하기 시작한다. 이때 치료자는 일차적 정서, 즉 위축자의 정서에 접근하고, 이어서 위축자의 정서 교류, 비난자의 반응, 비난자의 정서 접근, 비난자의 정서 교류, 위축자의 반응의 순서로 중요한 변화의 과정들이 나타남을 기억하고, 개인의 정서에 접근하여 상대 배우자와 깊이 교류할 수 있도록 도와야 한다.[38]

여기서 나타나는 치료의 기법으로 반영(reflection)과 인정(validation)을 적극적으로 사용한다. 4단계는 애착적인 정서, 두려움, 욕구에 깊이 다가가는 단계이므로 앞서 언급한 환기적 반응, 강조, 공감적 추측/해석이 또한 매우 중요한 기법이다. 이런 기법을 사용할 때 RISSSC[39]를 기억해야 한다. 정서중심 부부치료에서는 치료자의 일관적인 모습이 가장 중요하다. 특히 치료자는 내담자를 고통스러운 정서에 접근시킬 때 다음의 머리글자인 RISSSC가 유용하다. 정서중심 부부치료의 훈련과정에서 정서적인 위험(risk와 동음)이 나타날 때 비언어적 지각을 향상시킬 수 있는 것으로 다음과 같이 설명할 수 있다.

반복(Repeat): 중요한 단어와 문장을 여러 차례 반복하는 것이다.

이미지(Image): 이미지를 통해 추상적인 단어로 표현이 불가능한 정서를 포착할 수 있다.

단순함(Simple): 단어와 문구를 단순하고 간결하게 유지하는 것이 필수적이다.

천천히 진행(Slow): 정서경험을 치료 과정에 드러내기 위하여 속도를 늦추어야 가능해진다.

부드러움(Soft): 부드러운 목소리는 안정감을 주고, 깊은 정서를 드러내게 하며 위험을 감수하게 해 준다.

내담자의 언어(Client's words): 치료자는 내담자를 인정하는 태도로 내담자가 언급한 말과 문구를 선택하여 진행한다.

정서중심 부부치료 치료자는 내담자가 표현한 추상적이고 명확하지 않는 명칭을 채택하여 치료의 과정에서 이런 RISSSC의 태도로 '어두운(dark), 복잡한(complicated), 불가능한(impossible), 얼어붙은(frozen)' 등과 같은 단어 혹은 명칭에 초점을 둔다.

내담자가 이런 경험에 깊이 접근하면 이러한 경험은 치료적으로 발전되어 간다.[40] 이렇게 부부가 깊이 서로 교류하게 해 주는 것이 4단계의 핵심적인 부분이다. 4단계에서 숨겨진 상호작용 태도에 접근하는 것은 정서와 관련된 애착 욕구에 접근하는 것을 말하므로, 부인된 정서는 부인된 욕구로 바꾸어 말하는 것이 더 정확한 표현이 될 것이다. 그래서 조용하게 물러나던 배우자가 분노를 표현하고, 관계에서 자신(self)을 존중하고 지지해 줄 것을 주장함으로써 상대방이 그로 인해 반응할 수 있도록 유도한다.[41] 예를 들어 "나는 당신을 위해 거기 있기를 원해요. 나는 그 영역 밖에 있어요. 그러나 나는 이 비난을 모두 처리할 수가 없어요. 나는 우리가 다른 접근 방식을 찾아보기를 원해요. 나는 조수에 따라 변화는 파도 앞에 서 있지 않을 거예요."라고 배우자에게 말하게 된다.[42] 그러나 이런 변화가 단순히 부분적인 개입만 일어나게 되거나, 부부가 여기에서 더 이상 진행이 되지 않으면 부부 관계는 개선이 될지 모르지만 치료 효과는 크지 않다. 예를 들어 문제의 고리는 줄어들지만 서로간의 관계에서 신뢰는 여전히 제한받게 되는데, 이는 서로간의 관계상의 위치가 변하지 않았기 때문[43]으로 볼 수 있다.

5단계로 넘어가면서 치료자는 상대 배우자가 수용적인 태도를 보이면 강조하고 강화시켜 주어 배우자와 나눌 수 있도록 도와준다. 이때 인정, 반영, 강조가 흔히 사용되는 기법이다. 그러나 만약 상대 배우자가 비수용적인 태도를 보이면 치료자가 이런 반응을 처리할 수 있도록 도와주어야 하는데, 비수용적인 반응을 더 깊이 이해하기 위하여 치료자는 이를 강조하고 인정하며 재연시켜야 한다. 이 때 사용하는 기법은 반영, 인정, 환기적 반응, 강조, 공감적 추측, 재구성 기법을 사용한다. 특히 자신의 비수용적 태도를 본인이 인정하면 배우자의 경험을 수용하기가 훨씬 쉬워진다.

6단계에서 위축자의 개입과 비난자의 순화가 나타나는 과정에서 치료자는 다음과 같은 사항을 기억하고 있어야 한다. 첫째, 부부가 4단계의 정서

경험을 반복하면서 애착, 두려움과 욕구를 확대하지 못하고 분명하게 드러내지 못할 때, 이런 정서를 확대하고 서로에게 표현하도록 돕는다. 둘째, 한 배우자가 애착과 연관된 두려움, 욕구를 치료자에게만 표현한다면, 상대 배우자에게 직접 표현하도록 지시한다. 셋째, 한 배우자가 다소 부적절하고 산만한 대화를 함으로써 애착적인 관점에서 벗어난다면, 치료자는 애착 두려움과 욕구에 초점을 맞추도록 한다. 넷째, 경청하던 배우자가 상대 배우자의 새로운 행동에 반응하거나 평가절하 한다면, 치료자는 앞서 나가던 배우자가 정서적으로 교류하고 애착 두려움과 욕구를 계속 표현할 수 있도록 도와준다.

배우자의 변화를 듣고 있던 상대 배우자가 보이는 갈등을 반영하고 인정해 주어야 한다. 만약 이 배우자가 긍정적으로 반응하면, 치료자는 이런 반응을 반영하고 지지해 준다.[44] 최근에 성공적인 순화과정을 유도하는 개입 연구에 대한 브래들리와 퍼로우[45]에 의하면, 정서중심 부부치료 치료자는 환기적 반응(evocative responding)을 하고 정서, 현재 변화 태도, 그리고 상호작용의 움직임을 강조하며, 애착 반응과 욕구 및 두려움을 인정하고 공감적으로 해석하는 것이 순화과정을 성공적으로 이끌어 준다고 했다.

또한 치료자는 상대 배우자에 대한 접근과정에서 비난적인 배우자가 느끼는 두려움에 초점을 맞출 필요가 있다. 애착 욕구를 충족하기 위해서 배우자가 접근하고, 또 재연하면서 접근하는 것에 따르는 위험을 감수하도록 분명히 지시적인 태도를 취할 것을 강조한다. 치료자가 상대 배우자에게 접근하는 것에 대한 두려움을 지적하면서 "그래서 당신은 도저히 … 할 수 없었군요."라고 언급함으로써 애착 씨뿌리기[46]와 같은 특정 개입을 사용한다. 애착 씨뿌리기(seeding attachment)란 치료자가 상호작용을 재조직하고 위축자를 재개입시키고 비난자를 순화하는 특별한 유형의 추측이다. 정서중심 부부치료의 제 2기 과정에서 변화를 만들기 위한 강조나 인정의 형태를 취하는 이런 개입은 성공적인 순화 과정에서 잘 나타난다. 늘 "그래서 당신은 결코 … 할 수 없었군요."라는 말로 시작하고, 이 기법을 사용할 때 두려움에 의해 막혀 있던 내담자의 애착 욕구와 행동이 확실해지고, 애착 이미지와 연결된다. 결국 이런 개입은 애착 욕구와 두려움을 명확하게 밝히고 구체화 시켜주는 것이다. 연구자들은 앞서 언급한 순화 과정에서 변화를 유도하는 여섯 가지 주제를 발견하였다.[47]

③ 제 3기: 강화와 통합(Consolidation and Integration)

제 7단계: 과거 관계의 문제에 대한 새로운 해결책을 촉진하여, 애착 행동에 대한 새로운 태도와 고리를 강화한다.

여기서 치료자는 앞서 언급했듯이, 부부의 성취도를 평가하고 부부 불화를 도우면서 일관성 있게 이야기할 수 있게 도우면서 상호작용에 대한 새로운 반응과 고리를 강화하는 것이다. 부부 관계로 파괴되었던 문제를 구체적으로 해결하도록 지원하는 것이다. 그래서 치료의 종결을 준비하고 부부에게 나타난 변화를 지지하고, 앞으로 지속적으로 변화할 수 있음을 알려준다. 정서중심 부부치료의 마지막 단계로 과거의 사건과 문제에 새로운 해결책을 제시하며, 새롭게 변화된 부부의 태도[48]를 강화해 주는 단계이다. 이제 부부 관계는 세상을 탐구하고 문제를 다룰 수 있게 해 주는 안전기지(a secure base)가 되고 중요한 안식처(a safe haven)가 된다. 이 단계에서 중요한 것은 관계를 바라보는 시각이 변화되어 부부가 직면한 문제의 본질과 의미가 변하는 것이다. 그래서 이제 부부는 고립된 개인으로서 혼자가 아니고 연합하여 문제에 함께 직면해 가는 것이다. 치료자는 부부가 자발적으로 다시 교류를 할 수 있도록 지지하고, 마음을 열고, 상대 배우자에게 반응할 수 있도록 한다. 또한 치료자는 부부가 관계와 부부 상호작용으로 인하여 문제가 해결될 수 있음을 명확하게 지각하도록 도와준다. 그래서 부부가 해결점을 찾도록 대화하고 탐구하도록 돕는다. 치료자는 친밀감과 접촉을 높일 수 있는 대화를 이끌어내어, 긍정적인 반응을 방해하는 장애물에 부부가 직면할 수 있도록 도와준다. 여기서 새로운 반응태도를 강화하여 치료과정에서 나타난 변화를 일상적인 관계나 자기개념 속으로 통합할 때, 초기 회기의 방식과 같이 부정적 고리를 알아내어 행동과 연결하고 강조하던 것처럼, 이제는 새로운 긍정적 고리를 밝혀서 과거의 부정적 고리에서 벗어날 수 있게 한다. 치료자의 중요한 역할로는 먼저, 부부가 만든 새로운 관계를 가치 있게 느끼도록 부부를 격려한다. 둘째, 일관되고 만족스러운 이야기(coherent and satisfying)를 구성하도록 돕는 것이다. 헤세(Hesse)는 이런 이야기의 구성은 안정된 애착이 형성되었다는 신호라고 하였다.[49] 이야기를 구성하는 내용은 다음과 같다. 첫째 타인과 조화 능력, 둘째 현재의 애착 경험, 셋째 긍정적인 변화, 넷째 상호작용으로 인한 변화, 다섯째 긍정적 고리의 형성 방법, 여섯째 상대배우자의 용기와 노력 강조, 일곱째 잠재능력을 지지하는 것 등이다. 7단계에서는 초기와는 달리 치료자는 부부를 강하게 이끌지 않고 따라가며, 지시하기보다는 설명해 주고, 부부 관계의 목표를 명확하게 설정하도록 도와준다.[50]

문제해결을 위해서도 치료자보다 배우자를 의지하도록 하며 부부에게 자신들의 노력으로 현재의 변화를 가져왔다는 점을 강조하고, 새로운 욕구에 맞게 관계를 형성할 수 있도록 부부의 강점과 능력을 인정하고 격려하며, 부정적인 고리가 재발하더라도 이를 다룰 수 있도록 준비한다. 그래서 치료자는 부부가 정서적 교류와 긍정적 결합을 유지하는데 헌신할 수 있도록 도와준다. 마지막 회기에서는 부부의 상호작용 과정을 반영하여 부부가 서로 나누고 재연했던 새롭게 변화된 정서와 반응을 인정해 준다. 또한 이전 회기에서보다 지시적인 태도를 줄이며, 공감적 추측은 그다지 크게 필요하지 않게 된 부부가 특별한 변화를 만들어 가면 이것을 강조하고, 현재 보이는 태도와 고리를 구체화하고, 현재와 초기의 태도와 고리를 직접 비교하여 특별히 새로운 반응을 강조하게 되면 치료과정에서 드러난 부부 상호작용은 분명하게 재구조화된다. 이 단계에서 치료자는 전체적인 과정을 애착 관점과 애착 과정으로 설명한다.

마지막 단계에서 치료자는 새롭게 정서적 교류를 하게 된 패턴을 강화시켜 나가면서 부부가 얻었던 유익한 부분을 강조하고 추적한다. 치료자는 부부가 고리를 극복했음을 반영하는 그들 관계의 이야기를 밝혀야 하는데, 주로 네 가지의 기법을 사용한다.

첫째, 반영과 인정으로 새로운 패턴과 반응을 재연하는 방식을 강조하는데 초점을 둔다. 구체적으로 새롭게 변화된 정서와 반응을 반영하고 인정하고, 부부의 접근성과 반응성을 유지시켜 주기 위해 사용하고, 개인적인 경험을 인정하고 교류를 지속할 노력을 반영한다.

둘째, 환기적 반응으로 치료자는 치료 과정을 천천히 밟으면서 부부가 경로를 추적해 갈 수 있도록 도와주는 것이다. 예를 들어, "지금 다시 남편이 부인의 문제를 언급하게 되면서 부인은 점차 위축되어 가는 느낌을 갖게 됩니다. 남편이 친정부모에 대해서 말하고 있을 때 마음속에서 어떤 생각이 떠올랐나요?"라는 것이다.[51]

셋째, 재구성으로 마지막 단계에서 치료자는 부부의 새롭고 긍정적인 행동을 적극적으로 재구성한다. 예를 들어, "이전에 술 문제를 언급하면 남편은 예민해져서 공격을 하거나 화를 냈는데. 지금은 그러한 태도가 사라진 것 같습니다. 남편의 태도가 바뀌니까 부인은 남편이 배려해 준다는 느낌을 갖게 되는 것 같군요."라는 것이다.[52]

넷째, 상호작용의 재조직으로 치료자는 부부 과정의 변화를 요약해 주고, 부부가 관계 변화에 대한 치료 전후(before-and after)의 자신의 이야기를 구성하도록 한다. 또한 부부가 채택한 새로운 패턴을 더욱 깊이 강화할 수 있도록 도와준다.[53]

치료의 마지막 단계에서는 다음과 같은 개인과 부부의 네 가지 변화가 나타난다.[54]

첫째 정서적 변화로 긍정적인 정서는 많아지고, 부부의 정서 표현은 증가하며, 자신을 수용하고 상대 배우자가 쉽게 반응할 수 있도록 자신의 정서를 표현한다.

둘째, 행동적 변화로 부부의 행동이 변하여 회기 중이나 일상생활에서 접근과 반응이 증가하여 부부는 지지적인 관계를 경험한다. 상호작용은 제한받지 않고 더욱 활발하게 반응하고 의사소통하게 되며, 특정 애착 행동이 변한다. 예를 들어 자신의 욕구를 표현하고 배우자가 반응할 수 있도록 도움을 요청한다. 치료과정에서 특별히 제기되지 않았던 부부의 성관계와 문제 해결의 능력 등의 행동이 변하게 된다.

셋째, 인지적 변화로 배우자를 이전과 다르게 지각하고 배우자가 보이는 반응을 긍정적인 것으로 인식하게 된다. 배우자와의 관계를 애착 용어로 인식하고 '관계의 틀'(meta-framework)이 애착적인 관점으로 변화된다.

넷째, 대인관계의 변화로 부부는 부정적인 고리를 통제할 수 있고, 긍정적인 고리가 재연된다. 이제 자기강화적인 부정적 상호작용에서 '빗장을 풀고'(unlatch) 새로운 반응을 시작하여 배우자의 긍정적 반응을 유도하며, 보다 깊은 정서적 교류가 늘어난다.

지금까지의 모든 과정들을 통하여 치료자는 부부가 안정적 결합을 형성하고 유지하는데 초점을 두어야 한다. 이때 치료자는 부부에게 지금까지 힘들게 노력해서 얻은 정서적인 연결을 앞으로 어떻게 할 것인가를 질문한다. 또한 안정된 결합을 유지하기 어려웠던 부부의 생활방식을 살펴볼 것을 제안한다. 그래서 마지막 회기에는 그들이 어떻게 관계를 유지했는지 면밀하게 분석하고, 치료자는 삶을 위해 관계를 버리지 말고 관계의 바탕 위에서 살아 갈 것을 언급한다. 특히 버림을 받는 순간, 재결합하는 순간, 인정과 지지를 받는 순간 및 연결의식의 순간 등과 같은 애착적인 순간에 초점을 둔다. 왜냐하면 애착적인 관계는 마치 식물과 같이 구조되어 있어서, 지금 비록 부부관계가 건강하다고 할지라도 수분과 양분이 제대로 공급되지 않으면 시들거나 죽어 버리기 때문이다. 이제 특정한 행동이 품고 있는 애착적 의미는 서로 나눌 수 있다. 어떤 부부에게는 껴안기와 입맞춤이 다른 부부에 비해 중요한 애착 신호가 될 수 있다. 부부의 결함을 생생하고 긍정적으로 유지시켜 주는 순간과 반응을 배우자와 공유하고, 치료과정을 통하여 습득한 것을 지속할 수 있도록 적극적인 계획을 세우도록 치료자는 격려한다.[55]

앞서 언급한 한국인의 정서의 특성과 특히 이어령의 『디지로그』에 담고 있는 한국인의 정서, 서양과는 달리 혼성된 맛을 즐기는 비빔밥의 융합, 총체적 감각의 쌈 문화, 조화와 균형으로 물건을 운반하는 지게 문화 등에서 부분보다 전체를, 개인보다 관계를 우선시하는 한국인의 상호의존성과 관계성에 나타난 독특한 한국적 정서를 엿볼 수 있다.

정서중심 부부치료 모델에서 건강은 자부심을 갖거나 타인과 분리되는 것이 아니라 상호의존성을 유지하는 것으로 봄으로써, 개인보다 관계를 우선시 하여 상호의존성과 관계성을 갖는 한국인의 정서는 정서중심 부부치료의 치료에 좋은 이점이 될 것이다. 이러한 관계를 중요시하는 점에서 볼 때, 과거 관계의 문제에 대한 새로운 해결책을 촉진하는 8단계와 애착 행동의 새로운 태도와 고리를 강화하는 9단계를 한 단계로 묶어서 단축 치료하는 것이 한국인에게 더욱 효과적이다.

3) 치료계획

필자는 S. M. 존슨의 아홉 단계 정서중심 부부치료 모델을 한국의 실정에 맞게 수정한 일곱 단계 정서중심 부부치료모델을 결혼 생활에서 부부 불화로 고통 받고 있는 커플에게 적용하고, 정서적 변화와 안정적인 결합을 형성하여 행복한 결혼 생활을 영속해 갈 수 있도록 다음과 같이 정서중심 부부치료를 적용해 갈 것이다.

앞서 언급했듯이 정서중심 부부치료는 3P, Present(현재 상황), Process Patterns(과정 패턴), Primary affection(일차적 정서)에 초점을 두고 있으므로, 치료자와 내담자의 첫 만남이 중요한 영향을 미치므로 제일 처음 면담에서 부부의 관계와 현재의 어려움에 대해 경청함으로써 갈등의 문제에 접근하여 관계의 정도를 평가하게 될 것이다. 특히 찾아온 내담자의 부부 불화의 문제가 어떤 것인가를 알아보고, 문제 해결의 정도를 알아보기 위하여 상담 전·후 결혼만족도 검사(K-MSI, Korean Marital Satisfaction Inventory)를 활용할 것이다. 이 검사를 통하여 정서중심 부부치료가 다루는 핵심적인 정서, 일차적 정서에 접근을 위한 평가도구로 활용할 것이다. 결혼만족도 검사인 K-MSI는 상담을 받으러 온 부부들의 전반적인 결혼불만족 정도와 결혼생활의 11개 영역에 대하여 수준별로 구체적으로 평가하는 것이다. 특히 정서중심 부부치료의 접근을 위하여 하위척도로 정서적 의사소통의 불만족 척도(AFC)에 주목하여 그곳에서 나타내는 애착정도, 친밀감, 부부의 상호작용, 배우자 지지의 정도, 정서적 의사소통을 측정할 것이다. 그래서 내담자가 평소에는 감추어지고 드러나지 않았던 일차적 정서에 접근하여 애착의 관점에서 상호작용을 재구조화하여 안정적 결합을 형성하고, 부부 상호작용 안에서 배우자를 통하여 느끼는 정서와 친밀감을 파악한 후, 관계 만족이나 지지 경험 등에 대한 불만족을 평가할 것이다. 특히 필자는 두 차례의 정서중심 부부치료 부부 공동회기를 가진 후 일반적으로 두 차례의 개인회기를 가지면서 부부가 서로 결합하게 하기 위하여 치료적 동맹을 통하여 안전감을 느끼게 하고 각자 부부가 필자에게 수용 받고 있다는 느낌을 갖게 하여, 부부 각각 자신들의 목표와 욕구를 이해하도록 도울 것이다.

앞서 언급했듯이 존슨과 탈리트만[56]은 정서중심 부부치료에서 동맹의 질적 수준 여하에 따라 치료 결과 변이가 다른 심리치료의 경우 10%보다 훨씬 높은 20%를 차지하고 있으므로 동맹은 정서중심 부부치료의 초기 단계에 아주 중요한 부분을 차지한다. 그래서 내담자와 동맹을 평가하고 형성하는 것을 정서중심 부부치료는 치료와 분리하지 않고 곧 그것이 치료라고 생각한다. 이 과정에서는 문제와 관계의 특성을 평가하여 일반적인 부부치료에 더 적합한지 아니면 정서중심 부부치료에 더 적절한지를 평가하게 될 것이다. 상담의 대상으로는 30대 부부로 선정할 것이다. 그 이유는 정서중심 부부치료의 연구결과 35세 이상의 부부가 가장 반응이 좋다는 것과 특히 2009 통계청 발표에 의하면 2003년 연령별 이혼 건수가 남녀 30-40대가 가장 높은 비율을 차지하였기 때문이다.

이어서 앞에서 언급했듯이 부부 상호 작용의 고리[57] 약화(De-escalation), 상호작용 태도의 변화, 강화와 통합의 순서 7단계의 상담을 진행해 갈 것이다. 정서중심 부부치료의 치료자의 역할에 대하여는 각 회기별로 구분하여 앞서 기술하였다. 상담이 종결되었을 때 다시 한 번 설문지를 사용하여 부부의 정서적 변화가 얼마나 일어났는지를 다시 확인한다. 이후에는 치료자보다 상대배우자를 의지할 수 있도록 변화를 지지해 주고 새로운 변화를 지속하도록 강화시켜 준다. 이런 부부 관계와 상호작용을 통하여 문제점이 해결된다는 것을 분명히 지각하게 하여 안정적 결합을 돕는다.

4) 정서중심 부부치료의 장점과 한국적 적용

정서중심 부부치료가 아직 한국에서 널리 시행되고 있지 않지만 앞서 살펴본 바와 같이 정서중심 부부치료는 미국, 캐나다, 유럽에서 많은 기여를 하였고, 특히 핀란드, 호주, 대만, 중국 등 다양한 문화권을 상대로 교육되고 활용되고 있다. 1982년 존슨과 함께 공동으로 정서중심 부부치료 모델을 창안한 그린버그가 2003년 12월 한국가족치료학회 주최로 한국에서 교육을 실시하여 소개되기도 하였다. 북미와 유럽의 경우, 정서중심 부부치료는 다양한 정신건강 교육과정, 전문적인 평가도구로 사용되었고 부부치료의 주류로 자리를 잡아가고 있다. 또한 정서중심 부부치료가 경험주의 철학과 조화를 이루고 있기 때문에 부부치료와 가족치료 분야에 많은 변화를 가져왔고, 부부치료 분야는 협동적인 모습으로 변화되어 정서를 많이 다루게 되었을 뿐만 아니라 성인 사랑과 애착에 대한 연구도 활발해졌다. 리보[58]는 이 분야가 통합적이 되어간다고 했다.

존슨에 의하면 부부치료 분야가 실험주의를 배격하지 않고, 또한 개입에 대한 실험적인 배경을 보여 줄 수 있는 연구와 욕구가 증가되어, 경험주의가 항상 맞서야 하는 현대의 적이 아니라, 개입에 대한 경험적 지지와 연구로 받아들이기 시작한 것이 이 분야에서 주류가 될 수 있었던 이유라고 밝혔다.[59] 앞서 제시한 정서중심 부부치료 모델은 어떻게 정서에 접근하고 이를 다루는지에 대한 방법, 친밀한 관계에서 상호작용 패턴의 변화를 위해 재연을 사용하는 방법 등을 명확하게 제시함으로써 초보 치료자들까지도 잘 사용할 수 있게 되어 있어 매우 희망적인 치료법이 될 것이라 본다. 또한 정서중심 부부치료는 변화 과정에 대한 연구와 이를 새롭고 다양한 사람들에게 적용한 결과, 이 분야에서 변화의 과정과 배경 설명, 변화를 위해 치료자가 무엇을 해야 하고, 또 핵심적인 관계에 의미 있는 영향을 주는 수준에까지 발전을 거듭했다.

특히 존슨은 정서중심 부부치료가 여러 연구를 통하여 이미 횡 문화적으로 적용하는데 적합한 모델이 될 수 있다고 했다. 왜냐하면 애착 이론이 정서중심 부부치료의 개입의 이론에 바탕을 이루고 있기 때문이다. 앞서 언급했듯이 볼비는 애착 대상에게 드러나는 정서와 행동은 모든 인간이 가지고 있는 선천적이고 적응적인 반응이라고 하였고, 애착 이론이 성인 사랑과 친밀감을 설명하는데 가장 적합한 이론임을 최근 연구들에서 밝혀내고 있다.[60]

또한 중앙대학교 심리학과 최상진 교수는 그의 저서 『한국인 심리학』에서 "일반인의 심리나 정, 기분과 같은 감정은 물이 샘에서 솟아나는 것처럼 마음속에서 저절로 생겨난다는 것을 암시한다."[61]라고 하여, 정서와 행동은 인간이 나면서 타고난 선천적인 반응임을 뒷받침해 주고 있으며, 이런 바탕 위에서 정서중심 부부치료는 로맨틱한 사랑과 친밀감을 설명하기에 적합한 이론으로 본다. 최상진 교수가 밝히고 있는 한국인 심정심리[62]는 관계의 틀 속에서 자신을 규정하고 상대의 심정에 민감하게 반응하는 한국인의 사회적 행동을 이해하는데 정서중심 부부치료가 아주 적합하다. 한국인 심정심리의 중요한 요소인 정과 한(恨)으로 구성된 문화적 감정을 표현하여 한의 억울한 감정과 자책 감정의 혼합된 상태에서 자기 수용과 수용 부정의 모순감정을 경험함으로써 오히려 안정적인 감정체계를 갖게 되고, 또한 한(恨)을 표현함으로써 상대의 공감을 얻어 한(恨)을 감소하는 것을 필수적인 것으로 본다는 점에서 정서중심 부부치료의 치료 목적과 같은 맥락을 갖고 있다. 또한 필자는 니스벳[63]의 동양과 서양을 서로 다른 시각에서 바라본 『생각의 지도』에서 논리를 중시하는 서양과 경험을 중시하는 동양의 차이점에서처럼 부부 관계의 상호작용에서 발생하는 정서적 경험과 반응을 표현하여 관계의 회복을 꾀하는 정서중심 부부치료는 특히 동양 그

중에서도 한국인에게 더 잘 적용될 것으로 본다. 이기춘[64]이 밝힌 한국인의 심성은 유교적 문화의 영향으로 인하여 자신의 감정을 드러내기보다는 억압하므로써 감정의 응어리가 그대로 한으로 남아 있다고 하였다. 이러한 문화적 환경의 영향 아래 있는 한국부부는 강한 정서가 처리되지 않고 그래도 남아 있는 경우, 정서가 왜곡되고 제한되어서 어려움을 겪게 되는데, 이런 정서 경험과 반응을 표현하게 하여 관계 회복에 초점을 맞추는 정서중심 부부치료는 치료자가 개입하여 새로운 정서의 경험으로 긍정적인 고리를 만들어 부정적 고리를 약화시키도록 함으로써 한국인의 정서에 더 적합할 것으로 생각한다. 그리고 정서중심 부부치료는 미국, 캐나다, 유럽 등지에서 현재 활발하게 연구되고 시행되어 배울 수 있는 기회가 많이 주어지고 있다는 것이 또 하나의 이점이 된다.[65]

존슨은 정서중심 부부치료의 성공적인 예측의 결과를 알리는 요인으로는 치료적 동맹(therapeutic alliance)이 전반적인 부부 만족도를 예견할 수 있다고 보았고, 예측의 해당 변이가 되는 부부의 특성, 애착관계의 질, 정서적 자기개방의 정도, 대인관계에서의 신뢰의 정도, 나이, 부부의 전통성 등에 따라 달라진다고 보았다.[66] 이런 연구를 통한 임상적 결과에서, 정서중심 부부치료는 35세 이상의 부부에게 적용할 경우 아주 효과적이라고 하였다. 왜냐하면 남자들을 나이가 들어가면서 친밀감과 애착의 문제를 의미 있게 생각하기 때문이다. 특히 전통적인 부부의 역할 모델을 요구하는 문화권, 즉 권위적인 남성상과 순종적인 여성상을 내세우는 경우에도 효과가 검증되었다고 밝혔다.[67] 뿐만 아니라 친밀한 결합을 유지하는 많은 책임이 여성에게 달려 있다고 생각하는 문화권에서 부부치료가 성공할 기회는 더 높아진다는 것이다. 즉 여성이 아직도 신뢰를 갖고 위험을 감당할 동기가 있으면 부부치료의 더 높은 성공을 기대할 수 있다.[68] 이와 반대로 여성이 위험을 감수하려 하지 않고 남편과 정서적 교류를 하려는 의지가 없으면 지지적인 환경이 주어진다 하더라도 관계의 개선은 제한을 받게 된다는 것이다. 가트맨은 신뢰가 부족하면 일반적으로 부부의 정서적 교류와 부부의 행복은 방해를 받게 된다고 하였다. 즉 의견 불일치에 대한 문제 해결능력의 부재보다 정서 철회(emotional disengagement)가 불안정한 결혼생활을 불러오게 된다는 것이다.[69]

오늘날 한국의 가정 상황을 고려해 볼 때, 많은 부부의 이혼이나, 고령화 사회로 암이나 만성 질환자가 늘어나고, 스트레스로 인한 우울증 등 불안정한 삶 속에서 많은 부부는 갈등의 경험으로 안정적인 삶을 추구하는 부부에게 정서중심 부부치료는 많은 효과를 거둘 수 있을 것으로 판단된다. 그 이유는 정서중심 부부치료가 부부치료의 새로운 분야로서 최근 치료효과가 가장 뛰어난 치료모델로 인정받고 있으며, 적용이 쉽도록 개입방법과 변화과정이 분명하게 제시되어 있고, 또 단기 치료로 효과가 크기 때문이다. 정서중심 부부치료는 부부의 접근성과 반응성을 유도하여 안정적인 결합을 만들며, 상호 정서적인 교류가 힘든 부부의 경우에 그들의 한계를 알게 하고, 분명하게 부부가 자신의 입장을 정리할 수 있게 해 준다.

정서중심 부부치료가 35세 이상의 과묵한 남성에게, 그리고 남편에 대한 부인의 신뢰가 치료에 중요한 영향을 끼치는 것을 고려해 볼 때, 일반적으로 한국적 어머니상은 남편을 인정하고 지지하는 아내의 역할이 대부분을 차지하고 있으므로, 치료의 과정에 쉽게 적용되고 만족도가 높을 것으로 본다. 또한 2009년 4월에 발표한 통계청 자료[70]에 의하면, 2008년 이혼이 11만 6천 5백 건으로 많은 숫자를 차지하고, 이중 20년 이상의 이혼 비중이 23.1%로 전년보다 3%가 증가되었으며, 이혼 부부의 주된 사유로 성격 차이가 47.8%를 차지했다. 연령별 이혼건수로는 남자 68.3%, 여자 70.1%가 30대, 40대로 나타났다. 또한 이혼 부부 중 20년 이상 동거한 부부의 이혼이 이혼 중 차지하는 비중이 23.1%로 계속 증가추세를 보이고 있다. 우리나라의 30-40대의 이혼이 남녀 각각 차지하는 비율이 전체 68%를 넘는 점과 정서중심 부부치료가 35세 이상의 부부에게 잘 적용되어 치료의 효과가 높다는 점을 고려해 볼 때, 정서중심 부부치료의 부부치료 모델은 한국인에게 적당한 모델로서 부부 불화로 고통하고 있는 부부들을 안정적으로 결합해 줄 수 있을 것으로 본다.

또 다른 이유는 오늘날 여성들의 많은 사회적 진출로 가정에서 육아와 가사 일, 그리고 직장의 일을 동시에 감당해야 하며, 동시에 남성들은 직장에서 가장 열심히 활동해야 하는 시기로 가정을 함께 이끌어 가야 하는 부부는 극심한 정신적 스트레스로 우울해질 수 있는 사회적 구조에서 살고 있다. 이러한 사회적 현상을 고려해 볼 때 정서중심 부부치료의 모델은 한국의 현실에 꼭 필요하다. 데사울러스, 존슨, 델턴[71]은 정서중심 부부치료가 우울한 배우자에게 효과가 있다는 연구 결과를 발표했고, 결혼 생활의 불화는 우울증의 발병에 선행하는 가장 일반적인 스트레스의 원인이라는 것이다. 와이스먼[72]은 불행한 결혼 생활을 하는 부부는 안정적인 결혼 생활을 하는 부부에 비해 우울증에 걸릴 위험률이 25배나 높은 것으로 보고됐다. 또 다른 연구에서 고던-워커(Gordon-Walker), 존슨, 매니언, 클로티어[73]는 만성 질환을 앓고 있는 자녀와 같이 만성적 스트레스나 슬픔을 경험한 부부들에게 정서중심 부부치료는 효과가 있다고 하였다. 앞서 언급한 이런 점을 모두 감안해 볼 때, 앞으로 이 분야에서 한국에서의 정서중심 부부치료에 대한 활발한 연구가 이루어질 것으로 기대된다.

특히 정서중심 부부치료는 성인 사랑에 대한 애착의 관점에서 애착 불안정과 관계 치료자는 불화의 원인이 되는 부정적인 고리를 확인하고, 감추어지고 드러나지 않았던 내재된 정서에 접근하여 이를 재구조화 하며, 또 자신의 정서적 경험을 표현할 수 있도록 인정하고 강조해 주어 정서적 교류를 유발한다. 부부가 자신의 요구를 당당하게 표현할 수 있게 해 줌으로써, 인간과 인간의 정서에 개입할 뿐만 아니라 유대감의 역동성과보다 안정적인 결합 형성 및 개인이 성장하고 극복하고 건강하게 해 주는 결합에 초점을 두면서 안정되고 활기찬 가족을 만들 수 있다는 점이 정서중심 부부치료가 가진 또 다른 강점이라 할 수 있겠다. 그래서 이 새로운 사랑에 대한 이해가 부부와 가족치료 분야에서 중요하게 자리매김 될 것이며, 정서중심 부부치료 치료자가 보다 구체적이고 강력하게 개입할 수 있는 길잡이가 되리라 본다. 이런 치료의 효과적인 특성을 가진 정서중심 부부치료는 부부 불화뿐만 아니라 만성적 질병을 가진 자녀의 부모나 PTSD(posttraumatic stress disorder, 외상 후 스트레스 장애)를 경험하고 있는 부부, 그리고 노년기 부부에게 폭넓게 적용되어 앞으로 가족 및 부부치료 분야에서 새로운 대안이 될 수 있을 것으로 본다.

5) 중요한 치료기법

정서중심 부부치료에서 중요하게 사용하는 기법은 다음의 세 가지가 있다. 첫째, 치료적 동맹을 만드는 것이며, 둘째, 정서적 반응의 정의와 표현, 그리고 재구조화이다. 치료자는 부부의 부정적 상호작용 고리(negative interaction cycle)에서 중심 역할을 하는 두려움이나 불안 같은 취약한 정서들에 초점을 둔다. 이것들은 애착 욕구나 두려움의 관점에서 가장 두드러진 정서이기 때문이다. 셋째, 상호작용의 재구조이다. 치료자는 부부가 서로에게 반응하기를 억제하고 축소하는 부정적 고리를 추적하면서 치료를 시작한다. 치료자는 새로운 관계를 만드는 과정을 안무하는 안무가로서 구조적이고 체계적 기법들을 사용하여, 내담자에게 새로운 유형의 대화를 만들고 안정적인 애착(attachment)을 촉진하여 특정 두려움을 자신의 배우자와 공유하라고 요구할 수 있다. 이때 가장 강력한 개입을 하게 된다.

앞에서 언급한 것처럼 존슨과 탈리트만[74]에 의하면 정서중심 부부치료의 연구에서 동맹의 수준(quality)에 따라 치료 결과 변이(variance)가 20%를 차지한다고 밝혔다. 이것은 일반적인 심리치료의 경우인 10%보다 훨씬 높은 수치이다.[75] 동맹의 형성은 개인의 경험과 상호작용에 초점을 맞추는 정서중심 부부치료의 초기 단계의 개입에 있어서 아주 중요하고 고유한 부분이다. 부부관계의 경험과 태도를 반영하고 인정해 주며, 상호작용이 형성되는 방식을 비판하지 않고 진술하는 것 자체가 강한 개입이며 강한 동맹을 맺게 해 준다. 그래서 부부는 치료자가 자신들을 공감해 줄 수 있다고 인식하며, 그들이 그동안 사로잡혀 있었던 파괴적인 상호작용 고리를 확인하게 된다. 일반적으로 동맹을 맺는 중요한 요인은 부부(couple), 부부 불화(distress), 및 변화(change)에 대해서 치료자가 어떤 태도를 가지고 있느냐 하는 것이다.[76]

특히 앞서 설명한 치료적 동맹에서 치료자는 공감적 조율(empathic attunement), 수용(Acceptance), 진실성(genuineness), 지속적이며 적극적인 모니터하기(continuous active monitoring), 체계 합류(Joining the system)하는 태도를 가진다. 이런 태도를 통하여 불화를 만들어 왔던 특정 패턴을 정확하게 부부에게 반영할 수 있게 하여 부부가 상호작용에 대한 여러 가지 견해를 가질 수 있도록 도와준다. 또한 치료자는 상대 배우자의 경험을 무시하지 않으면서 상대 배우자와 함께 자리에서 각 배우자의 부부관계, 태도, 및 경험을 인정해 준다. 각 부부는 치료자와 상대 배우자를 서로 관련시켜 보게 된다. 이것은 동맹과 일반적인 변화 과정에서 결정적으로 중요한 요인으로 이런 태도는 치료자와 부부간에 협력적인 관계를 맺어 주며, 치료 초기 회기에서 부부가 참여할 치료 목표와 과제를 탐구하기 위해서도 이런 태도가 필요하다.

정서중심 부부치료의 사용기법으로는 앞서 언급한 일단 치료적 동맹이 형성되면, 정서중심 부부치료에서 기본적 치료과제 중 두 번째 과제로 정서 경험에 접근하여 탐색하고 재구조하는 과정으로 들어간다. 다음의 개입들은 이 과제를 수행하기 위해 정서중심 부부치료에서 사용된다.

첫째, 정서적 경험을 반영하기(Reflecting emotional experience), 즉 치료자는 현재 마음에 신랄한 정서에 초점을 맞추고 그것을 반영하고 돌보는 데 치료자는 내담자의 경험에 대한 이해를 전달하고 그 경험에 내담자가 집중할 수 있게 한다. 여기서 반영은 단순히 앵무새처럼 말을 따라하거나(echoing) 내담자의 말을 단순히 바꾸어 말하는 것(paraphrasing)이 아니라 반영은 치료자의 강한 집중력이 요구되며, 내담자의 경험에 공감적으로 몰입하는 것이다. 치료자는 내담자와의 경험을 진행하면서 이런 특정 내담자가 매순간 어떻게 내담자의 경험이 구조화되었는지 그 방법을 탐지한다. 정서적 경험반영의 기법은 치료과정에 초점을 맞추며, 치료적 동맹을 형성하고 유지하는데 중요한 도구이고, 상호작용 태도에서 내재하는 정서적 반응을 분명하게 이해할 수 있게 한다.

둘째, 인정(Validation)해 주는 기법으로, 상호 반응을 인정하고, 경험과 상호작용이 어떻게 형성하는지에 대한 방식을 탐구하도록 상호간의 의사소통을 유지시키며 또한 치료자와 동맹을 형성하여 결합하는데 중요한 도구가 된다.

셋째, 환기적 반영으로 경험을 확대시켜 주며, 명확하지 않고 경계선상에 있는 불확실한 경험을 조직하여 명확하게 해 주며, 부부 상호간의 탐구와 개입을 격려하고 북돋아 준다.

넷째, 강조(Heightening)하는 기법으로 여기서는 반복(repetition), 상상(images), 은유(metaphors), 재연(enactments) 등을 사용하며, 또 핵심 정서를 강조하여 경험을 새롭게 이해함으로써 상호작용을 재구성하고 조직하게 해 준다.

다섯째, 공감적 추측 혹은 해석으로 상호관계의 위치나 자신을 정의하는데 있어 새로운 의미를 깨닫게 하고 형성하게 하여 공식화 한다.

여섯째, 상호작용의 재구조화하기 위하여, 상호작용의 추적, 반영 및 재연(Tracking, reflecting, and replaying interactions)을 함으로써 상호 작용을 서서히 진행시키고 명료화시키며, 주요 상호작용 절차를 재연하게 한다.

일곱째, 고리와 애착 과정의 관점에서 재구성(Reframing in the context of the cycle and attachment processes)하여 특정한 반응들의 의미를 전환시키고 배우자에게 대해 긍정적인 인식을 갖도록 상호관계를 새롭게 이해시켜 나간다.

여덟째, 상호작용 재조직 및 형성(Restructuring and shaping interactions)하는 것으로 현재의 위치를 재연(enacting new behaviors), 특별한 변화를 유도하기 위해 안무(choreographing specific change events)를 지시함으로써 부정적인 상호 작용을 명료화하고 확대시켜 나간다. 새로운 대화와 관계를 형성하고 애착적인 결합을 만드는데 아주 중요한 접근성과 반응성을 격려하여 새로운 유형의 대화와 새로운 상호작용적 단계/태도를 만들어 긍정적인 고리를 만들도록 유도한다.

3. 정서중심 부부치료 활용 사례

1) 연구 대상자 선정

앞서 언급한 바와 같이 필자는 S. M. 존슨의 아홉 단계 정서중심 부부치료 모델을 한국의 실정에 맞게 수정한 일곱 단계 정서중심 부부치료 모델을 가지고 부부 갈등으로 고통 받고 있는 커플에게 적용하여 정서적 변화를 경험하게 함으로써 안정적인 결합을 형성하여 행복한 결혼 생활을 영속할 수 있도록 두 커플을 선정하고 상담하였다. 상담 대상으로는 30대 부부를 선정하였는데, 그 이유는 정서중심 부부치료의 연구결과 35세 이상의 부부가 가장 반응이 좋다는 것과 특히 2009년 통계청 발표에 의하면 2008년도 연령별 이혼 건수가 남녀 30-40대가 가장 높은 비율을 차지하였기 때문이다. 30대 그리스도인을 연구대상으로 선정하였으므로 신학대학교에 의뢰하여 몇 주간의 수업시간 광고를 통하여 내담자를 찾아 줄 것을 상담학 교수님께 부탁하였다.

2009년 10월 13일 신학대학교 학생생활 상담소를 통하여 두 커플의 내담자가 선정되었다. 필자는 학교에서 내담자를 만나 정서중심 부부치료의 상담절차를 설명하고 상담시간과 장소, 비밀코장 등에 대하여 이야기를 나누었다. 내담자는 총 8회기의 상담이 1주일 2회 진행되는 과정의 설명을 듣고 시간을 허락하여 상담 일정을 정할 수 있었다.

한 커플은 캠퍼스 커플로 결혼 4년 된 1명의 자녀를 둔 부부 전도사로 학생생활 상담소에서, 한 커플은 결혼 8년 돈 3명의 자녀를 둔 부부로, 그 중 막내가 3개월 된 유아라 요청에 따라 가정에서 각각 상담을 진행하도록 결정하여 총 4주간 8회기의 상담을 하였다.

2) 상담절차

앞서 언급했듯이 정서중심 부부치료는 3P, Present(현재 상황), Process Patterns(과정 패턴), Primary affection(일차적 정서)에 초점을 두고 있으므로, 치료자와 내담자의 첫 만남이 중요한 영향을 미치므로 제일 처음 면담에서 부부 관계와 현재의 어려움에 대하여 경청하여 치료적 동맹을 형성함으로써 애착의 관점에서 갈등의 문제를 확인하고 관계의 정도를 평가하였다. 특히 내담자의 부부 갈등의 문제가 어떤 것인가를 알아보고, 문제 해결의 정도를 측정하기 위하여 상담 전후 결혼 만족도 검사(K-MSI, Korean Marital Satisfaction Inventory)를 하였다. 특히 필자는 1-2회기 정서중심 부부치료 부부 공동회기를 가진 후 두 차례의 개인회기를 가지면서 부부의 결합을 위하여 치료적 동맹을 통하여 안전감을 느끼게 하고 각자 부부가 필자에게 수용 받고 있다는 느낌을 갖게 하여, 각각 자신들의 목표와 욕구를 이해하도록 도왔다. 또한 필자는 제3기 7단계 정서중심 부부치료 모델의 단계별로 부부 상호작용 고리의 역화(De-escalation), 상호작용 태도의 변화, 강화와 통합의 순서로 상담을 진행하였다.

3) 자료 분석

상담과정은 1주일에 2회기씩 4주에 걸쳐서 8회기로 두 커플이 진행되었고, 각 회기는 1시간-1시간 30분 가량 소요되었다. 상담회기는 학생생활상담소와 가정에서 각각 진행되었으며, 정서중심 부부치료 모델을 통하여 진행된 전체 상담과정에서 부부의 변화는 부정적 정서의 단계적 고리약화, 접근과 반응을 통한 상호작용 태도의 변화, 마지막으로 변화된 부부 관계가 강화되는 전형적인 과정을 보였다. 정서중심 부부치료의 치료적 동맹은 부정적 고리 약화에 매우 중요한 부분을 차지하므로 1단계를 연장하여 1-2회기에 진행하였다. 모든 회기를 실을 수 없어서 회기마다 특징적으로 나타난 부분을 요약하였고, 4단계 5회기에서부터 정신내적인 문제를 다루어 상담자가 부부의 감추어지고 드러나지 않았던 애착 욕구와 두려움을 표현하도록 격려하여 변화의 계기가 되었던 부분을 구체적으로 언급하였다.

4) 사례 1

결혼 4년 된 부부로 31세인 남편은 OO교회 전도사로 사역과 학업을 하고 있고, 나이가 세 살 많은 부인은 OO교회 전도사로 학업과 자녀 양육을 함께 맡고 있었다. 두 사람은 결혼 전 직장에서 함께 사역하면서 서로에게 호감을 느껴 2년간 연애하여 결혼하였다. 결혼 후 사역과 학업 그리고 자녀 양육에 많은 에너지를 쏟고 있으며, 남편은 경제와 양육의 문제를 해결하기 위해 아르바이트로 학원 강사로 뛰며 탐늦게까지 생활전선에서 열심히 일하였다. 부인은 자녀양육, 학업 그리고 교회사역까지 힘에 부칠 정도의 일을 책임 있게 감당해 왔다.

그러나 두 사람은 서로의 일을 해결하기에 급급한 나머지 정작 서로의 삶을 나누는 대화의 시간이 점점 줄어들기 시작하였다. 부인의 경우 힘든 삶으로 흐느껴 울 때, 그것을 몰라주는 것 같은 남편이 남처럼 느껴졌고 종종 서운한 감정이 들기도 하였다고 한다. 또 캠퍼스 커플로 자녀양육과 가정살림의 역할 분담을 할 때, 요구하는 일을 바로 처리해 주지 못하는 남편의 느긋한 태도가 많은 스트레스가 되어 힘들었다고 하였다. 이런 문제로 종종 갈등이 생겼고, 남편은 남편대로 자신의 도움만 기다리기보다는 스스로 해결할 수 있기를 바라는 마음이 있으나 이것이 수용되지 않아 속상하기도 하였다.

또 자녀 양육과 가사활동 분담의 경우에서도 능동적인 입장이 아닌 수동적인 입장에서 부인의 지시를 받는 느낌이 들어 힘들었다고 하였다. 바쁜 삶의 리듬으로 부부 사이에 대화가 점점 없어졌고, 생활에 필요한 대화 이외에는 반응이 점차 감소하는 불화 부부의 모습을 나타내었다. 부부는 상대 배우자가 문제라고 생각하며, 상대 배으자가 바뀌어야 한다는 생각이 있었고, 두 사람 모두 상담에 적극적인 태도를 보였다.

〈표2〉 상담사례 1

구분	과제	사례1	상담자
1.2회기	치료적 동맹과 애착의 관점에서 부부의 갈등 확인	자녀 양육방법의 불일치 경제적 갈등 남편과의 갈등, 대화회피	공감적 반영, 인정, 공감적 추측 공감적 반영과 인정을 통해 문제를 개인의 잘못이 아닌 관계의 문제로 재정의
3회기	부정적 상호작용 고리 확인	남편: 깊은 고민을 숨기는 부인에 대한 거리감 부인: 부모님의 불안정한 부부관계가 자신에게 똑같이 올지도 모른다는 두려움	공감적 반영 및 추측
4회기	문제를 부정적 고리, 내재된 정서 및 애착 욕구의 관점으로 재구성	폭력과 바람에 대한 두려움, 남편에게 연결, 신뢰하지 못하고 선을 긋고 있는 듯한 느낌	공감적 반영, 환기적 반영, 인정, 강조
5회기	감춰진 애착 정서, 욕구 및 자신의 이면을 드러내어 관계에 통합	부인의 울음을 회피하고 도망한 것이 아니라, 과거 한밤중에 전화한 어머니의 하소연하던 울음에 고통스러워함을 느낌	부정적인 고리 이면의 정서에 다가가기 공감적 반영. 인정. 강조
6회기	상대배우자의 경험과 새로운 상호작용 반응을 수용	부인의 남편에 대한 신뢰, 혼자가 아니라는 느낌의 새로운 시각을 인정	새로운 정서 확인하고 인정, 자신의 약점을 표현, 무시되어 온 욕구를 상대방에게 인정받음
7회기	욕구와 욕망을 표현, 정서적 교류 유도, 애착 재구조화	남편의 경제적 고충을 공감해 달라는 요구에 부인이 반응함으로써 교류됨. 부인의 가사일 주문에 대한 남편의 약속 불이행과 느긋한 대처로, 신뢰도가 낮아져 간다는 표현에 미안함으로 남편이 반응함.	위축자의 재개입, 비난자 순화하기
8회기	애착 행동에 대한 새로운 태도와 고리 강화	예전에 감추었던 부인이 편하게 나눔, 이제 새로운 시각으로 봄. 중요한 일이 늦어지자, 상한 마음을 바로 표현하고 사과함.	강화와 통합

제 1·2회기(정서중심 부부치료 제1기)

필자는 상담 1·2회기에서는 제 1기 부부의 문제와 상호작용 고리의 약화를 위하여 치료적 동맹을 형성하며 애착의 관점에서 부부 갈등의 문제를 확인하는 것에 초점을 맞추었다. 부부는 자녀의 양육에 대한 의견 불일치가 서로를 힘들게 하여 부부관계의 상호작용을 차단함으로써 갈등의 요인이 되었다. 남편의 과중한 경제적 문제에 대한 스트레스와 과외 업무활동으로 인한 육체적 피로가 누적되어 서로를 힘들게 하였다. 또한 남편은 부인의 경제적 개념 부족이 자신의 부담감으로 다가와 더욱 스트레스가 가중되었다. 남편은 자신의 고충을 부인에게 털어 놓지 못하고 스스로 해결하기 위해 속으로 참아왔기에 친밀감을 느끼게 하는 부인의 따뜻한 위로와 지지가 더 필요하였다. 그러나 남편에 대한 부인의 배려가 부족하다고 느껴 불안정한 애착 상태로 불안이 쌓이고 있었다.

<사 례>

부 인: 저는 그냥 아이를 보고 교육하고 아이 마음을 읽고 아이에게 초점을 맞추다 보니까 제가 좀 관용적인 교육, 양육 방법을 쓰는 것 같아요. 남편은 아기 마음도 보지만 타인을 더 보는 것 같아요.

남 편: 대부분 상황이 생기면 당신이 다 받아 주잖아요. 다 받아 주며 아들은 당신한테 가 있는 상황이잖아요. 아내는 받아 주려고 하고 저는 혼내려고 하고, 이미 아들에게는 내가 안 먹히고 자기가 믿을 구석이 엄마다 이렇게 느끼죠. 그렇게 되면 제가 아들에게 이야기를 해도 잘 안 먹히고 그러죠.

상담자: 양육의 어려움이 이해가 되네요. 남편은 아이가 엄마의 힘을 믿고 응석받이가 될까봐 그 부분이 걱정이 되고, 부인은 다른 사람의 시선을 의식해서 아이가 상처를 받을까봐 그 부분을 걱정해서 의견이 맞지 않아 다투었는데, 두 분이 느끼는 심정이 이해가 가네요. 그런 상황이 계속 되어서 두 분 모두 힘들었겠어요.(공감적 반영, 인정, 공감적 추측)

남 편: 아무튼 학원을 그만 두는 것을 계속 미루어 왔어요. 계속 그만 두고 싶었는데, 그럼에도 불구하고 11월에 그만 두는 이유가 10월의 월급이 11월에 나오잖아요. 한 달이 좀 어려운 거예요. 내년 1월이 되면 교회 준전임을 하게 되고, 그러면… 한 달만 어렵고 비슷하게 흐를 수 있겠다 하는 생각에서 그렇게 했지요. … 그런 계산이 있었고, 그리고 또 한 가지는 사실 공교롭게도 부인이 아기를 미국에서 낳았어요. … 그때 신대원 준비 중이었거든요. 한 달 남겨 두고 간 거예요. 돈이 필요하면 돈을 보내줘야 하는데 하필 그때 돈이 하나도 없는데, 무엇을 뒤지다가 다이어리에서 수표가 두 장이 나왔어요.

상담자: 다이어리를 뒤지다 수표가 나와 놀라셨군요.

남 편: '이 사람이 돈을 아무데나 놓고 기억을 못하는구나!' 하고 전화를 했어요. 다이어리에 20만원 있었던 것 아냐? 그랬더니 모른다는 거예요. 경제권을 주면 또 그럴 거 아니야? 아무튼 가족에 대한 책임감, 경제관에 대해서도 못 믿는 그런 생각이요.

부 인: 아니야. 지금은 자기가 하니까 마음을 풀어 놓고 돈에 대한 생각을 안 하는 거지.

상담자: 네. 두 분이 이런 부분에 대하여 힘드셨군요. 남편은 부인이

경제 개념이 없는 것 같아 걱정이 되었고, 부인은 남편을 믿고 돈에 대한 생각을 안 하게 되어 마음을 풀어 놓았던 것이고, 두 분의 입장이 이해가 됩니다. 제가 듣기에는 두 분이 관계하는 방식 속에서 서로를 힘들게 하는 부분이 있네요.
(공감적 반영과 인정을 통해 문제를 개인의 잘못이 아닌 관계의 문제로 재정의)

제 3회기(정서중심 부부치료 제1기)

2단계 3회기에서는 애착 불안정과 불화를 지속하게 하는 파괴적인 상호작용 고리를 확인하는 과정이다. 남편에게 고민을 털어놓지 못하는 부정적인 고리와 친정부모의 불안정한 부부관계가 자신에게 올지 모른다는 불안과 두려움을 필자는 공감적 반영과 공감적 추측을 통하여 정서적 경험을 인정하고 지지하여 관계를 회복시켜 갔다.

〈사 례〉

남 편: 저 같은 경우에는 이렇게 이야기를 들을 때 육체적으로 힘들다는 이야기를 자주하거든요. 그런데 마음에 어떤 어려움이 있는지, 고민이 있는지를 쉽게 털어 놓지 않는 것 같아요.

상담자: 그렇게 느끼시는군요. 육체적인 것들이든 내 안에 힘든 것이든지 그런 것들….남편이니까 받아 줄 용의가 있다고 느껴지는데……. 남편은 "나 힘들어! 좀 도와줘!"라고 하는데 잘 공유

하지 않는다는 이야기를 들으니까 어떤 느낌이 드세요?

부 인: 제가 좀 깊이 생각하고 한 마디 하거든요. 그런데 아기가 있을
때는 대화하기 힘들었지만, 낮에 수업이 없는 시간에 월요일
낮이나 이런 때 좀 둘만의 시간을 야외에서 갖고 싶거든요. 이
야기하고 싶을 때 못하고 자신이 신중한 편이라……, 이야기하
고 싶을 때 핀트가 어긋나 못하고 그런 적이 몇 번 있었어요.

중 략: 남편은 학원에 아이들을 가르치는 일을 2년 하면서 월. 금은
학원 가는 날, 오전에는 좀 쉬고 가야 하는 것이 습관처럼 되
었다.

남 편: 2년 하면서 거의 습관처럼 되어버린 거죠

부 인: 저도 그냥 그래서 몇 번 요구하다가 말고 그랬죠. 그래서 평소
에도 혼자만의 시간을 줘야 하고, 월요일, 금요일 둘이 같이 있
는 시간에도 혼자만의 시간을 줘야 하고 이렇게 되니까 상황
적으로 좀 대화가 단절이 되는 거예요.

상담자: 네. 남편은 교역자로 학생들을 사랑으로 잘 가르치고 싶은 마
음으로, 본인이 쉬어야 스트레스를 덜 받으므로 그렇게 하신
것 같이 느껴지네요. 두 분이 함께 이야기를 나누지 못하고
있어서 힘들어 하시는군요. 부인은 남편과 함께하는 시간이
가졌으며 좋겠다는 마음이 느껴지네요.(공감적 반영)

제 4회기(정서중심 부부치료 제1기)

4회기까지 상담자의 공감적 태도와 다양한 개입기법을 통하여 부부와

치료적 동맹이 강해졌고, 부부는 자신의 마음을 점차 배우자 앞에서 더 많이 드러내게 되었다. 상대방이 표현할 때 자신의 생각과 달랐기 때문에 조금 다른 표정을 짓고, 어색한 표정을 보이기도 했지만, 그때마다 상담자는 그런 태도 이면에 있는 정서에 접근하였고 점차 화를 내거나 예민하게 보이는 반응이 줄어들었다. 또한 일어나지 않는 일을 마치 남편이 그렇게 할 것 같은 마음으로 불신 받는다는 느낌에 마음이 상했고, 부인은 다른 사람의 이야기를 전했는데 남편이 예민해졌고, 그래서 점점 이런 이야기로 두 분이 다가가는 것이 힘이 들게 된 것이 고리라는 것을 개념화했다.

〈사　례〉

남　편: 저희가 폭력을 쓰지는 않지만, 이야기할 때마다 지나가는 말로 이래요. 폭력을 쓰는 남편이랑은 무조건 이혼을 해야겠다. 이렇게요. 극단적으로 이야기하지요. 평상시 다른 것들에 대해서는 굉장히 관용적이거든요.

중　략:

부　인: 네, 개척교회에서 그런 폭력적인 가정들을 보면서 10년이 지나도 여전히 바람을 피우는 모습을 보니까 거기에 대해서 우리 가정은 아니지만 다른 것에 대해서 확고하게 말을 하지는 않는데 나는 결혼 초에 미리 말을 했던 것 같아요.

남　편: 물론 그 마음은 알겠지만, 이 사람이 나를 좀… 뭐랄까? 못 믿는다는 생각?

상담자: 기분 나쁘다고 느끼신 것 같네요. 그래요 두 분이 맺는 관계를 살펴보면 부인은 남편의 잘못이 아니지만 일어나지 않는 일을 마치 남편이 그렇게 할 것 같은 마음으로 불신 받는다는

느낌에 마음이 상했고, 부인은 다른 사람의 이야기를 전했는데 남편이 예민해졌고, 그래서 점점 이런 이야기로 두 분이 다가가는 것이 힘이 들었겠네요.(공감적 반영. 인정)

제 5회기(정서중심 부부치료 제2기)

제4단계 5회기에서는 감추어진 애착 정서, 욕구 및 자신의 이면을 드러내어 관계에 통합하는 과정으로, 정신내적인 문제를 다루었고, 상담자는 부부가 감추어지고 드러나지 않았던 애착 욕구와 두려움을 표현하고 격려할 수 있도록 도와주었다. 필자는 남편이 부인의 울음을 회피하고 도망한 것이 아니라, 과거 한밤중에 전화하여 하소연하던 어머니의 울음에 고통스러움을 느끼는 것으로 대인관계적인 면으로 확장하였다

〈사 례〉

부 인: 예전에는 감추고 싶은 것은 감추고 한 단계 누르고 싶은 것은 누르고 그랬는데 지금은 그때마다 생각나는 대로 이야기를 해요. 어떻게 보면 너무 거르지 않고 말을 할 수도 있는데요.

중 략: 부인은 신혼 초 다툴 때 남편은 몹시 화를 내었는데, 그때 몹시 겁이 나고 힘들었다고 했다.

부 인: 놀랐지요. 놀래고 힘들어서 어떻게 해야 될지 모르겠고 어떻게 해야 할지 몰라 울었어요. 그런데 신랑은 절대 우는 것을 못 보는 사람이에요. 달래주고 어르는 것이 아니라 피하고 도

망가는 사람이에요. 저는 그냥 "미안하다"는 한 마디나, "울지 마! 잘못했어!" 이러면 딱 그치거든요.

상담자: 남편의 위로가 필요했던 거군요.

부 인: 계속 삭이면서 되뇌이면서 계속 울고, 그 한 마디만 해 주면 10분 안에 끝날 일을 가지고 큰일도 아니고, 감정 상할 일도 아니고, 그렇게 싸울 일도 아닌데 옆방에 가서 잠을 자면 더 미운 거예요.

중 략:

남 편: 이야기를 하면서 상대방이 울면 어쩔 줄 몰라 하는 일종의 공포인 것 같은데 그런 것이 좀 있어요. 이것을 어떻게 해야 해결이 되는지도 모르겠고 일단 피하고 싶은 마음이 있는 거예요. '이 상황을 어떻게 내가 회피할 수 있을까?'라는 생각이 먼저 들어요. 거기에 대해서 지혜롭게 대처를 하기보다는 내가 이것을 빨리 피해야겠다는 느낌이 먼저 들어요. 진짜 어떻게 해야 할지를 모르겠는 거예요.

중 략:

부 인: 이제 제가 울면 옆방으로 갔던 것이 이해가 되었어요.

상담자: 네. 남편이 왜 그랬는지 이해가 되었군요. 남편은 내가 울 때 안절부절 못해서 나를 위로해 주고 싶지만 위로할 수 있는 방법을 몰라서 당황스러웠구나 하는 남편의 심정이 이해가 되셨군요. 부인은 나 혼자 울고 있는 것이 외로운 거죠. 내가 울고 있으면 남편이 와서 맞장구 쳐 주었으면 하는 그런 느낌이 드는데 맞나요?

부 인: 네, 맞장구쳐 주면 좋지요.

상담자: 그러면 남편한테 한 번 말해 보세요. "여보! 내가 이럴 때 어

떻게 좀 해 줘! 내가 울 때 위로해 줘."라든지, 직접 말을 한 번
해 보세요. 지금.

부 인: 나는 싸울 일이 아닌데 사소한 일로 싸우는데 저는 눈물이 많
아서 울 일이 아닌데 울게 되는데 남편과 싸우면 남편이 옳아
도 그 상태의 감정은 눈물이 나는 거니까 자기가 옳더라도 "알
았어! 알았어! 미안해! 당신도 이런 것을 잘못을 했지! 내가 크
게 윽박질러서 미안해!" 이렇게 다독거려 줬으면 좋겠어요. 그
러면 한 시간 울 것 5분만 울 것 같아요.

남 편: 나에게는 우는 것이 무서운 거야! 거기에 대해서 너무 외로워
하지 말고 이해해 줬으면 좋겠어.

부 인: 이해는 되는데 굉장히 서럽다고요. 뭐랄까? 이때까지는 하나
였는데 혼자 울게 내버려 두고 저쪽 방으로 가면 남이라는 생
각이 많이 든다고.

상담자: 그런 서운한 마음이 드는군요.

부 인: 그러니까 내가 아무리 잘못을 했어도, 자기가 그냥 울지 마.
그냥 그쳐 이렇게 다그치는 것이 아니라 내가 큰소리 내서 미
안해! 그렇지만 이런 것은 당신이 잘못했잖아! 그렇게 안아줬
으면 좋겠어. 그러면 남이라는 생각이 안 들고 서럽지 않을 것
같아. 일 년에 몇 번 싸우는 것도 아닌데 그때마다 굉장히 서
럽단 말이야.

남 편: 내가 할께. 놀랄 수도 있을 것 같아. 거기에 대해서 노력할게.

상담자: 그럼 두 분이 한 번 안아봐 주세요. 부인은 남편의 위로가 필
요가 절실했다고 느껴지네요. 혹시 그 부분에 대해서 이야기
나누셨나요.

남 편: 아니요. 오늘 처음이예요.

 친밀감이 부부갈등의 벽을 허문다

상담자: 많이 힘드셨을 것 같아요. 이렇게 이야기를 나누고 나니까 어
떤 느낌이 드셨어요?

부 인: 속이 시원해요.

남 편: 갑자기 걱정이 들죠.

중 략:

상담자: 왜? 본인 생각에 상대방이 울면 힘들다고 느껴지시나요?

남 편: 네 저희 어머니가 많이 우신 것 같아요.

상담자: 엄마가요?

남 편: 가끔 밤에 전화하신다고 했지요. 그때 우시는 때가 굉장히 많
았어요.

상담자: 그랬군요.

남 편: 그러니까 서울로 오면서 전화를 하시는데, 그때 부모님이 교
회를 안 다니셨기 때문에 약주를 드시고 전화를 하시면 취하
신 채로 울면서 이야기 하실 때가 많았어요. 그런데 항상 야밤
이었어요. 진짜 새벽 3시나 4시 이렇게요. 한참 자야 할 때, 그
것도 많이 피했어요. … 전화 오면 안 받을 때도 많았어요.

상담자: 거기에 대한 두려움이 있으셨던 것 같이 느껴지네요.

제 6회기(정서중심 부부치료 제2기)

남편은 학원 아르바이트와 경제적 책임에 밤늦게까지 일해야 할 때, 부
인의 지지를 받지 못하고 있다는 마음에 힘들었다고 했다. 재연을 통하여
새로운 정서적 경험을 수용하여 이제는 부인의 남편에 대한 신뢰와 혼자가

아니라는 느낌의 새로운 시각을 인정함으로써 정서중심 부부치료의 목표인 경험과 상호작용을 확장하였다.

〈사　례〉

남　편: 항상 얘기하기로는 힘들다고 하면, "자동차 팔아!" 이렇게 이야기하는데 할부가 남아 있으니까 그런데 이런 식으로 이야기를 해 버리니까요.

부　인: 나한테 넘기고 결국은 자기가 사요.

상담자: 사실 이런 거예요. 남편은 내가 힘들어서 이야기를 하면, 집을, 빚을 지고 가는 것이 힘든 거예요. 공부도 해야 하고, 기본적인 생활비는 들어야 하고, 조금씩 빚을 줄여 갔으면 하는 마음이 많은 거예요. … 그런데 부인은 아무 해결책도 없으면서 … 남편의 마음을 읽어 주기를 바라는 거죠. "여보! 힘들지! 수고한다! 나 공부시키고 아이를 위해서 너무 애쓴다. 당신 대단하다." 이런 말을 한 번 해 줬으면 하는 마음이 있는 거죠.

남　편: 맞아요.

부　인: 미안해. 자기야 미안해!

상담자: 남편은 그 마음에 있는 말을 부인한테 해 보세요. 여보! 내가 이런 것 때문에 힘들었거든!

남　편: 내가 이야기를 할 때 무책임하게 막 그냥 이렇게 해결하면 되지! 이렇게 생각 없이 이야기할 때 굉장히 서운했고, 좀 공감을 가지고 얘기를 했으면 좋겠어! 현상에 대해 "이렇게 해라! 저렇게 해라!"보다는 이해하는 마음이 더 필요한 것 같아.

부　인: 미안해!

상담자: 그래요. 남편은 가장의 책임감이 힘들게 느껴지네요. 부인의
　　　　내가 가서 도와줬으면 좋겠는데, "너무 미안해! 너무 고마워!"
　　　　이런 한 마디의 말이 필요한 거예요. … 예전에 몰랐던 정서
　　　　경험을 받아들이고 수용해 주는 거예요. 한 번 두 분 안아주세
　　　　요.
부　인: 고생했어요.

제 7회기(정서중심 부부치료 제2기)

가사 일에 대하여 남편에게 부탁했을 때, 계속 미루는 남편의 성격에 힘
들어 갈등하는 부인이 이전에는 남편에게 요구하는 것이 힘들었는데, 욕구
를 표현하는 것은 건강하고 적응적인 것임을 알고 욕구와 욕망을 표현함으
로써 긍정적인 정서적 교류가 활발하게 일어났다. 7회기에서는 부부가 서
로 지지하고 인정해 주므로 위축자의 재개입과 비난자가 순화되는 상호작
용 패턴의 변화가 일어났고, 또한 정서적 경험과 반응을 표현하여 긍정적
반응을 보이는 적극적인 정서 교류가 이루어졌다.

<사　례>

부　인: 내가 생각해 보니까 가정 밖에서 하는 일은 기간을 잘 지키는
　　　　것 같아. 그런데 가정에서는 두 번 말을 하면 자기가 잔소리로
　　　　느끼잖아! 그래서 자기가 "왜? 잔소리 하냐?"고 하잖아. 그래
　　　　서 이제 한 번 말하게 해 줬으면 좋겠어요. 아니 내가 두 번 말

을 하면 괜히 나만 핀잔을 듣고 한 번 말해서 해 주면 나는 잔
소리가 아니었는데 자기가 잔소리로 느껴지니까 한 번만 하면
서로 갈등이 없지 않을까? 그런데 자기 참 싫어하더라! 당신
이 나를 이상한 나쁜 애처럼 왜 잔소리를 하냐고 톡 쏘면 무안
하고, 나를 잔소리 장이로 만들지 마! 나는 잔소리 장이가 아니
야. 그 상황은 양쪽에서 만든 거예요. 알았죠.

남　편: 알았어.

상담자: 남편은 "알았어"라고 했는데 얼굴 표정은 불편한 것처럼 느
　　　　껴지네요. 어떠세요?

남　편: 남자가 해야 하지만, 그런 것이 있어요. 예를 들어, 제가 경제
　　　　권을 가지고 있으니까 공과금 납부나 이런 것을 제가 기간 내
　　　　에 하려고 하고 늦기는 해도요.

부　인: 많이 늦잖아요.

남　편: 그것은 상황이 있었던 거야! 예를 들어 자기가 나름대로 이것
　　　　을 남자가 할 일, 이것은 여자가 할 일 정해 놓았어요. 쓰레기
　　　　버리는 것은 남자가 할 일이에요.

부　인: 아니에요. 남자가 할 일을 정한 것이 아니라 자기가 음식물 하
　　　　는 것 싫어하잖아요. 아니면 그것까지 딱 해 주던가요. 버리는
　　　　것만 자기 몫으로 나누어 하자는 거지.

상담자: 남편은 그것이 좀 불편하게 생각되고, 부인은 그냥 정해놓고
　　　　안 했는데라는 생각했는데, 그렇게 느낀다는 거죠.

중　략:

남　편: 그 당시 아무튼 학원 다녀와서 힘들다고 그것 때문에 스트레
　　　　스 받고 해서 그때부터 비롯된 것 같아요. … 이해해! 이런 말
　　　　이 오히려 이 사람이 정말 날 이해하고 있나? 왜냐하면 날 안

봤잖아? 그런 부부에 있어서 내가 학원에서 어떻게 아이들을 가르치고 내가 어떻게 힘들어 하는지 거기에 대해 물어보지도 않고 내가 힘든 것을 이해해! 정말 이런 것들이 정말 나를 이해하고 있나? 암묵적으로 그냥 내가 그렇게 받아들여진 것도 있는 것 같아.

상담자: 진정으로 남편의 고충을 알지 못하고 있는 부인에게 서운한 마음이 느끼시는 것 같군요. 이런 부정적인 고리가 부부 관계의 상호작용의 패턴으로 작용하고 있어요. 부인이 공감해 주길 원했던 것 거예요. 내 마음에 그런 부분을 읽어 주었으면 좋겠다는 생각이 들었던 거예요. 그것을 요구해 보세요? 다음에 그런 일이 있으면 어떻게 해 주면 좋겠어요.

남 편: 일이 힘들기보다 관계가 힘들고 그 안에서 생각되는 것이 힘든데 이 사람은 일이 힘들구나! 이렇게 이해하는 경우가 많은 것 같아요.

부 인: 그것은 아니었는데 …. 분명히 학생들과 뭔가가 있겠구나! 내가 보지는 못했지만 이런 생각을 하고 이해해! 라고 했는데…. 100% 이해할 수는 없지만.

남 편: 그런 부분에 있어서, 나는 거기에 대하여 오히려 안 보이는 벽 안에서 흔히 말하는 것처럼 느낄 때가 많이 있지? 그럴 때는 오히려 그 위로가?

부 인: 역효과 난다는 거지.

남 편: 그냥 우리 언제 밥 한 번 해야지! 이렇게 기약 없는 약속처럼 느껴지는 것 같아.

부 인: 그리고 지금 생각해 보면 자기가 학원에 있는 동안 아이 보는 것이 힘이 들었으니까 내가 밖에서 놀다 온 그런 느낌이 들

었다는 것이 이해가 되요. 내가 지금은 좀 덜하지만 아이가 어렸을 때 강박관념을 갖고 있었잖아. 지금은 자기가 많이 도와주지만 예전에는 나 혼자 살림하는 것 같은 느낌! 폭발 직전의 그 느낌! 지쳐 있는데, 자기가 "나 왔어! 나 오늘 힘들었어!" 그러면 내가 100% 공감을 못 해 주는 것이에요. 그랬을 것 같아요. 나도 힘든데 나도 힘들어! 이런 어투로 이해해! 이렇게 말을 했을 것 같아. 그래서 자기가 역방향으로 느껴졌을 것 같아.

상담자: 남편이 힘들었던 부분이 그때는 잘 몰랐었는데 지금 생각해 보니까 남편을 많이 공감을 못해 줬다는 것을 느낀다는 거죠.

부 인: 그때가 지금도 생각이 나요. 너무 힘들고 폭발 직전이라서 정말 벽이란 느낌이었을 것 같아요. 지금은 내 안에 그런 것이 많이 없어졌는데 건드리면 고슴도치처럼 확 올라오는 상태였거든요. 일 년 전만 해도 그런데 지금은 자기가 많이 도와주고 자기 할 일은 그래도 예전보다 미루지 않고, 그런 면에서 내가 많이 풀린 거지. 지금은 덜 힘드니까 공감을 예전보다 더 하게 되는 거지. 이야기를 들으니까 어떤 기분이 드세요.

남 편: 얼마 전 00교회 면접을 봤어요. 그 목사님께서 이런 저런 이야기를 하다가 남편을 만들려고 한다고 그러셨나?

부 인: 남편을 만들려고 하고 있네! 그러시더라고요.

남 편: 그 이야기가 틀리지 않는다는 생각이 드는 거예요. 비록 우리의 상황을 잘 모르고 말씀을 하셨지만 제가 우리의 삶의 자리에서 보면 별로 틀리지 않다는 생각이 들어요. 이런 상황에서 바꿔졌으면 좋겠다는 그런 기대를 많이 하는 것 같아요.

상담자: 그러니까 공감이 되면서 그 부분에 대해서 그렇게 안 하고 싶다는 마음이 느껴지네요. 맞나요?

남 편: 네, 솔직히 말하면 안 하고 싶어요.

부 인: 이 사람을 바꿔야겠다는 생각을 안 했거든요. 이 사람의 이런
       것을 고쳐야지! 이런 생각은 안 해봤어요. 하지만 내 계획대로
       자기가 해야 되는 느낌이 들었을 수도 있겠다고 이해는 되는
       데, 나는 그런 의도가 없었다고 생각을 해요.

남 편: 그런데 기대치가 굉장히 높아요. 기대치가 굉장히 높은 것을
       제가 느끼거든요.

상담자: 그것이 부담이 되는 건가요?

남 편: 그런 것도 부담이 되죠.

상담자: 어떻게 해 줬으면 좋겠어요? 나는 당신이 이해도 되지만 내
       가 또는 실패해도 안 되는 일이 있어요. 한 번 도전해 보고 안
       되면 다른 길을 가고 그렇게 좀 지켜 봐 주었으면 좋겠어! 그
       런 마음이세요?

남 편: 부부가 일심동체 이렇게 할 수 있지만 그럼에도 불구하고 자
       기 역사와 나의 역사가 따로 있단 말이지. 지금까지 살아온 패
       턴이 있고 살아온 방식이 있고 물론 하나이지만 생각이 다를
       수 있잖아. … 이렇게 하면 계속해서 거기에 부딪히게 될 것이
       고 또 내가 하기 싫다고 하면 마음 상하게 될 것이고.

부 인: 그러니까 자기가 오래 걸린다는 것을 알잖아요.

남 편: 나한테는 스트레스가 되지! 요구를 안 한다고 하지만 나로서
       는…….

부 인: 너무 고통의 시간이야. 기다리는 것이 사실 나 지금까지도 너
       무 많이 참고 많이 기다렸거든.

남 편: 내가 아니면 안 되는 것이 아니라, 자기가 할 수 있는 일을 해
       야 하지 않나?

부　인: 예전보다 많이 안 미루는 것 같은데, 자기가 미루지 않아야겠
다는 생각을 가지고 노력을 해 주면 좋겠어! 내가 100%를 원
하는 것이 아니라….

상담자: 많이 좋아졌다는 것처럼 들리네요. 부인이 왜 이렇게 조바심
을 내지! 나를 못 믿느냐 하는 느낌을 주셨나요?

남　편: 항상 그런 것은 아닌데, 가끔…. 제가 너무 열이 받는 거예요.
아이를 만지고 있는데 거기에 대고 씻었어! 이렇게 계속 말하
는 거예요. 그때는 너무 진짜 화가 났어요. 싸움이 안 된 것이
다행이긴 한데…….

상담자: 어떤 마음이 드셨는데요. 그 이야기를 좀 해보세요. 당신이
그때 그랬을 때는 내가 이랬어!

남　편: 진짜 기분이 굉장히 나빠!

부　인: 내가 진짜 잘못했어! 나는 계속 답을 못 듣고 계속 안 들리는
거야!

남　편: 그런 것이 그것뿐만 아니라.

부　인: 검사하는 태도.

상담자: 정말 싫다는 느낌이네요.

남　편: 나는 완전히 자기가 그렇게 이야기한 것이 오해였다는 것을
알고, 그런 생각이 아니라는 것을 충분하게 이해를 하지만 내
가 받아들이기에는 너무 납득이 안 가는 부분이 너무 많이 있
어.

부　인: 아기에 대한 것.

남　편: 그런 것도 있고 아무튼.

상담자: 이야기를 해 보세요.

남　편: 쓰레기를 한 번 안 버렸단 말이야! 그러면 왜 이것을 안 버렸

어! 언제 버릴 거야! 이렇게 하면 진짜 마음 상해.

부 인: 왜 그랬냐 하면 자기가 하루 미루면 그 쓰레기통을 씻어야 된
다고….

중 략:

남 편: 제가 하는 것에 대해서 누가 시켜서 수동적을 하는 것보다 스
스로 하는 것을 좋아하는 편이예요. … 막상 부탁하거나 해 달
라고 하는 것은 별로 하고 싶지 않은 것이 제 성향인 것 같아
요. 그리고 아무튼 그건 것 같아요. 시키는 것에 대해서는….

부 인: 전에 살던 집이 통풍이 안 돼서…. 자기가 청소를 맡았기 때문
에 자발적으로 한 편이고 그래요.

남 편: 처음 시발점은 시킨 것이 아니라 제가 자발적으로 제가 하겠
다고 했거든요. 그것은 관점의 차이라고 생각해요. 이사를 오
면서 집이 넓으니까 몸도 약한데 내가 청소를 해야지 덜 힘들
겠구나! 그런 생각에서 한 거지. 그런 것 같아요.

상담자: 남편은 이제까지 시켜서가 아니라 부인을 생각해서 체력이
튼튼하지 않으니까 도와야겠다는 마음에서 그렇게 했다는 생
각이 드네요.

부 인: 어쨌든 자기 입으로 하겠다고 약속은 한 거잖아요. 그래서 미
루는 것에 대해서는 그냥 기억이 없다. 이런 생각이 들어요.

상담자: 그 부분에 대해서 부인이 많이 힘드셨겠다는 생각이 들어요.

남 편: 거기에 대해서 미안해!

상담자: 부인을 좀 안아주시고, 내가 앞으로 금방은 잘 안 되겠지만
이제 잘 할 수 있겠다는 말을 한 번 나눠보세요.

남 편: 그래 금방은 안 되겠지만 그래도 변하고 있고 앞으로도 잘 변
할 수 있을 것이라고 생각을 하고 있고……. 몇 번을 현관 앞

까지 가득 채워 놓고 들어오자마자 그거 버렸어? 학원에서 힘

들게 왔는데, 거기에 대고 버렸냐고 하지 말고, 또 방은 널브러

져 있지! 그래도 내가 다 했잖아. 나는 필요성에 의해 다 한다

니까?

부 인: 나는 나름대로 꺼내기 힘드니까 현관 앞에다 놓은 거야. 근데

진짜 싫었겠다.

남 편: 그렇지! 힘들게 왔는데 거기에 대고 그러면.

부 인: 다음부터는 안 꺼내 놓을 게!

제 8회기(정서중심 부부치료 제3기)

8회기는 제3기 강화와 통합의 단계로 치료를 종결하는 것에 대한 약간
의 두려움이 있었지만 부부는 자신들의 변화를 긍정적이고 소중하게 생각
하였다. 상담과정에 대하여 부부는 자신들의 마음을 편안하게 털어 놓을
수 있게 해 준 것이 상담에 도움이 되었고, 서로를 점차 이해할 수 있었다
고 하였다. 부인은 남편과 이야기하다 보면 다투게 되는데 상담과정에서
두 사람이 충분히 이야기를 함으로써 남편의 마음을 이해할 수 있었다고
했다. 특히 남편이 속마음을 말하고 상담자가 재연을 부인과 남편에게 직
접 표현하게 할 때, 서로의 진심을 느낄 수 있게 되었다고 하였다. 오랫동
안 표현하지 못했던 것을 서로 표현하는 재연의 과정을 잘 진행할 수 있었
던 것은 긍정적 치료적 동맹이 형성되었음을 반영하였다. 부부는 상담자가
자신들의 고충과 아픔을 진지하게 공감해 주고 인정해 주는 과정에서 회복
할 수 있는 힘을 얻었다고 하였다. 이런 점에서 부부의 정서에 접근하여 부

정적 정서를 단계적으로 약화시키는 제1기의 과정이 부부 관계를 회복하는 데 매우 중요한 기초가 된다.

〈사 례〉

남　편: 그러니까 어제는 제가 숙제를 내는 날이었어요. 그저께는 몸이 굉장히 안 좋더라고요. 그래서 제가 할 것을 하고 그 다음에 깨웠어요. 그런데 아침에 하겠다고 해서 놔뒀거든요. 일어나서 했나 봐요. 학교에 갈 시간이 다 되었는데 5분만 더 이야기를 하더라고요. 거기까지는 제가 인정을 해 줬어요. 사실 그때도 시간이 촉박했는데 그래도 인정을 해 줬는데 그 후에도 일어나지 못하는 거예요. 답답한 ㅁ·음에 제가 빨리 일어나라고 잡아끌고 하는 과정에 아이도 늦잠을 자서 아이도 빨리 준비를 시켜서 데리고 나가야 되는데 제가 요구한 준비가 하나도 안 된 거예요.

상담자: 네. 그러셨군요.

중　략:

남　편: 그런데 제가 요구한 것이 하나도 안 된 거예요.

상담자: 정말 답답한 마음이 있었겠네요.

남　편: 네. 답답한 마음이 있었죠. 그런데 결론이 저한테 고무적이었던 거라면 아마 이것이 하루 이틀 더 갔을 거예요. 제가 굉장히 소심하고 마음에 담아 두는 편이라서 계속 생각을 했을 거예요. 그죠? 예전 같았으면 진짜 그랬을 것 같아요. 그런데 와서 제가 막 감정 표출로 화를 좀 내고 차에서 내려서 수업시간에 들어가기까지 해결을 했어요.

상담자: 어떻게 해결을 하셨어요?

중 략:

남 편: 이제는 말로 표현하므로 해결이 되고 거기에 대해서 정당한
　　　 사과를 받아내고 얘기를 하니까 좋아진 것 같아요.

부 인: 전에는 사과를 해도 안 받아 줬는데 사과를 받아 주고.

남 편: 어제 사건은 진짜 오래갔어요. 원래대로라면 그랬을 것 같아
　　　 요.

부 인: 시간이 단축되고 그리고 예전에는 꼬리를 물면서 화를 키웠
　　　 는데 딱 단절을 하고 그러지 말자고 하니까.

상담자: 남편이 너무 대견하게 느끼시는 것 같네요.

부 인: 네.

상담자: 그러면 어떻게 말해 주고 싶어요?

부 인: 다음에도 더 단축해 주세요. 진짜 그러면 진짜 힘들거든요.
　　　 아무리 내가 잘못을 했어도 도망갈 수도 없고 진짜 그랬는
　　　 데…….

남 편: 알겠더라고요.

부 인: 진짜로 사과를 받아 줘서 고맙고 그리고 자기 생각을 자기가
　　　 조절을 하니까 존경스러워! 진짜 그것은 쉽지 않잖아.

상담자: 존경스럽다는 말을 들으니까 어떠세요?

남 편: 더 해야겠네요.

중 략:

남 편: 예전에는 부부였지만 뭔가 서로 감추고 있다는 느낌이 있어
　　　 서 약간 불편했다면 지금은 편하고 그런 것 같아요.

상담자: 그렇군요. 부인이 마음을 완전히 오픈을 해 주니까 훨씬 더
　　　 좋아지고 편했다는 거네요. 두 분이 그 이야기를 한 번 해 보

시겠어요?

남　편: 나한테 감정을 솔직하게 이야기를 해 주니까 좋았고 앞으로도 해 줬으면 좋겠고 그렇게 해야 내가 좀 아는 것 같아. 알아주기를 원하지만 둔감해서 잘 모를 수도 있으니까 그럴 때는 말을 해 주면 알아차릴 수도 있고 하니까 이것은 부끄러운 것이 아니니까. 이야기를 해 주면 좋을 것 같아. 상담을 통해서 많이 가까워져서 고마워!

부　인: 나도 감추지 않고 누르지 않고 바로바로 얘기할 수 있어서 좋고 답답했던 것들이 해소가 되어서 좋고 또 자기가 변하니까 좋고 점점 좋아지고 있고 앞으로 더 변할 것이라는 믿음이 생겨요.

5) 사례 2

결혼 8년 된 부부로 36세인 남편은 OO교회 전도사로 사역하고 있고, 나이가 세 살 어린 부인은 전업 주부로 여섯 살, 네 살, 3개월 된 세 자녀의 양육을 전담하고 있었다.

두 사람은 공동체에서 좋은 감정을 가져 1년간 연애하여 결혼하였다. 남편과 부인은 결혼 후 시댁과 친정근처에서 생활하면서, 남편은 잦은 가족모임의 참석에 불편을 느꼈고, 부인은 시어른을 섬겨야 한다는 부담감이 있었다. 부인은 남편과 자녀 교육방법의 견해 차이에서 겪는 양육 스트레스와 지나친 경제적 관여로 힘든 시간을 보냈고, 이로 인하여 종종 갈등이 심화되기도 하였다.

또한 부인은 무관심한 남편의 태도와 또 위로와 격려의 대화보다 문제를 처리하는 입장에서 건네는 상투적인 말에 상처가 되기도 하였다. 남편은 자녀 훈육시 믿음을 가지고 따라오지 못하는 부인의 태도가 만족스럽지 못하였고, 퇴근하여 돌아온 남편에 대한 부인의 적극적인 지지가 없는 것과 남편의 애정 표현을 잘 받아 주지 않는다고 불만스러워 하였다. 부인은 사람보다 약속에 우선순위를 두는 남편의 태도에 답답함을 느꼈고, 집안에서 자녀 양육의 고초를 알아주지 못하는 남편에게 서운한 감정이 있었다. 남편과의 대화에서 자신의 의견을 제시할 때 주도적인 남편의 태도에 자신이 무시당하는 것 같아 힘들었다고 한다.

이런 관계로 인하여 시간이 지나면서 불만이 쌓여 부부 사이에 대화가 사라졌고, 생활에 필요한 일상적인 대화 이외에는 별 반응하지 않는 전형적인 불화 부부의 양상을 드러내고 있었다. 부부는 상대 배우자가 바뀌어야 한다는 생각이 강했고 초기에는 남편이 상담에 좀 더 많은 관심을 보였으나 후에는 두 사람 모두 상담에 적극적인 태도를 보였다.

<표3> 상담사례 2

구분	과제	사례2	상담자
1.2회기	치료적 동맹과 애착의 관점에서 부부의 갈등 확인	자녀 훈육 방법의 의견 불일치와 지나친 양육개입의 스트레스 상대방과의 대화에 무관심한 태도와 무감각함 애정표현에 대한 불만 의사소통의 문제	공감적 반영, 인정, 공감적 추측 공감적 반영과 인정을 통해 문제를 개인의 잘못이 아닌 관계의 문제로 재정의
3회기	부정적 상호작용 고리 확인	남편: 상황에 따른 변화 힘들어함 부인: 인정받지 못함, 무시당하는 듯한 느낌	공감적 반영 및 추측
4회기	문제를 부정적 고리, 내재된 정서 및 애착 욕구의 관점으로 재구성	애정에 대한 상처, 거절감 위로, 관심의 욕구 인정받고 싶은 욕구	공감적 반영, 인정, 강조

5회기	감춰진 애착 정서, 욕구 및 자신의 이면을 드러내어 관계에 통합	거절에 대한 두려움: 요구 못함(소중함) 관계에 대한 두려움: 모임참여 불편	부정적인 고리 이면의 정서에 다가가기
6회기	상대배우자의 경험과 새로운 상호작용 반응을 수용	반응하지 않아 무시당한 느낌, 집안 살림의 고충을 인정받기를 원함. 남편의 변화 인정.	새로운 정서 확인하고 인정, 자신의 약점을 표현, 무시되어 온 욕구를 상대방에게 인정받음
7회기	욕구와 욕망을 표현, 정서적 교류 유도, 애착 재구조화	통보가 아니라 결정하기 전에 의견을 물어달라는 요구에 반응하여 교류함	위축자의 재개입, 비난자 순화하기
8회기	애착 행동에 대한 새로운 태도와 고리 강화	예전의 공격적인 대화가 아니라, 무언의 호응에 고마움을 표현, 그런 반응을 요구함, 그렇게 노력하겠다는 표현으로 긍정적 고리 강화됨	강화와 통합

제 1 · 2회기(정서중심 부부치료 제1기)

상담 1 · 2회기에서는 부부의 문제와 상호작용 고리의 약화를 위하여 치료적 동맹을 형성하고 애착의 관점에서 부부 갈등 문제를 확인하는 것에 중심을 두었다.

부부는 자녀양육에 대한 의견 불일치와 지나친 양육개입에 대한 스트레스와 상대 배우자의 대화에 무관심한 태도와 무감각함, 애정표현에 대한 불만 그리고 의사소통의 문제 등이 부부관계의 상호작용을 차단함으로써 갈등의 요인이 되었다. 남편의 지나친 자녀 양육의 개입으로 어머니의 역할까지 상실된 듯한 통제된 자녀양육 방법으로 인한 스트레스가 부인을 힘들게 하였다.

특히 부인의 의사를 고려하지 않은 남편의 일방통행식의 통보와 대화

내용의 선택적인 기억과 무감정한 태도로 인하여 관심 밖의 존재로 밀려나는 듯한 무가치함이 누적되어 더욱 더 스트레스를 가중시켰다.

또한 부인은 남편과 원활하지 못한 의사소통으로 표현을 억압받아 왔다. 즉 남편은 부인의 일에 무관심하고 별 반응이 없어 이야기가 단절되었지만, 오히려 남편은 아내가 무뚝뚝하다는 불만을 나타내는 등 부정적인 상호작용 패턴이 서로를 힘들게 하였다.

남편은 자녀의 양육에만 매달려 자신의 애정표현을 받아주지 않는 것에 전적인 불만을 표출하였다.

이런 부정적인 고리가 부부 불화의 원인으로 작용하여 서로에게 배려와 관심이 부족하다고 느끼는 불안정한 애착상태로 부부의 안정적 결합을 위협하게 되었다. 필자는 부부에게 공감적 반영과 추측, 인정을 통하여 문제를 상대배우자의 잘못이 아닌 관계의 문제로 재정의함으로써 상담을 진행하였다.

〈사 례〉

부 인: 잘 안 들어 주니까 저는 잘 이야기를 안 하게 되고 중요한 부분만 이야기하게 되죠. 누구 생일이다. 무슨 날이다. 이런 것들만 이야기하고 자세한 것들은 이야기 안 해요.

중 략:

남 편: 저는 제가 자상 한 것 같고 또 저는 아내가 무뚝뚝하다는 생각이 들어요. 뭐를 이야기를 하라고 하면 잘 안 해요.

부 인: 그것이 별 반응이 없으니까 이야기를 안 하게 되는 거죠. … 중략…. 예를 들어 저희 교회 어떤 선생님을 섭외해서 준비하는 이야기를 들었는데 나중에는 제가 뭐라고 물어봤더니 본인

은 정작 이야기를 안 했으면서 제가 다 알고 있는 것처럼 그
냥 한다고 그랬잖아! 이렇게 이야기를 해 버리더라고요. 저는
들은 적이 없는데요. 그러고 저는 직접 들은 것이 없고 옆에서
전화 통화만 들었거든요. 그런 식으로 해 버려요.

중 략:

상담자: 두 분 모두 이런 부분이 힘들었겠군요. 다 이야기한 것처럼
　　　　한다는 사모님의 이야기를 들으니까, 남편은 어떤 느낌이 드
　　　　세요?

남　편: 그랬구나! 하는 마음이 들고요. 저는 이야기를 잘 안 하는 스
　　　　타일이라서 물어보면 이야기를 안 해요.

상담자: 두 분의 입장이 이해됩니다. 제가 듣기에는 두 분이 관계하는
　　　　방식 속에서 서로를 힘들게 하는 부분이 있는 것 같네요. 남편
　　　　은 부인이 좀 더 부드럽게 대해 줬으면 좋겠는데 무뚝뚝한 것
　　　　에 불만스럽고, 부인은 관심과 반응을 보이지 않아 화가 나서
　　　　이야기를 하지 않게 되어 속상하다는 느낌이 드네요.

제 3회기(정서중심 부부치료 제1기)

　　2단계 3회기에서는 애착 불안정과 관계 불화를 지속하게 하는 파괴적인
상호작용 고리를 확인하는 과정이다. 남편은 생활에 필요한 일상적인 대화
외에는 별 반응을 하지 않고, 자녀 양육의 도움 요청에도 자신의 사이클에
맞지 않으면 잘 도우려고 하지 않았다. 오히려 자신은 많은 도움을 주었지
만 부인이 만족을 못하고 있는 것으로 생각하였다. 부인은 남편이 학교생

활과 교회사역의 일을 알려 주면 서로 공유하고 싶지만 말을 잘하지 않아서, 정작 아이들 병원 방문과 같은 급한 일에도 평소에 전화통화를 잘 하질 않는 남편의 스타일을 알기에, 문자만 보낸다고 하였다. 가끔 밖에서 영상통화를 할 때 잘 마무리도 않고 끊어 버릴 경우, 인정받지 못하고 무시당하고 있다는 느낌이 들었다고 하였다. 부부의 부정적 고리는 남편 자신이 틀을 벗어나는 것에 대한 두려움과 가장 필요한 사람으로부터 거절당하는 것에 대한 두려움이 작용하여 부부의 상호작용을 제한하고 있었다. 필자는 치료적 동맹을 강화하기 위하여 상담시간을 지키고 내담자를 존중하였고, 진실하게 내담자를 수용하는 느낌을 갖게 하기위하여 공감적 조율을 하였다. 또한 공감적 반영과 추측으로 부부의 정서적 경험과 반응의 표현을 과정에 초점을 맞추고 인정해 주어, 불화의 원인은 상대 배우자가 아니라 관계 방식에 통합시켰다.

〈사 례〉

부 인: 도와 줄 때는 또 도와주는데 그냥 자기 할 일만 해요. 아이들이 놀고 있을 때 저는 밥을 차리느라 바쁜데 아이들에게 책이라도 읽어 준다든가 하면 아이들이 덜 떠들고 시끄럽게 안 하잖아요.

상담자: 네, 그렇게 생각이 드시는군요!.

부 인: 책이라도 같이 읽어 주고 하면 좋은데 계속 컴퓨터하고 있어요.

상담자: 네. 바쁠 때 아이들을 돌봐주면 분주하지 않았을 텐데, 도움을 받지 못해 속상하시다는 것이군요. 어떻게 부인의 이야기 들어보시니까 어떤 느낌이 드세요?

남 편: 그러네요. 그것을 이해 못 하는 것은 아닌데요. 저는 제 사이
클이 있거든요. 그 사이클이 흐트러지면 제가 흐트러져 버리니
까요. 저는 수시로 시간 체크를 중간 중간에 하는 편이에요.

중 략:

남 편: 그래서 몸이 좀 안 좋다하면 30분이라도 잠을 자야지 안 그러
면 계속 처지는 스타일이에요. 그래서 저는 공부를 하든지 뭐
를 하든지 졸리면 일단은 자고 그 다음에 하는 스타일이거든
요.

제 4회기(정서중심 부부치료 제1기)

필자는 3단계 4회기는 문제를 부정적 고리, 내재된 정서 및 애착 욕구의
관점으로 재구성하여 부부의 정서적 박탈과 불화의 원인이 되는 것은 상대
배우자가 아니라 부정적 고리가 공공의 적이라고 개념화 하였다. 4회기까
지 상담자의 공감적 태도와 다양한 개입기법을 통하여 부부와 치료적 동맹
이 강해졌고, 부부는 자신의 마음을 점점 배우자 앞에서 더 많이 나타내게
되었다.

상대방이 표현할 때 자신의 생각과 달랐기 때문에 다른 모습을 보이기도
했지만, 그때마다 상담자는 그런 태도 이면에 있는 정서 반응에 접근하였고
화를 내거나 예민하게 보이는 반응은 점차 줄어들었다. 또한 남편은 애정
표현을 원해서 다가갔는데 부인은 예민해졌고, 그래서 점점 이런 이야기로
두 분이 다가가는 것이 힘들게 된 것을 고리라고 개념화 하였다.

그리고 두 분의 관계를 살펴보면 부인은 크게 잘못을 해서 사과하기보

다는 관계회복을 위해서 먼저 다가갔고, 남편은 다툼이 있을 때 본인은 말하지 않아도 불편하지 않았기 때문에 사과하지 않았어요. 그러다 보니 부인은 다툼이 있을 때마다 먼저 사과해야 하는 상황이 되었고, 부인만 사과해야 하는 상황이 힘들고 화가 났고, 그래서 점점 이런 이야기로 두 분이 다가가는 것이 힘이 들게 되었다고 고리를 개념화 하였다.

〈사　례〉

남　편: 저는 이야기를 안 해도 그냥 넘어가니까요.

부　인: 괜찮아요.

상담자: 괜찮다고 생각하시는군요. 그래서 자꾸 반복이 되는 것 같군요. 왜냐하면 남편이 불편하면 부인에게 와서 이야기를 하면 해결이 되고 아무런 문제가 안 돼요. 그런데 부인은 "내가 좀 잘못을 했다 하더라도 내가 이야기를 하나?" 남편이 "여보 어떻게 했어. 그 때 좀 기분이 나빴지?" 한 마디만 해 주면 싹 풀리는 거잖아요. 그죠? 그런데 그렇게 싹 풀릴 것인데 남편이 그것에 대해서 마음을 못 읽어주는 거지요. 마음을 읽어줘서 말을 한 마디 해 주면 내게 있었던 것이 눈 녹듯이 싹 녹아 버릴 텐데 그 이야기를 터치를 안 해 주고 가만히 계시는 거예요. 그런데 남편께서는 이야기를 안 하고 가만히 계셔도 그 부분에 대해서 불편하지 않으세요. 그러니까 부인이 지금 이것 때문에 고민하고 있겠다! 라는 것을 느끼시지 못하는 거죠. 맞나요?

남　편: 네.

상담자: 네. 그러시니까 부인이 그것에 대해서 불편하다는 것을 못 느

끼시고 계시니까 여기서 이야기를 안 한 거예요. 그 이야기를
들으니까 어떠세요?
부　인: 뭐를 잘못을 했든 안 하든 다투고 나서 먼저 와서 이야기를
한 적이 거의 없어요.

제 5회기(정서중심 부부치료 제2기)

제4단계 5회기에서는 제1기의 부정적 고리의 단계적 약화가 끝나고 상
호작용의 변화가 나타났고, 정신내적인 문제를 다루기 시작했으며, 상담자
는 부부가 감추어지고 드러나지 않았던 애착 욕구와 두려움을 표현하고 격
려할 수 있도록 도와주었다. 필자는 남편이 처가 식사모임 참여를 불편해
하는 것이라기보다, 관계에 고통스러움을 느끼는 것으로 정서를 대인관계
적인 면으로 확장하였다. 부인은 위축적인 태도를 보이고 남편은 비난적인
반응을 하면서 부정적인 고리에 갇혀 있던 부부가 4회기를 거치면서 부정
적 고리의 단계적 약화가 끝나고 그래서 부부간의 격렬한 반응은 회기 안
에 줄어들었다. 5회기에 접어들면서 서로가 변화되고 있음을 인식하면서
도 일상생활 가운데서는 여전히 서로 나누기가 어색하고 힘들었다. 회기
중에 와서는 안전한 장소로 인식되어 점점 자신의 감정을 늘리고 배우자의
정서에 귀 기울이기 시작하였다.

〈사　례〉

부　인: 그냥 전에 그런 적이 많았는데, 저 혼자 아이들 데리고 어디가

있을 때 집에 가기 전에 데리러 오라고 하면 못 간다고 그러
고, 집에 와 보면 자고 있을 때도 많았고, 아이들 데리고 집에
올라오면 반갑게 맞아 주는 것도 아니고, 그런 적이 있어서 그
런 것이 계속 반복되다 보니까 그냥 오라고 하는 것도 미안하
고 그래서 이야기를 많이 못했어요. 그런데 오라고 하면 와줬
으면 좋겠어요.

남 편: 내 사랑하는 아내의 속마음을 참 못 읽고 마음을 아프게 해서
너무나 죄송하고요. 앞으로 쏜살같이 달려가도록 하겠습니다.

제 6회기(정서중심 부부치료 제2기)

제5단계 6회기는 상대배우자의 경험과 새로운 상호작용 반응을 수용하
는 과정으로 부인은 집안 살림을 중요하게 생각하지 않는 남편에게 집안 살
림의 고충을 인정받기를 원했고, 남편의 새로운 변화를 수용하였다.

〈사 례〉

남 편: 저는 아내가 많이 수고하고 있다는 것은 아는데 표현을 못 하
는 것 같아요. 그래서 와서 내가 도울 수 있는 부분을 도우면
그것이 도와주는 것이라고 생각을 했던 것 같은데 말 한 마디
가 정말 중요하구나! 이런 것을 잘 못 느꼈던 것 같아요. 수고
했고요! 내가 신뢰가 안 가고 그런 것 때문에 그런 것이 아니
고 참 귀담아 들어야 되는데 그런 것에 잘못해서 너무 미안하

고 눈물을 계속 흘리게 해서 너무 미안해요.

제 7회기(정서중심 부부치료 제2기)

변화의 중요한 계기가 되는 6단계가 7회기의 욕구와 욕망을 표현하게 하여 정서적 교류가 일어나고, 위축자 재개입과 비난자 순화가 진행되었다. 7회기에 부인이 용기를 내어 남편에게 다가가면서 남편의 태도가 변화되었다. 이후 비난자인 남편에게 느끼고 있던 실망감과 또 결정한 후 통보하는 것에 대하여 표현을 하면서 비난자 순화과정을 밟게 되었다. 초기에 남편은 정서적으로 철회하고 부인의 접근을 허용하지 않았으나 부인의 재개입 과정을 지켜보면서 차츰 정서적 교류를 확대해 갔다.

〈사 례〉

부 인: "이것이 아니면 저것이 아니라 어떻게 할까?"라고 물어봐 주
　　　면 좋겠어요.
남 편: 그렇게 할게요.

제 8회기(정서중심 부부치료 제3기)

7단계 8회기는 애착 행동에 대한 새로운 태도와 고리강화 과정으로 특히 안정적으로 의사소통을 하면서 긍정적인 고리가 강화되었다. 남편의 경우 예전의 공격적인 대화가 아니라, 긍정적 고리가 강화되어 무언의 호응을 하는 단계로 변화되었다. 정서 경험과 상호작용이 확대된 후 강화와 통합이 이루어져 부인은 그런 반응을 요구했고, 남편은 노력하겠다는 표현으로 반응을 하여 고리가 강화되었다.

마지막 회기로 부부는 치료의 종결에 대한 약간의 두려움을 표현했으나 상대 배우자의 변화를 수용하고 긍정적으로 인식하였다. 초기에 부인은 상대방의 대화에 무관심하고 무감각한 의사소통에 무시당하는 느낌을 가졌다고 했으나, 상담과정을 통하여 정서경험과 상호작용이 확장되어 경험을 인정받고 지지받음으로써 관계 회복을 확신할 수 있었다고 한다. 관계 회복에 필요한 재연의 과정에 상담자의 지시에 적극적으로 따랐던 것은 초기에 긍정적인 치료동맹이 형성되었음을 반영해 주었다. 남편은 초기에 어떻게 반응해야 할지 몰랐고, 약간 혼돈스러운 부분도 있었지만 계속적인 지지를 통하여 긍정적인 고리가 형성되어 긍정적 정서교류로 안정적인 애착과 결합을 이루었다.

〈사 례〉

남　편: 뭐가 좋아졌지요?

부　인: 제가 어떤 주제를 꺼내서 이야기를 하잖아요. 그러면 전에는 이렇게 막 그것에 대해서 좀 부정적인 것은 아닌데 약간 공격적으로 대화가 되었잖아요. 그런데 말이 없어도 좋게 받아들인

다는 느낌들이 있어서 그냥 웃고, 그래도 받는 느낌은 좋은 것

같아요.

중 략:

부 인: 위로나 무슨 어떤 말을 바래서 이야기한 것이 아니라 제 속마

음을 이야기를 했던 것인데 그것에 대해서 반박을 하지 않고

그런 무언의 호응을 해줘서 고맙고 다음에도 한 박자 쉬고 반

응을 보여 줬으면 좋겠어! 거기에다 더해서 무슨 말이 오고가

면 좋겠어!

남 편: 네. 그러도록 노력을 하겠습니다. 어제는 제가 안타까웠던 것

은 이 이야기를 들어 제가 캐치를 했다고 생각을 했는데 그 다

음 이야기를 뭘 해야 할지를 모르겠더라고요.

6) 상담 전-후 평가(결혼만족도 검사)

〈표4-1〉 결혼만족도 검사결과-사례1

사례1					
남편			부인		
구분	1차	2차	구분	1차	2차
비일관적 반응	47	43	비일관적 반응	57	45
관습적 반응	56	63	관습적 반응	58	78
전반적 불만족	44	42	전반적 불만족	45	40
정서 의사소통 불만족	52	36	정서 의사소통 불만족	51	34
문제해결 의사소통	49	33	문제해결 의사소통	54	35
공격행동	47	42	공격행동	40	40
공유시간 갈등	49	36	공유시간 갈등	51	36
경제적 갈등	48	52	경제적 갈등	59	51
성적 불만족	37	37	성적 불만족	51	41
비관습 성역할 태도	62	66	비관습 성역할 태도	61	61
원가족 문제	40	36	원가족 문제	49	49

배우자 가족갈등	41	41	배우자 가족갈등	40	40
자녀 불만족	46	38	자녀 불만족	47	38
자녀양육 갈등	53	41	자녀양육 갈등	66	36

남편의 결혼 만족도 검사 결과, 치료 이전과 이후 대부분의 영역에서 매우 호전된 결과를 보였으며, 전반적인 불만족도 감소의 정도가 부인의 경우보다는 적으나 여러 영역에서 많은 감소를 보여 치료 후 부부관계에 대한 만족도가 상승한 것으로 나타나고 있다. 특히 정서적 의사소통과 문제해결 의사소통, 공유시간 갈등, 자녀양육 갈등이 현저하게 줄어든 것으로 나타나, 치료 후 부부간의 부정적인 의사소통 방식이 감소하고, 보다 만족스런 상호작용과 의사소통이 이루어지고 있는 것으로 나타났다. 즉 정서 의사소통 불만족의 현저한 감소는 부부관계 및 결혼생활에서 매우 행복하고 만족스럽다고 느끼며, 또 안정적인 애착으로 상대배우자를 지지적인 사람으로 생각함으로써 배우자가 자신을 잘 이해해 주는 친한 친구처럼 생각하여 친밀감을 느낀다. 그러므로 배우자와 긍정적인 감정을 나누고, 친밀감을 공유할 뿐만 아니라 두 사람 사이의 갈등도 함께 나눌 수 있다.

그 외에 자녀 불만족, 공격행동 등이 감소한 것으로 나타나 부부 문제가 해결됨에 따라 그 이외의 다른 영역이나 가족 관계도 함께 호전되는 결과를 나타내었다. 비관습적인 성역할 태도가 상승하여 남편과 아내의 역할에 대한 융통적인 태도, 즉 가사나 양육을 돕고 부인과 결정권을 공유하고 상의하는 관계 구조로 변화되어 가고 있는 것으로 나타났다.

그러나 경제적 갈등에 대한 부분은 상담 후에도 약간 높은 점수를 보여 여전히 배우자가 경제적 자원을 잘 다루지 못한다는 불만은 여전히 남아 있는 상태로 나타났다.

부인의 결혼만족도 검사 결과, 치료 후 전반적인 불만족도가 감소된 것으로 나타나 치료 후 부부관계에 대한 만족도가 상승한 것으로 나타나고 있다. 남편의 경우와 마찬가지로 정서적 의사소통과 문제해결 의사소통 공유시간 갈등 등이 현저하게 줄어든 것으로 나타났다. 즉 부부 관계를 통하여 정서적 경험과 반응을 표현하여 부정적 정서를 처리해 줌으로써 정서 경험과 상호작용이 확대되어 안정적 애착과 결합으로 배우자의 지지와 친밀감을 느끼는 것으로 나타났다. 그 외에 경제적 갈등, 성적 불만족, 자녀 불만족, 자녀양육 갈등이 현저하게 줄어들어 남편과 자녀양육 방식, 경제권의 불만족감에 대한 스트레스가 완화되었다. 이것은 남편의 경우와는 약간의 차이를 보였다. 다만 배우자 가족갈등과 원가족 문제는 치료 전과 후 별다른 변화가 없는 것으로 나타났다.

〈표4-2〉 결혼만족도 검사결과―사례2

사례2					
남편			부인		
구분	1차	2차	구분	1차	2차
비일관적 반응	35	31	비일관적 반응	61	45
관습적 반응	49	46	관습적 반응	39	51
전반적 불만족	48	46	전반적 불만족	52	47
정서 의사소통 불만족	64	55	정서 의사소통 불만족	56	42
문제해결 의사소통	66	58	문제해결 의사소통	63	50
공격행동	37	37	공격행동	44	40
공유시간 갈등	70	60	공유시간 갈등	55	51
경제적 갈등	78	70	경제적 갈등	51	40
성적 불만족	69	69	성적 불관족	55	55
비관습 성역할 태도	54	54	비관습 성역할 태도	42	46
원가족 문제	62	57	원가족 문제	37	41
배우자 가족갈등	45	41	배우자 가족갈등	40	40
자녀 불만족	38	42	자녀 불관족	47	42
자녀양육 갈등	62	57	자녀양육 갈등	62	56

남편의 결혼만족도 검사 결과, 전반적인 불만족 감소의 정도가 부인의 경우만큼 현저하지는 않으나 여러 영역에서 많은 감소를 보여 치료 후 부부 관계에 대한 만족도가 상승한 것으로 나타나고 있다.

부인의 경우와 마찬가지로 정서적 의사소통과 문제해결 의사소통 불만족, 경제적 갈등 등이 현저하게 줄어든 것으로 나타나, 치료 후 부부간 상호작용과 의사소통을 이전보다 만족하게 느끼는 것으로 나타났다.

하지만 아직도 종종 배우자의 애정표현이 적어 불만족해 하고, 불안정한 애착으로 배우자를 지지적인 사람으로 여기지 못함으로써 친구처럼 친밀감을 느끼기가 다소 어려운 것으로 나타났다. 배우자와 긍정적인 감정을 나누고, 친밀감을 공유하여 두 사람사이의 갈등을 해결 할 수 있는 방법을 모색하려고 애를 쓰는 상태로 호전되고 있음을 나타냈다. 하지만 경제적 갈등과 성적 불만족, 원가족 문제, 공유시간 갈등, 자녀양육 갈등은 여전히 남아 있는 것으로 나타났다.

부인의 결혼만족 검사 결과, 치료 전보다 치료 후 대부분의 영역에서 매우 호전된 결과를 보였으며 전반적인 불만족도가 감소하여 치료 후 부부관계에 대한 만족도가 상승한 것으로 나타나고 있다. 남편의 경우와 조금 달리 정서 의사소통 불만족과 문제해결 의사소통, 경제적 갈등이 현저하게 줄어든 것으로 나타나 치료 후 부부간 상호작용과 의사소통을 만족스럽게 느끼는 것으로 나타났다. 즉 정서 의사소통 불만족의 현저한 감소는 부부관계 및 결혼생활이 매우 행복하고 만족스럽다고 느끼며, 안정적인 애착으로 배우자를 지지적인 사람으로 생각함으로써 배우자에게 친한 친구처럼 친밀감을 느낀다.

또한 배우자와 긍정적인 감정을 나누고 공유하여 두 사람간의 갈등도 쉽게 공유하는 것으로 나타났다. 특히 관습적 반응의 증가는 이전의 부부관계의 부정적이고 무감정적인 태도에서 벗어났다는 것을 나타낸다. 이런 부분은 남편과 매우 상이한 점으로 볼 수 있다. 그 외 공격행동, 공유시간 갈등도 약간의 감소세를 보였다. 다만 자녀양육과 부부간의 성적 불만족과 관련한 문제의식과 개선에 대한 욕구는 해결되지 못한 채 아직 남아 있는 것으로 나타났다.

7) 목회적 적용

갤런드는 그리스도인의 부부관계는 두 가지의 원동력을 기초로 하고 있다고 하였다.[77] 첫째는 배우자 개개인의 하나님과의 직접적인 관계와 부부로서 하나님으로부터 함께 받은 소명을 의미하는 수직적 원동력이며, 둘째는 배우자들간의 친밀한 관계를 의미하는 수평적 원동력이다. 수직적 원동력과 수평적 원동력은 서로를 강화해 주고, 이 둘은 어떤 쪽도 다른 쪽의 지원 없이는 오랫동안 지속될 수 없다. 그러나 포스트모던 시대를 살아가는 현대인들의 부부관계를 살펴보면 이와는 다른 모습이다. 부부가 둘이 연합하여 한 몸을 이루어 아름다운 가정공동체를 이룩해야 함에도 존중과 신뢰를 져버리고 부부의 불화관계로 서로에게 상처를 주고 고통스럽게 하였다. 또한 믿음의 가정 공동체 안에서조차도 서로에 대한 사랑을 나눌 마음의 여유와 시간조차 없었고, 삶의 고통스러웠던 부분들이 고스란히 부부에게 그대로 전달되어 마음의 무거운 짐과 상처로 남게 되었다.

그러나 성경 전체에 흐르는 중심 주제인 하나님과 인간 사이의 친밀한 관계에 바탕을 두면서, 불화 부부의 치료모델인 정서중심 부부치료를 부부 관계에 적용할 때 부부의 경직된 정서적 경험과 상호작용이 확장되어 서로 존중하고 지지함으로써 부부 관계가 회복된다. 필자는 불화 관계에 있는 부부에게 정서중심 부부치료를 적용한 결과 다음과 같은 사실들을 알게 되었다.

먼저, 정서중심 부부치료를 통하여 서로의 감추어졌던 애착 욕구와 정서를 표현하게 함으로써 상대 배우자의 마음과 생각을 새롭게 알 수 있는 기회를 가질 수 있었다. 둘째, 억압해 두었던 정서를 표출함으로써 부부 관계의 상호작용이 활발하게 일어나 새로운 시각으로 상대 배우자를 바라보게 되었다. 셋째, 정서적 교류가 원활하게 일어남으로써 위축되었던 자가 재개입을 하게 되고, 비난하던 자가 순화되는 새로운 정서적 경험을 하게 되었다. 그래서 서로를 인정하고, 수용함으로써 눈에 띄는 관계의 회복이 일어나게 되었다. 특히 정서중심 부부치료는 애착의 욕구와 정서 그리고 일차적 정서를 보웬의 모델에서처럼 미분화된 병리적 현상으로 보질 않고, 이런 욕구를 건강하고 적응적인 반응으로 봄으로써, 내담자에게 긍정적 반응을 가지고 접근할 때 치료효과가 더욱 증대되었을 뿐 아니라, 상대 배우자에게 새로운 시각을 갖는 교정적 경험도 가지게 되었다.

오늘날 개인주의화의 영향으로 기독교 가정공동체 안에서도 부부의 갈등과 부부의 불화가 날로 증가하고 있는 이때에 정서중심 부부치료 치료모델을 교회안의 성경 공부, 부부 학교, 소그룹 등에 적용하여 부부 관계 프로그램을 개발한다면 기독교 가정을 세우고 부부 관계를 회복시켜 가는 좋은 프로그램이 될 것이다. 특히 성경적인 부부 관계에 관한 신학적 정립은 한국 교회의 기독교 가정이 올바로 정착되기 위해서 가장 선행되어야 할 작업이다. 즉 한국 교회에서 부부 관계가 올바로 정착되기 위해서는 유교적 가부장적 가정 윤리가 성경적 가정 윤리로 대치되어야 할 것이다. 그러한 변화를 위하여 한국 교회 목회자들이 올바른 가정 신학을 정립하여 교인들에게 가정생활에 관한 성경말씀을 바르게 가르쳐야 한다.

기독교 가정 수립은 부부 관계에서 남녀 평등과 상호성이라는 성서적 기초에서 지금까지 왜곡된 사고와 문제의 구조를 바로 집에서부터 시작해야 할 것이다. 이런 교회의 신학적 입장은 성도들의 삶과 가족관계에 직접적인 영향을 줄 것이다. 즉 교회 성도의 가정생활의 양상도 어떤 신학적 기초 위에 있느냐에 따라 달라지는 것이다. 부부관계의 올바른 신학적 기초가 없다면, 믿음의 가정들에게 오히려 더 많은 스트레스와 고통을 가져다 줄 수 있다.

부부관계의 친밀감이 충족되지 않을 때 사람들은 다음과 같은 모습을 나타난다.

첫째, 이기주의적인 자세이다. 둘째, 자기애적이고 자기의존적인 자세이다. 셋째, 자기비판적인 자세이다.

하나님은 인간을 친밀감의 욕구를 가진 자로 창조하셨다. 성경은 인간이 타락의 결과 친밀성의 욕구를 갖게 된 것이 아니고, 태초에 하나님이 인간을 만드셨을 때 다른 인간과의 친밀한 관계성을 통해서만 행복을 느낄 수 있는 존재로 만드셨기 때문이다. 그러므로 인간이 친밀감의 욕구를 느끼는 것은 곧 피조물로서의 표징이며 인간의 죄성을 의미하는 것은 아니다. 예수님도 십자가를 앞에 두시고 "내 마음이 매우 고민하여 죽게 되었으니 너희는 여기 머물러 나와 함께 깨어 있으라"(마 26:38)고 말씀하심으로써 동료 인간에 대한 필요를 표현하셨다.

또한 아담에게 하와를 짝지어 주신 하나님은 인간에게 결혼제도를 허락하심으로써 인간이 친밀성의 필요를 부부관계를 통하여 충족시키기를 원하신다. 성경은 인간의 친밀성의 필요가 충족된 상태를 "하나님이 … 보시기에 심히 좋았더라"(창 1:31)고 표현하였다. 이런 점에서 남편과 아내가 서로의 친밀감의 욕구를 채워 주기 위하여 노력하는 것은 하나님은 창조주로 인정하고 그를 기쁘시게 하는 행위로 볼 수 있다. 그러므로 부부간의 친밀감을 증가시키는 것은 모든 그리스도인의 부부 관계에서 지속적으로 추구되어야 하며 정서중심 부부치료 치료모델은 이런 친밀한 관계를 회복하는 데 아주 적합한 것이다.

　남편과 아내, 즉 부부 관계에서 남편의 머리 됨과 아내의 남편에 대한 순종을 교인들에게 강조하여 가르쳐 왔던 목회자들은 문헌이나 세미나를 통하여 이 점에 대한 신학적 재정립을 의외로 빨리 하는 것을 보았고, 이러한 경험들을 통하여 한국 교회에 대해 보다 큰 희망을 갖게 될 것이다.

1) Richard E. Nisbett, Conceptualizing parent-adolescent, 51-80.

2) 정양은, "감정론의 비교연구: 사회적 감정을 중심으로," 임능빈, 『동양사상과 심리학』(서울: 성원사, 1995), 31-53.

3) Richard E. Nisbett, 『생각의 지도』, 157-183.

4) 이어령, 『디지로그: 한국인이 이끄는 첨단정보사회, 그 미래를 읽는 키워드 digital + analog』(서울: 생각의 나무, 2006), 15-223.

5) Sang Chin Choi, "The Nature of Korean Selfhood: A Cultural Psychological Perspective," *Korean Journal of Social Psychology*, Vol. 7, No. 2 (1993), 24-33.

6) Sang Chin Choi, "The Nature of Korean Selfhood: A Cultural Psychological Perspective," 24-33.

7) 오규훈, 『정과 한국교회』, 124.

8) Sang Chin Choi, "The Nature of Korean Selfhood: A Cultural Psychological Perspective," 28.

9) 최상진, "한국인의 심정심리학: 情과 恨에 대한 현상학적 한 이해," 3-21.

10) 임태섭, "체면을 숭배하는 나라, 한국," 임태섭, 『정, 체면, 연줄 그리고 한국인의 인간관계』(서울: 도서출판 한나래, 2002), 102-28.

11) Sang Chin Choi, "The Nature of Korean Selfhood: A Cultural Psychological Perspective," 27.

12) 이규태, 『절망을 희망으로 바꾸는 한국인의 힘1권: 무한한 잠재의식을 가진 한국인의 재발견』, 172-74.

13) Susan M. Johnson, *The Practice of Emotionally Focused Couple*

Therapy, Second Edition: Creating Connection, 65.

14) J. L. Gross, and R. W. Levenson,"Emotional suppression,"*Journal of Personality and Social Psychology,* Vol. 64 (1993), 970-86.

15) Susan M. Johnson, *The Practice of Emotionally Focused Couple Therapy*, Second Edition: Creating Connection, 71.

16) J. Bowlby, *A secure base*(New York: Basic Books, 1988).

17) 여기서 과정 패턴(Process Patterns)은 정서적 경험과 상호작용 고리가 어떻게 구성하는 것인가를 말하는 것이며, 또한 불화관계에서 고리의 일부분으로 표현된 이차적인 정서에 의해 주목받지 않았고, 분화되지 않았던, 그리고 부인되어 왔던 일차적인 정서에 접근하기 위해 이런 반응을 확장해 가는 것이다. Susan Johnson, "Emotionally Focused Couple Therapy,"453.

18) Vanaerschot에 의하면 경험은 "말로 표현하지 않고서도 아는 것이다. 즉 말로 표현되기 이전에 아는 것이고 결국 이 과정에서 경험이라는 단어가 나온다."라고 했다. 이런 맥락에서 경험과 경험의 이해는 항상 전개과정에 있으며, 건강한 상태에서의 경험은 항상 변화되고, 그 의미와 행동도 함께 변화된다는 것이다. G. Vanaerschot, "Empathic resonance as a source of experiencing enhancing interventions," In A. Bohart, and L. S. Greenberg, Eds., *Empathy reconsidered*(Washington, D.C: APA Press, 1997), 142; Susan M. Johnson, *The Practice of Emotionally Focused Couple Therapy*, Second Edition: Creating Connection. 57에서 재인용.

19) 부부와 긍정적인 치료적 동맹을 형성하는 것은 정서중심 부부치료의 성공을 위한 전제조건이다. 긍정적인 맥락에서 탐구하고 새로운 경험을 하기 위하여 치료자의 공감(empathy)과 인정(validation)은 중요한 요소로 작용하여, 치료자의 수용과 진실한 태도로 만들어진 안전한 분위기가 내담자의 자기-치유 성향(self-healing tendency)을 강화시킨다. 이런 이론적 근거에서 치료적 동맹이란 평등하고 상호 협동적인 관계를 말한다. 정서중심 부부치료는 난폭한 부부나 이별 과정에 있는 부부는 배제시킨다. 정서중심 부부치료의 성공률이 높은 경우는 현재 부정적인 상호작용 고리로 인하여 관계가 소원하게 되었지만 부부가 친밀하게 결합되기를 희망하는 경우이다. Susan M. Johnson, *The Practice of Emotionally Focused Couple Therapy,* Second Edition: Creating Connection, 15-17.

20) Susan M. Johnson,"Emotionally Focused Couple Therapy,"116.

21) 백석기, 『한국인의 성공DNA: 글로벌 No. 1으로 가는 한국인만의 6가지 기질』

(서울: 매일경제신문사, 2007), 279-03.

22) Susan M. Johnson, and Leslie S. Greenberg, "Emotion in intimate Relationships: Theory and Implications for Therapy," 7.

23) K. R. Scherer, "On the nature and function of emotions: A component process approach," In K. F. Scherer, and P. Ekman, Eds., *Approaches to emotion* (Hillsdale, NJ: Erlbaum, 1984), 293-17.

24) C. E. Izard, *Emotion in personality and psychology* (New York: Plenum, 1977). N. H. Frijda, *The emotions* (Cambridge, England: Cambridge University Press, 1986); Susan M. Johnson, and Leslie S. Greenberg, "Emotion in intimate Relationships: Theory and Implications for Therapy," 8에서 재인용.

25) L. S. Greenberg, L. S. Rice and R. Elliott, *Facilitating emotional change* (New York: Guilford, 1993); Susan M. Johnson, and Leslie S. Greenberg, "Emotion in intimate Relationships: Theory and Implications for Therapy," 8에서 재인용.

26) C. E. Izard, *Emotion in personality and psychology,* (New York: Plenum, 1977).

27) P. J. Lang, "The cognitive psychology of emotion: Fear and anxiety," In A. H. Tuma, and J. D. Maser, Eds., *Anxiety and anxiety disorders* (Hillsdale, NJ: Erlbaum, 1984); Susan M. Johnson, and Leslie S. Greenberg, "Emotion in intimate Relationships: Theory and Implications for Therapy," 8에서 재인용.

28) J. Panksepp, "The psychology of emotions: The animal side of human feelings," *Experimental Brain Research*, Vol. 18 (1989), 31-55.

29) Susan M. Johnson, and Leslie S. Greenberg, "Emotion in intimate Relationships: Theory and Implications for Therapy," 7-9.

30) 이기춘, "한국인의 심성과 목회상담," 목회상담센터, 『한국문화와 목회상담』(서울: 도서출판 목회상담, 2003), 49-67.

31) Susan M. Johnson, "Emotionally Focused Couple Therapy," 116.

32) Susan M. Johnson, Brent Bradley, Jim Furrow, Alison Lee, Gail Palmer, Doug Tilley, and Scott Woolley, *Becoming an Emotionally Focused Couple Therapist: The Workbook*. 165.

33) Susan M. Johnson, Brent Bradley, Jim Furrow, Alison Lee, Gail Palmer, Doug Tilley, and Scott Woolley, *Becoming an Emotionally Focused Couple Therapist: The Workbook*, 169.

34) 위의 책, 169-70.

35) Susan M. Johnson, "Emotionally Focused Couple Therapy," 116.

36) 존슨에 의하면 정서중심 부부치료 치료자는 순화의 과정에서 환기적 반응(evocative responding)을 하고, 정서, 현재, 변화태도, 및 상호작용의 움직임을 강조하며, 애착 반응과 욕구 및 두려움을 인정하고 공감적으로 해석하는 것이 순화과정을 성공적으로 이끌어 준다. 순화과정에서 변화를 유도하는 여섯 가지는 다음과 같다. 비난적인 배우자가 느끼는 위험과 접근에 초점두기, 다가가는 것에 대한 두려움 다루기, 비난적인 배우자의 접근을 지지하고 애착 욕구를 명확하게 언급하기, 순화된 비난자를 지지하고 인정하기, 현재 개입하게 된 위축자와 함께 변화의 계기를 마련하기, 위축적이던 배우자가 순화된 비난자에게 다가가서 반응을 하도록 지지하기 등이다. Susan M. Johnson, *The Practice of Emotionally Focused Couple Therapy*, Second Edition: Creating Connection. 184-86.

37) S. M. Johnson, and L. S. Greenberg, "Relating process to outcome in marital therapy," 175-84.

38) Susan M. Johnson, Brent Bradley, Jim Furrow, Alison Lee, Gail Palmer, Doug Tilley, and Scott Woolley, *Becoming an Emotionally Focused Couple Therapist: The Workbook*, 170-71.

39) Susan M. Johnson, *The Practice of Emotionally Focused Couple Therapy*, Second Edition: Creating Connection, 109-10.

40) Susan M. Johnson, Brent Bradley, Jim Furrow, Alison Lee, Gail Palmer, Doug Tilley, and Scott Woolley, *Becoming an Emotionally Focused Couple Therapist: The Workbook*, 172.

41) Susan M. Johnson, *The Practice of Emotionally Focused Couple Therapy*, Second Edition: Creating Connection, 148-50.

42) Susan M. Johnson, "Emotionally Focused Couple Therapy," 116.

43) 단순히 행동을 달리하기보다는 자신의 정서적 경험을 강하게 탐색하고 있는 배우자를 인식하는 것이다. 배우자에 대한 생각이 바뀌는 것이 정서중심 부부치료 변화의 결정적인 요소임을 이해할 수 있다. Susan M. Johnson, *The Practice of Emotionally Focused Couple Therapy*, Second Edition: Creating Connection, 165.

44) Susan M. Johnson, Brent Bradley, Jim Furrow, Alison Lee, Gail Palmer, Doug Tilley, and Scott Woolley, *Becoming an Emotionally Focused Couple Therapist: The Workbook*, 185-97.

45) B. Bradley, and J. Furrow,"Toward a mini-theory of the blamer softening event: Tracking the moment by moment process,"*Journal of Marital and Family Therapy*, Vol. 30 (2004), 233-46.

46) Susan M. Johnson, *The Practice of Emotionally Focused Couple Therapy*, Second Edition: Creating Connection, 86.

47) 위의 책, 185-86.

48) Susan M. Johnson, *The Practice of Emotionally Focused Couple Therapy*, Second Edition: Creating Connection, 187.

49) E. Hesse,"The adult attachment interview," In J. Cassidy, and P. Shaver, Eds., *Handbook of attachment*(New York: Guilford Press, 1999), 395-433.

50) Susan M. Johnson, *The Practice of Emotionally Focused Couple Therapy*, Second Edition: Creating Connection, 190-91.

51) Susan M. Johnson, Brent Bradley, Jim Furrow, Alison Lee, Gail Palmer, Doug Tilley, and Scott Woolley, *Becoming an Emotionally Focused Couple Therapist: The Workbook*, 247.

52) Susan M. Johnson, Brent Bradley, Jim Furrow, Alison Lee, Gail Palmer, Doug Tilley, and Scott Woolley, *Becoming an Emotionally Focused Couple Therapist: The Workbook*, 247.

53) 위의 책, 247-48.

54) Susan M. Johnson, *The Practice of Emotionally Focused Couple Therapy*, Second Edition: Creating Connection, 198-99.

55) Susan M. Johnson, *The Practice of Emotionally Focused Couple Therapy*, Second Edition: Creating Connection, 200.

56) S. M. Johnson, and E. Talitman,"Predictor of success in emotionally focused couple therapy,"135-52.

57) 여기서 고리는 고통을 야기하는 부정적 행동, 사고, 감정에 대한 반복적 패턴을 말한다. Susan M. Johnson, Brent Bradley, Jim Furrow, Alison Lee, Gail Palmer, Doug Tilley, and Scott Woolley, *Becoming an Emotionally Focused Couple Therapist: The Workbook*, 337.

58) J. Lebow,"The integrative revolution in couple and family

therapy," *Family Process*, Vol. 36 (1997), 1-17.

59) Susan M. Johnson, *The Practice of Emotionally Focused Couple Therapy*, Second Edition: Creating Connection, 319-20.

60) J. Bowlby, A Secure Base, (New York: Basic, 1988). Susan M. Johnson, Judy A. Makinen and John W. Millikin,"Attachment Injuries in Couple Relationships: A New Perspective on Impasses In Couples Therapy,"145에서 재인용.

61) 최상진,『한국인 심리학』, 353.

62) 최상진, "한국인의 심정심리학: 情과 恨에 대한 현상학적 한 이해,"『한국 심리학회 대외심포지움』, 3-21.

63) Richard E. Nisbett,『생각의 지도』, 160-63.

64) 이기춘, "한국인의 심성과 목회상담," 49-67.

65) S. M. 존슨은 정서중심 부부치료 치료자를 위하여『정서중심 부부치료』(The Practice of Emotionally Focused Couple Therapy)와 함께 2005년에 워크북『정서중심 부부치료자 되기』(Becoming an Emotionally Focused Couple Therapist)을 출간하였고, 정서중심 부부치료 웹사이트(www.정서중심 부부치료.ca)에 워크북, 녹음테이프, 기타 참고자료를 지원하여 배움의 기회를 제공하고 있다.

66) Susan M Johnson and E. Talitman,"Predictors of Success In Emotionally Focused Marital Therapy," 136.

67) 위의 책, 149.

68) Susan M. Johnson, *The Practice of Emotionally Focused Couple Therapy*, Second Edition: Creating Connection, 203.

69) J. M. Gottman, "The heart of the matter: Perspectives on emotion," In S. M. Johnson, and L. S. Greenberg Eds., *The heart of the matter: Perspectives on emotion in marital therapy,* 256-96.

70) 전백근, 박원란,『보도자료: 2008년 이혼 통계 결과』(서울: 통계청, 2009), 1-23. http://www.nso.go.kr.

71) A. Dessaulles, S. M. Johnson, and W. Denton,"The treatment of clinical depression in the context of marital distress,"*American Journal of Family Therapy*, Vol. 31 (2003), 345-53.

72) M. M. Weissman,"Advances in psychiatric epidemiology: Rates and risks for major depression,"445-51.

73) J. Gordon-Walker, S. M. Johnson, I. Manion, and P. Clothier,

"An emotionally focused marital intervention for couples with chronically ill children,"1029-36.

74) S. M. Johnson, and E. Talitman,"Predictor of success in emotionally focused couple therapy," 135-52.

75) L. Beutler,"The dodo brid id extinct," 30-34.

76) Susan M. Johnson, *The Practice of Emotionally Focused Couple Therapy*, Second Edition: Creating Connection, 59-60.

77) D. S. R. Garland, & D. E. Garland, Beyond Companionship (Philadelphia: Westminster Press, 1986), 엄예선, 『한국교회와 가정사역』, 118에서 재인용.

결론

　이 책에서 성인 사랑의 기초가 되는 애착의 관점에서 정서적 변화를 유도하여 안정적 결합을 형성하게 하는 S. M. 존슨의 정서중심 부부치료를 소개하며, 한국 정서에 맞는 새로운 치료모델을 개발하고, 그 방법과 치료 효과, 필요성 및 개발이 요구되는 점을 서술하였다. 필자는 불화 부부를 치료하고 친밀한 관계를 회복할 수 있는 중요한 해결책은 정서의 문제라고 믿는다. 정서는 의미를 부여하고 애착관계를 조절하며, 또한 다른 사람과의 특정반응을 보여 상호작용을 유발하는데 결정적인 역할을 하는 중요 요인이기 때문이다.

　먼저 오늘날 변화된 가족제도 안에서 겪게 되는 부부의 다양한 갈등의 요인을 살펴보았다. 여성의 활동과 사회적 참여의 증가로 인하여 부부관계에 대한 패턴이 변화되어 수직적 관계가 아니라 수평적 관계로 변화하고, 서로에 대한 신뢰, 배려 및 존중이 중요시되는 시대가 되었다.

　그러나 오늘날의 가정들이 결혼을 통하여 안정적인 삶을 영위하기보다는 많은 수의 부부가 갈등으로 인하여 가정불화를 겪고, 스트레스, 우울증과 같은 질병을 얻기도 하며, 오래 동거한 부부도 이혼 비율이 증가하고 있었다. 특히 2008년 11만 6천 건으로 많은 가정들이 부부 불화로 이혼하는 사례가 빈번하게 발생하였다. 갈등은 한 사람의 문제가 아니라 상호작용으로 부부 서로에게 어려움과 고통을 주었다. 부부의 상호작용에서 고통을 야기하는 사고, 행동, 정서에 대한 반복적 패턴인 부정적 고리는 부부 불화의 주요 요인으로 대인관계에 어려움을 주었고, 상대 배우자에게 상처를 주어 관계의 악순환이 되풀이되었다. 사람들은 정서에 대한 잘못된 인식으로 자신의 정서를 통제하는 것이 정서를 다루는 최선의 해결책인 것으로 믿었다. 오늘날과 같은 과학의 시대에도 대중 앞이나 공식적인 자리에서는 이성적이 되거나 감정을 억제하라고 교육을 받았다.

그러나 프로이드의 말처럼 우리가 사랑할 때와 같이 고통을 받을 때도 방어는 계속되었다. 두려움과 같은 정서적 반응을 억제하거나 무시하면 현재의 상황을 왜곡하거나 제한하게 되는 역기능이 발생하였다. 또 정서적 경험과 반응이 표현되지 않고 억압될 때 생기는 부정적 고리가 인간을 고통스럽게 하였다. 그러나 정서중심 부부치료의 핵심적인 부분인 정서적 경험과 표현은 상호작용 입장을 조직하는 강력한 도구가 되어 부부의 안정적 결합과 결혼 만족도를 높여 주었으며, 이와 같이 결혼 만족도를 상승시키는 것에 아주 효율적이었다. 정서중심 부부치료에서는 불화 관계를 원래 부족하거나 발달에 문제가 있는 것으로 생각하지 않고, 정서적인 몰입상태에 빠진 것으로 보았다.

정서의 중요성과 정서적 의사소통을 강조하고 있는 정서중심 부부치료는 부부로 하여금 성인 사랑의 기초가 되는 애착 욕구를 표현하게 하여 부정적 고리를 약화시키고, 새로운 정서적 경험을 하게 하여, 관계 회복을 하는데 그 목적이 있었다. 특히 부부 상호작용에서는 의식적으로 나타내는 의사소통보다 비언어적인 정서를 더 신뢰하므로 성인 친밀감의 중요한 요소가 되는 정서적 경험과 표현을 더 중요시하였다.

1982년 부부치료 분야에서 효과가 검증되어 이미 시행하고 있는 정서중심 부부치료는 애착 이론과 경험주의적 가족치료 및 체계론적 접근방식을 바탕으로 어른의 친밀감을 이해하는데 좋은 이론적 상황을 제공해 왔다. 애착 이론은 최근 사회심리학자와 부부치료자들에 의해 성인 사랑과 부부 불화를 이해하는데 가장 유용한 이론으로 받아들여졌다. 특히 부인으로부터 과묵하다(inexpressive)는 평을 들었던 남성 배우자에게 잘 적용되었던 점과 정서중심 부부치료는 행동교정이나 의사소통훈련 접근보다 훨씬 효과적이고, 결과가 지속적이며 긍정적이었다는 점에서, 앞으로 한국에서 부부치료 분야에 적극적으로 활용될 수 있는 좋은 모델로 기대된다.

필자는 외국의 정서중심 부부치료 사례에 대한 치료효과를 인정하여 존슨의 9단계 모델을 수정, 7단계 모델로 개발하고, 30대 부부 두 커플에게 적용하였다. 불화관계의 상호작용에서 나타나는 정서의 특성인 신속성, 자동성 및 경직성의 빠른 영속성을 갖게 되는 특성을 고려하여 필자는 존슨의 3-4단계를 하나의 단계로 통합하였다. 또한 최근 과거나 현재에 대한 진단이나 평가보다는 미래의 문제해결 중심으로 하는 단기중심적 접근추세에 있어 일곱 단계로 계획하였다. 현대 사회에서는 개인이든 조직이든 속도시대에 알맞은 빠른 판단, 빠른 행동, 빠른 변신을 요구하는데, 필자는 IT 산업을 위시하여 조선, 건설, 자동차, 철강 등의 분야에서 빠른 속도로 다른 나라를 앞설 수 있게 된 한국인의 결과 지향적 문화전통의 특성과 일곱 단계 정서중심 부부치료 모델과는 잘 조화될 수 있음을 밝혔다.

오늘날 이혼이 부부, 가족 및 지역사회에 기치는 부정적인 영향으로 인하여, 부부치료가 점차 정신건강의 중요한 부분으로 인식되었다. 특히 북미지역에서 지역 공동체의 급격한 감소로 인하여 사회 활동과 소통 영역이 상실되므로 우울과 불안이 과중화 되는 현상이 관찰되고 있다. 이런 현상으로 대부분의 사람들은 친밀한 배우자의 지지와 유대감을 중요하게 여기게 되었고, 부부는 서로간에 더욱 더 많이 의존하게 되었다. 사실상 사람들은 기능적으로 두 사람으로 이루어진 친밀한 관계를 바탕으로 살고 있으므로, 인간의 삶에서는 친밀한 사람과의 질적인 관계가 더욱 중요하게 되었다. 이런 현상은 우리나라에서도 마찬가지로 관찰되는데, 공동체의 활동보다 개인중심의 활동이 늘었고, 대화의 중심도 대가족 전체보다는 부부 중심으로 변화되었다. 가정의 중심축이 시부모가 아니라 배우자 중심으로 변화되어 남편과 아내의 지지와 유대감이 더 중요하게 되었다. 이런 사회적 현상으로 인하여 친밀감과 신뢰감을 회복하고 부부의 정서적 변화를 경험하게 하는데 그 목적을 두고 있는 정서중심 부부치료가 다른 치료법에 비해 더 효과적이며, 상호간의 친밀한 감정인 정(情)의 정서를 가진 한국인에게 꼭 필요하므로 한국적 모델의 개발이 절실히 요구된다.

최근 심리학과 정신의학은 성인 사랑의 관계특성을 이해하는 데에 관심을 가지기 시작했다. 특히 인간이 깊이 간직하고 있는 두 개의 사회적 상황의 힘, 즉 건강 및 회복을 촉진하여 스트레스에 대처하는 능력과 우울증 및 가족의 역기능과 같은 일반적인 불행이 계속 일어나는 양상을 점점 더 인정하는 추세에 있다. 그러므로 불화하던 부부가 소원함에서 친근함으로, 소외감에서 친밀함으로, 격리에서 결합으로, 공격에서 공감으로, 권력 투쟁에서 존중과 균등함으로 변화되도록 돕는 개입의 영역에서 있어서 정서는 변화과정의 중요한 요소로 인정받게 되었다. 또한 부부가 어떤 정서적 상태에 있느냐가 중요한 요소로 작용하게 되었다. 하지만 1982년 정서중심 부부치료가 공식적으로 인정받기 전에는 정서에 어떻게 접근하고 치료할 것인지가 분명치 않았고, 부부치료의 친밀한 관계의 발전에 실패한 것으로 비춰지기도 하였다. 그러나 정서중심 부부치료의 출현 이후 이제는 이런 개입의 요구가 증가하여 성인 친밀감을 발전시킬 수 있는 접근과 전략이 개발되고 검증되어 정서중심 부부치료는 부부치료의 좋은 모델로 인정되고 활용되었다. 그러나 안타깝게도 한국에서 정서중심 부부치료는 거의 찾아보기가 힘들었다.

오늘날 포스트모더니즘적인 사고가 사회 전반에 영향을 미치면서 가족치료 분야에도 변화의 바람이 불었다. 오늘날은 단기적인 치료법과 전형적인 기존 모델을 절충하거나 각 가족의 처지에 맞는 모델로 통합하여 제시하는 치료법이 각광을 받고 있다. 그리고 상담자는 권위적인 태도에서 벗어나 가족들과 친밀한 대화를 통하여 서로 연합하고 문제를 해결하려는 움직임이 많이 나타나고 있다. 이런 경향은 부부 치료에도 마찬가지로 적용되었다. 정서중심 부부치료는 앞서 언급한 정서중심 부부치료에 대한 정서의 특성을 고려하여 부부치료에 유용한 도구가 될 것이다.

정서중심 부부치료는 경험주의와 가족체계론적 접근을 통합한 것으로 정서적 경험의 구성에 초점을 맞추었다. 로저스와 베르탈란피는 친밀한 사람과의 관계 변화에 도움을 줄 것인가를 논의하였다. "정서 중심적"이라는 명칭도 두 이론이 통합되면서 붙여졌으며, 다른 치료적 개입에는 나타나지 않는 중요한 요소인 정서에 대한 가치와 그 중요성을 진술하고 강조하였다. 특히 가족치료자들이 일반적으로 인간들 사이에서 일어나는 것에만 중점을 두었고, 예외는 있지만 대부분 인간 내부에 일어나는 정서는 다루지 않았다. 정서중심 부부치료의 정서적 경험과 표현은 가족의 사회적 상호작용을 조직하고 조절하는데 작용하였으며, 또 치료의 상호작용을 조직하는데도 중요한 역할을 하였다. 정서는 특징적으로 중요한 정보에 영향을 미치는 것에 집중하였을 뿐만 아니라 목적을 세우는데 영향을 주는 동기를 부여하였고, 또 개인이 가지는 의미 있는 정보처리를 위하여 하나의 신호체계로 현저한 변화를 감지하였다.

정서는 적응적인 특성도 가지고 있는데, 특히 분노, 슬픔, 두려움, 행복 등과 같은 정서는 내적인 경험이 되는 생존, 적응 등과 관련된 행동 성향을 가지고 있다. 또한 일차적 정서는 특징적인 얼굴 표정, 신경 내분비 패턴 및 두뇌 사이트와 관련되어 있다. 정서적 표현은 근본적인 의사소통으로 사회적인 상호작용을 조정하도록 도왔다. 정서는 인간의 정보처리 과정에서 가장 핵심적이고 가치 있는 요소로 문제를 해결하고 피드백을 제공하였다. 정서와 연결된 친밀감은 사람들의 정체성 사이에 존재하는 근본적인 유대감으로 보였다. 정서적 경험과 표현은 치료자에게 상호작용을 조직하는 아주 강력한 도구가 되었고, 두려움에 대한 표현은 타인과의 관계에 자신을 재구조화 하였고, 상호작용에 대한 재구조화도 가능하게 하였다.

존슨과 그린버그는 부부치료에 이런 정서를 사용하여 최초로 구조적 틀을 만들어 불화관계에 있는 부부에게 변화를 시도했다. 정서는 상호작용, 친밀한 관계, 결혼, 가정, 인간의 기능, 부부관계, 친밀감, 의사소통 등에 연결되어 작용하였다. 존슨과 그린버그가 친밀한 관계는 정서적인 삶의 원천이라고 한 것과 같이, 정서중심 부부치료를 부부치료에 활용할 때 부부불화를 회복하는 긍정적인 치료가 될 것으로 생각되었다.

정서중심 부부치료의 이론적 체계는 성인사랑의 기초가 되는 애착 이론의 배경과 사회적, 정서적 발달 분야에 가장 널리 받아들여졌으며, 성인의 친밀감을 이해하는데 좋은 이론적 상황을 제공하고 있었다. 필자는 이런 상황을 고려하여 정서중심 부부치료의 기본가정과 핵심원리, 변화 과정, 기전 및 존슨의 아홉 단계 이론 그리고 치료의 핵심과 그 유익과 전망을 강조하였다.

존슨의 정서중심 부부치료의 치료 접근방식에서는 개인의 내적 경험을 강조하는 경험주의 이론과 부부관계의 상호작용 패턴의 변화에 중심을 두는 체계이론을 통합하는 방식을 사용하였다. 경험주의 이론은 과정에 초점을 두고 협력적인 치료동맹을 중요시했다. 내담자와 치료자의 좋은 동맹의 관계는 다른 치료법과는 달리 더 높은 치료의 효과가 있음을 연구를 통하여 밝혀졌다. 중요한 세 가지의 핵심적인 개입방법인 치료적 동맹의 형성과 유지, 정서경험의 접근과 재구조화 그리고 상호작용의 재구조화는 치료적 전략에 아주 중요함을 강조했다. 또한 정서중심 부부치료의 기초가 되는 애착 이론에 대하여 기술하였다.

정서중심 부부치료의 바탕을 이루고 있는 애착 이론의 이해를 돕기 위하여, 에인스워스가 체계화한 애착유형을 기술하였으며, 아울러 애착 이론의 공헌과 건강한 관계와 불화 관계의 관점어 중점을 두었다. 특히 성인관계를 형성하는데 중요한 영향을 미치는 성인애착 이론의 발전, 애착유형, 결혼 생활에서 애착 체계가 어떻게 적용되는지를 살펴보았다. 필자는 정서중심 부부치료에 기초하고 있는 애착은 영아와 주 양육자 사이에 존재하는 특별한 정서적 유대로 보았으며, 여기서 나타나는 애착은 부모-자녀 상호작용에서 자녀의 대인관계 패턴으로 이어져 간다고 생각했다. 젖 빨기(sucking), 매달리기(cling), 울기(crying), 미소 짓기(smiling) 등의 애착 반응은 엄마와 아기의 상호작용을 촉진하는 애착 행동의 예로서, 애착 행동에 대하여 엄마는 아기에게 사랑을 느끼게 되고 아기의 요구에 민감하고 신속하게 반응해 줌으로써 애착 관계가 시작되었다. 이런 상호작용에서 안정적, 불안정적 애착 관계가 형성되었고, 이렇게 형성된 최초의 관계가 내재화되어 자신과 타인을 바라보는 인간관계의 기초가 되는 표상을 갖게 되고, 결국 개인의 특성으로 평생 지속된다고 보았다. 정서중심 부부치료에서는 이런 애착의 관점에서 다루었고, 애착 정서와 애착 욕구를 표현하여 정서를 처리하고, 부정적 고리를 긍정적 정서로 바꾸어 주는 효과적인 치료법임을 강조하였다.

필자는 한국적 정서중심 부부치료의 치료기법을 설명하기 전 정서에 대한 분명한 개념을 정의했다. 즉 정서란 외부환경에 대하여 행동할 태세가 되어 있는 형태로 관계를 유지하거나 분열하게 만드는 관계적 행동성향으로 정의하였고, 이런 정서는 부적절한 반응이 아니라 적응적이고 반응적인 체계로 즉각적이고도 자동적인 반응임을 밝혔다. 친밀한 관계에서는 더 강제적이고 강력한 특성이 있음을 강조하였다. 또한 강한 정서반응이 처리되지 않고 남아 있을 때 왜곡되고 제한을 받아 정서적인 고통을 겪게 되는 점에 초점을 두었다. 정서중심 부부치료의 새로운 수준의 정서적 교류로 인하여 과거에 문제되었던 부정적 상호작용 고리가 재구조화되었다. 정서중심 부부치료는 부부의 정서적 경험과 상호작용의 반응을 확대하는 것이 치료 목표이었으며, 제한되고 경직된 상호작용의 정서 반응에 접근하여 정서를 처리해 줌으로써 긍정적 결합의 결과로 상호작용이 재구조화되어 부부가 안정적으로 결합하였음을 강조하였다.

존슨의 아홉 단계를 한국적 정서를 고려하여 개발한 제3기 일곱 단계의 한국적 모델을 소개하며, 모델 개발이 요구되는 점과 정서중심 부부치료 시행 방법을 밝혔다. 또 상담 대상자를 30대 부부로 선정한 타당한 이유도 밝혔다. 또한 부부의 안정적 결합을 목표로 하는 정서중심 부부치료는 정서경험에 대한 접근성과 반응성을 유도하는데 있어서 왜 한국인에게 잘 적용되는지를 알아 보기 위하여 한국인과 서양인의 마음을 문화적 측면에서 비교해서 정리하였으며, 한국인의 심성인 정(情), 한(恨), 체면을 살펴보았고, 정서중심 부부치료가 왜 한국인의 심성에 잘 맞는지도 밝혔다. 한국인의 정(情), 한(恨), 체면 문화로 인하여 감정을 표출하기보다는 억압받아 온 정서 경험을 정서중심 부부치료를 통하여 표현하고 정서를 처리함으로써 정서중심 부부치료가 관계를 회복할 수 있게 해 주는 좋은 모델임을 밝혔다.

끝으로 정서중심 부부치료의 실제 상담사례로 두 부부를 상담하고 분석하여 평가하였고, 상담 전과 후의 평가에 K-MSI와 설문지를 활용하였다.

한국의 가정회복을 위한 제언

이상의 연구를 통하여 다음과 같이 말할 수 있다.

첫째, 정서중심 부부치료는 정신내적인 면과 대인관계적인 면을 다룸으로써 개인의 내적 경험을 변화시키는 경험적 접근과 상호작용의 패턴을 변화시키는 체계론적 접근, 이 둘을 통합한 단기치료방법으로 부부의 안정적 결합을 형성한다. 현재 정서중심 부부치료는 임상적인 영향을 증명하는 몇몇 부부치료 중의 하나로 불화관계를 변화시키는 새로운 접근방법으로 시간이 지나도 그 효과가 지속되는 대단한 성과를 가져왔다. 또한 극심한 가족스트레스, 우울증, 그리고 외상 후 스트레스 장애(Posttraumatic stress disorder: PTSD)와 같이 중요한 문제로 고통당하는 배우자들과 관련된 다양한 종류의 부부들에게 성공적으로 사용되었다. 정서중심 부부치료에 사용된 개입기법은 치료의 단계를 거쳐 부부의 진전된 변화 과정을 통하여 구체화되었다. 오늘날 복잡하고 다양해진 사회, 문화의 영향으로 가족관계, 특히 부부관계에 미치는 정신적 스트레스, 우울증, 그리고 현대인이 안고 살아가는 어려운 문제들에는 연구를 통하여 증명된 정서중심 부부치료가 부부의 관계를 회복할 뿐만 아니라, 가족, 사회에 긍정적인 영향을 미치는 좋은 치료법이 될 수 있을 것이다.

둘째, 정서중심 부부치료는 상호작용 패턴에 대한 정서적인 반응과 단단한 자기강화(self-reinforcing)에 역점을 두고 있으므로, 불화관계에 대한 경험적 연구는 이런 두 요소의 중요성을 강조하고 있다. 또한 관계 만족과 안정성에 대한 정서적 교류의 중요성을 강조할 뿐만 아니라, 치료자는 질문을 통하여 누가 이런 개입에 가장 적합한지를 파악하여 내담자를 연결하고, 중요한 변화 과정과 사건을 확인하는 것이다. 정서중심 부부치료 치료자는 의사소통 기술이나 부부가 서로 형성하기 위한 효과적인 방식을 가르치는 코치가 아니며, 또한 과거에 대한 병식과 원가족이 결혼에 영향을 미치는 패턴에 관심을 가지지 않았다. 치료자는 역설(paradox)과 문제 처방에 관여하는 전략가가 아니었다. 치료자는 부부가 결혼과 관계에 대한 비현실적 기대감과 믿음을 수정하도록 돕는 교사가 아니었다. 정서중심 부부치료 치료자는 부부관계에서 나타나는 그들의 정서적 경험을 재처리하도록 돕는 과정 자문가(process consultant)이었다. 또한 부부가 그들 관계의 춤(dance)을 재구성하도록 돕는 안무가(shoreographer)였다. 그리고 부부가 자신들의 관계를 어떻게 해야 하는가를 말해 주는 전문가가 아니라 때로는 좇아가고 때로는 안내하는 협력자(collaborator)였다. 그래서 치료는 부부에게 함께 있게 될 새로운 경험의 기회를 제공하고, 부부가 만들어 가기를 원하는 관계의 유형을 선택할 수 있게 했다. 이런 점에서 정서중심 부부치료는 협력적인 모델이며, 치료의 방향이 비병리적이기 때문에 현대의 시대정신에 잘 맞는 부부 및 가족치료법이 될 것이다.

셋째, 정서중심 부부치료는 구조적 접근으로 개성 있는 배우자들이 부부의 상호작용이 일어나는 댄스의 상황에서, 자신과 상대 배우자의 동일시(identity)에 대한 그들의 계속되는 경험 도식(schemas)을 실제로 어떻게 조직하고 만드는지에 초점을 둔다. 정서중심 부부치료는 다른 접근법과는 달리 정서에 우선순위를 두는데, 즉 정서를 어떤 일을 합리적으로 극복하고 대처하는 것으로 보기보다는 애착 행동의 결정자(determinant)로, 또는 부부치료의 변화에 대한 긍정적인 힘으로 본다. 정서는 다른 신호보다 우선하는 경향이 있어서 부부간의 결합을 확인하는 중요한 애착반응을 알려 주며 조직한다. 또한 정서는 애착 행동을 조직할 뿐만 아니라 특정한 반응을 이끌면서 상호작용을 만들어 다른 사람과 의사소통하는 특성을 가진다.

정서는 애착 댄스의 음악으로, 그 음악은 배우자의 상호작용의 태도를 재조직하여 춤을 추게 한다. 즉 이전에 냉담한 배우자가 접촉하고 절망을 표현했을 때, 신뢰에 대한 새로운 춤과 연민이 시작되는 것이다. 그래서 정서는 친밀한 관계에 대한 특정한 이론적 접근에 바탕을 두고 있음을 알 수 있다. 오늘날 한국 가정은 다문화 가족형태로 변해가고 있으며, 이로 인하여 최근 외국인과의 이혼율이 매년 증가되고 있다. 이런 사회적 현상에서 특히 관계 불화에 관심을 두고 있는 정서중심 부부치료는 상호작용 패턴의 변화로 부정적 관계에서 긍정적 관계로 변화되는 건강한 가정의 형성에 많은 도움을 줄 것이다.

넷째, 정서중심 부부치료는 정서적 경험과 가족의 사회적 상호작용을 조직하고 조절하는데 작용하고, 또 치료의 상호작용을 조직하는데도 중요한 역할을 했다. 뿐만 아니라 목적을 세우는데 영향을 주는 동기를 부여하였고, 개인이 가지는 의미 있는 정보처리를 위하여 하나의 신호 체계로서 현저한 변화를 감지하였다. 또한 정서는 적응적인 특성을 가지고 있었다. 특히 분노, 슬픔, 두려움, 행복 등과 같은 일차적인 정서는 내적인 경험이 되는 생존, 적응과 관련된 행동 성향을 가졌다. 이런 정서를 사용하여 구조적 틀을 만들고 불화관계에 있는 부부의 변화를 시도하는 정서중심 부부치료를 부부가 중심이 되는 가정에 뿐만 아니라, 소그룹 형태의 활동이 다양해진 교회공동체에 적용한다면 친밀감과 신뢰감을 주는 긍정적 정서를 형성해 나갈 수 있을 것이다.

다섯째, 외국의 경우 정서중심 부부치료는 정신건강 분야에 전문적인 테스트로 포함되어 부부치료 분야의 주류로 자리잡았다. 부부 및 가족치료가 변화되면서 정서중심 부부치료의 경험적 철학과 일치되고 부부치료에 협력적이 되어서, 정서적인 활동에 더 개방적이 되고, 또 성인 사랑과 애착에 관하여 많은 연구가 있었다. 그동안 관계적인 측면에 관심을 보였던 가족치료는 이 분야가 더 통합적이고 체계적인 관점에서 이제 더 이상 내적 경험을 간과해서는 안 되며, 정서중심 부부치료를 통하여 관계적인 면과 내적 경험 양측에 중심을 두어야 한다는 점을 배울 수 있었다.

여섯째, 이어령의 『디지로그』에 담고 있는 한국인의 정서, 즉 조화와 융합을 상징하는 김치 패러다임, 융합과 혼성의 맛을 즐기는 비빔밥의 융합, 총체적 감각의 쌈 문화, 조화와 균형으로 물건을 나르는 지게문화, 모든 음식에 다 사용할 수 있는 젓가락 문화 등에서 부분보다 전체를, 개인보다 관계를 우선시 하는 한국인의 상호의존성과 관계성에 나타난 독특한 한국적 정서를 엿볼 수 있었다. 그리고 정서중심 부부치료에서 건강한 상태란 타인과 분리된 것이 아닌 상호의존성을 유지하고 있는 것으로 정의함으로써 위와 같은 한국인의 정서가 부부치료를 돕고 있는 정서중심 부부치료에 좋은 강점으로 부각될 것이다.

일곱째, 한국인의 심성 속에는 다른 사람들이 자기들의 속마음을 알고 그 속마음을 비난하거나 혹은 비웃을지도 모른다는 두려움 때문에 자기들의 감정을 드러내지 않으려는 타인지향적인 성향이 있다. 또는 자기들의 감정을 드러냄으로써 상대방이 불편하게 느낄지도 모른다는 두려움 때문에 자기의 느낌이나 생각을 표현하고 싶어 하지 않았다. 또 커뮤니케이션에서도 화자보다 청자의 입장을 강조하여 자신의 감정과 표현을 억제하는 성향이 있었다. 특히 한(恨)의 심리상태는 자신의 불행에 대한 자책과 불행에 대한 부당함의 심리가 결합하여 복합된 감정 상태로, 한국인의 정서에는 어떤 모양으로든 한의 정서를 포함하고 있었다. 이런 한을 감소하기 위하여 한을 이해하고 공감해 주는 상대가 있어야 했던 것처럼, 부부의 제한되고 경직된 상호작용 이면에 있는 정서 반응에 접근하여 정서경험과 상호작용을 확장함으로써 경험을 재처리하는 정서중심 부부치료 치료기법은 한국인의 치료에 적용할 수 있는 유용한 치료모델이 될 것이다.

여덟째, 이규태의 『한국인의 힘』에서 말하는 겉으로 웃고 속으로 울며, 격한 감정의 노출을 은폐함으로써 남으로부터 자신을 보호하려는 한국인의 의식구조에서 보면, 정서 경험과 반응을 표현함으로써 내담자의 고통스러운 정서를 인정하고 지지하여 안정적 결합을 할 수 있게 하는 정서중심 부부치료의 치료기법은 개인보다 전체, 관계 그리고 외부한경을 중요시하여 생긴 정, 한, 체면문화의 바탕 위에 있는 한국의 정서에 효과적일 것이다.

아홉 번째, 상호의존과 친밀한 관계와 신뢰를 기초하고 있는 정서중심 부부치료는 성경의 중심 주제가 하나님과 인간 사이의 친밀감으로 하나님이 인간을 이해하고 자신을 인간에게 노출하시고 인간을 돌보심으로 관계를 형성했듯이 동시에 정서중심 부부치료의 정서의 특성과 기독교 가정의 부부 관계가 조화를 이룸으로써 교회 소그룹, 성경 공부, 부부 학교의 프로그램으로 개발하고 적용하면 기독교 가정 공동체가 회복되는 부부 치료의 좋은 모델이 될 것이다.

마지막으로 향후 과제를 언급하고자 한다. 이것은 본 논문이 다루지 못한 것들에 대한 것으로 본 논문은 외국에서 연구와 효과가 검증된 치료기법을 한국적 상황에 맞게 개발한 치료모델을 몇몇 사례에 적용하여 분석하고 평가한 것이다. 아직 국내에서는 부부치료의 효능과 이에 대한 연구가 계속 필요하며, 또한 정서적 경험과 표현을 통하여 상호작용을 재구조화하는 관계적인 측면에서 이것을 교회에 접목해서 사용하면 유용한 도구가 될 것이다.

1. 서양서적

Ainsworth, M. "Attachment: Retrospect and prospect." In C. M. Parkes and J. Stevenson– Hinde. Eds., *The Place of Attachment in Human Behaviour*. London: Tavistock, 1982.

Atkinson, L. "Attachment and psychopathology: From laboratory to clinic." In L. Atkinson. and K. J. Zucker. Eds., *Attachment and Psychopathology*. New York: Guilford Press, 1997.

Balswick, Jack O. and Judith K. Balswick. *The Family: A Christian Perspective on The Contemporary Home*, 3rd Edition. Grand Rapids: Baker Academic, 2008.

Barth, Karl. *Church Dogmatics*. Vol. 3. London: T and T clark, 2004.

Bordin, E. "Theory and research on the therapeutic working alliance: New directions." In A. O. Horvath and L. S. Greenberg. Eds., *The Working alliance: Theory research and practice*. New York: Wiley, 1994.

Bowbly, John. *Attachment and loss*. New York: Basic Books, Vol 1.2., 1969– 1980.

Bowlby, J. *The Making and Breaking of affectional Bonds*. London: Tavistock, 1979.

Bretherton, I. and K. A. Munholland. "Internal working models in attachment relationships." In J. Cassidy. and P. Shaver. Eds., *Handbook of attachment: Theory, research and clinical applications*. New York: Guilford Press, 1999.

Bush, Yvonne Rose. *Bonding and Attachment*. Prescott, Arizona: Trafford Press, 2001.

Byng-Hall, J. "Family and couple therapy: Toward greater security." J. Cassidy and P. R. shaver. Eds., *Handbook of attachment: Theory, research, and clinical applications*. New York: Guilford Press, 1999.

C. E. Izard. *Emotion in personality and psychology*. New York: Plenum, 1977.

Cain, D. "Defining characteristics, history and evolution of humanistic psychotherapies." In D. Cain. and J. Seeman, Eds., *Humanistic psychotherapies*. Washington, DC: APA Press, 2002.

Dattilio, Frank M. *Case Studies in Couple and Family Therapy: Systemic and Cognitive Perspectives*. New York: Guilford Press, 1998.

Edward Shorter, *The Making of the Modern Family*. New York: Basic Books, 1975.

Erdman, Phyllis. and Tom Caffery eds., *Attachment and Family Systems: conceptual, Empirical, and Therapeutic Relatedness*. New York: Routledge, 2003.

Feeney, J. A., P. Noller. and V. J. Callan. "Attachment style, communication and satisfaction in the early years of marriage." In K. Bartholomew, and D. Perlman. Eds., *Attachment processes in adulthood*. London: Jessica Kingsley, 1994.

Feeney, Judith A. "The Systemic Nature of Couple Relationships: An Attachment Perspective." Phyllis Erdman, and Tom Caffery. eds., *Attachment and Family Systems: conceptual, Empirical, and Therapeutic Relatedness*. New York: Routledge, 2003.

Fraley, C. R. and N. G. Waller. "Adult attachment Patterns: a test of the typographical model." In J. A Simpson, and W. S. Rholes. Eds., *Attachment theory and close relationships*. New York: Guilford Press, 1998.

Fraley, R. C. and P. R. Shaver. "Loss and bereavement: Attachment theory and recent controversies concerning 'grief work' and the nature of detachment." In K/ Cassidy, and P. R. Shaver, Eds., *Handbook of Attachment: Theory, research, and clinical applications*. New York: Guilford Press, 1999.

Garland, Diana R. *Family Ministry: A Comprehensive Guide*. Illinois: Inter Varsity Press, 1999.

Gottman, J. M. "An agenda for marital therapy." In S. M. Johnson, and L. S. Greenberg. Eds., *The heart of the matter: Perspectives on emotion in marital therapy*. New York: Brunner–Mazel, 1994.

Gottman, J. M. *The Marriage Clinic: A Scientifically Based Marital Therapy*. New York: Norton, 1999.

Gottman, J. M., C. Notarius., J. Gonso. & H. Markman. *A Couple's Guide to Communication*. Champaign. II: Research Press, 1976.

Gottman, John Mordechai. and Julie Schwartz Gottman. "Gottman Method Couple Therapy." *Clinical Handbook of Couple Therapy*, fourth Edition. New York: Guilford, 2008.

Green, R. J., M. Bettinger. and e. Zacks. "Are lesbian couples fused and gay male couples disengaged?" In J. Laird, and R. J. Green. Eds., *Lesbians and gays in couples and families*. San Francisco: Jossey–Bass, 1996.

Greenberg, L. S., L. M. Korman, and S. C. Paivio. "Emotion in Humanistic psychotherapy," In D. Cain, and J. Seeman, Eds., *Humanistic psychotherapies: Handbook of research and practice*. Washington, DC: APA Press, 2002.

Greenberg, Leslie S. and Susan M. Johnson. *Emotionally Focused Therapy for Couples*. New York: Guilford Press, 1988.

Greenberg, Leslie S. *Emotion–Focused Therapy: Coaching Clients to work Through Their Feelings*. Washington: American Psychological Association, 2007.

Guerney, B. G. "The role of emotion in relationship enhancement marital/family therapy." In S. M. Johnson, and L. S. Greenberg. Eds., *The heart of the*

matter: Perspectives on emotion in marital therapy. New York: Brunner-
Mazel, 1994.

Hazan, Cindy. "The Essential Nature of Couple Relationships." Susan M.
Johnson, and Valerie E. Whiffen. Eds., *Attachment Processes in Couple
and Family Therapy*. New York: Guilford Press, 2006.

Hesse, E. "The adult attachment interview: Historical and current perspectives."
In J. Cassidy. and P. Shaver. Eds., *Handbook of attachment: Theory,
research and clinical applications*. New York: Guilford Press, 1999.

Holmes, Jeremy. *John Bowlby and Attachment Theory*. London and New York:
Routledge, 2008.

Johnson, S. M. "Attachment theory as a guide for healing couple relationships."
In W. S. Rholes, and J. A. Simpon. Eds., *Adult attachment*. New York:
Guildford Press, 2004.

Johnson, S. M. "Emotion and the repair of close relationships."In W. Pinsof, and
J. Lebow, Eds., *Family Psychology: The art of the science*. New York:
Oxford University Press, 2005.

Johnson, S. M. "Emotionally Focused Couples Therapy: Empiricism and Art."
In Thomas L. Sexton, Gerald R. Weeks, and Michael S. Robbins,
*Handbook of Family Therapy: The Science and Practice of Working with
Families and Couples*. New York: Routledge, 2003.

Johnson, S. M. "Emotionally focused couples therapy: Straight to the heart." In
J. Donovan. Ed., *Short term couples therapy*. New York: Guilford Press,
1999.

Johnson, S. M. "Emotionally Focused Therapy: Empiricism and art." In T. L.
Sexton, G. Weeks, and M. Robbins. Eds., *Handbook of family therapy*.
New york: Brunner-Routledge, 2003.

Johnson, S. M. and M. Best. "A systemic approach to restructuring attachment:
The Emotionally focused couples therapy model of couple therapy."
In P. Erdman, and T. Caffery. Eds., *Attachment and family systems:
Conceptual, empirical, and therapeutic relatedness*, New York: Springer,
2002.

Johnson, Sue. *Hold Me Tight: seven conversations for a lifetime of love*, New

York: Little Brown and Company, 2008.

Johnson, Susan M. "Emotionally Focused Couple Therapy." Alan S. Gurman, *Clinical Handbook of Couple Therapy,* fourth Edition. New York: Guilford, 2008.

Johnson, Susan M. "Marital Problems." In Douglas H. Sprenkle, *Effectiveness Research in Marriage and Family Therapy.* Alexandria: The American Association for Marriage and Family Therapy, 2002.

Johnson, Susan M. and Leslie S. Greenberg. "Emotion in intimate Relationships: Theory and Implications for Therapy." In Susan M. Johnson, and Leslie S. Greenberg, *The Heart of the Matter: Perspectives on Emotion in Marital Therapy.* New York: Brunner/Maxel, 1994.

Johnson, Susan M. and Valerie E. Whiffen. *Attachment Processes in Couple and Family Therapy.* New York: Guilford Press, 2006.

Johnson, Susan M. *Emotionally Focused Couple Therapy With Trauma Survivors: Strengthening Attachment Bonds.* New York: Guilford Press, 2005.

Johnson, Susan M. *The Practice of Emotionally Focused Couple Therapy: Second Edition Creating Connection.* New York: Brunner-Routledge, 2004.

Johnson, Susan M., Brent Bradley, Jim Furrow, Alison Lee, Gail Palmer, Doug Tilley. and Scott Woolley. *Becoming an Emotionally Focused Couple Therapist: The Workbook.* New York: Routledge, 2005.

Johnson, Susan. "Emotionally Focused Couple Therapy." In Frank M. Dattilio. Eds., *Case Studies in Couple and Family Therapy: Systemic and Cognitive Perspectives.* New York: Guilford Press, 1998.

Johnson, Susan. M. "Attachment Theory: A Guide for Couple Therapy." Susan M. Johnson. and Valerie E. Whiffen. *Attachment Processes in Couple and Family Therapy.* New York: Guilford Press, 2006.

Johnson, Susan. M. *Hold Me Tight: seven conversations for a lifetime of love.* New York: Little Brown and Company, 2008.

Kobak, R. and H. Cole. "Attachment and meta-monitoring: Implications for adolescent autonomy and psychopathology." In D. Cicchetti, and S. Toth. Eds., *Disorders and Dysfunctions of the self.* Rochester, NY:

University of Rochester Press.

Liddle, H., G. Dakof and G. Diamond. "Multidimensional family therapy with adolescent substance abuse." In E. Kaufman and P. Kaufman. Eds., *Family therapy with drug and alcohol abuse*. Boston: Allyn and Bacon, 1991.

Linn, Matthew., Sheila Fabricant Linn and Dennis Linn. *Healing Spiritual Abuse and Religious Addiction*. New York: Paul Press, 1994.

Main, M. and J. Solomon. "Procedures for identifying infants as disorganized/disoriented during the Ainsworth strange situation." In MT Greenberg, D. Cicchetti. and EM Cummings. Eds., *Attachment in the preschool years: Theory, research, and intervention*. USA: University of Chicago Press, 1990.

Malony, H. Newton. and David W. Augsburger. *Christian Counseling: An Introduction*. Nashville: Abingdon Press, 2007.

Marrone, Mario. *Attachment and Interaction*. London and Philadelphia: Jessica Kingsley Publishers, 2006.

McFarlane, A. C. and B. van der Kolk. "Trauma and its challenge to society." In B. A van der Kolk, A. C. Mcfarlane and L. Weisaeth. Eds., *Traumatic stress*. New York: Guilford Press, 1996.

Moltmann, Jürgen. *Trinity and the Kingdom of God trans*. Margaret kohl. London: SCM Press, 1981.

Parrott, L. III. and L. Parrott. *Saving Your Marriage Before It Starts*. Grand Rapids: Zondervan, 1998.

Schachner, Dory A. Phillip R. Shaver and Mario Mikulincer. "Adult Attachment Theory, Psychodynamics, and Couple Relationships: An Overview." In Susan M. Johnson and Valerie E. Whiffen. Eds., *Attachment Processes in Couple and Family Therapy*. New York: Guilford Press, 2006.

Scherer, K. R. "On the nature and function of emotions: A component process approach." In K. F. Scherer and P. Ekman. Eds., *Approaches to emotion*. Hillsdale, NJ: Erlbaum, 1984.

Sell, Charles. M. *Family Ministry*: Second Edition. Michigan: Zondervan, 1995.

Sexton, Thomas L., Gerald R. Weeks and Michael S. Robbins. Eds., *Handbook of*

Family Therapy: The Science and Practice of working with Families and Couples. New York: Routledge, 2003.

Shaver, P. and C. L. Clarke. "The psychodynamics of adult romantic attachment." In J. Masling, and R. Borstein. Eds., *Empirical perspectives on object relations theory*. Washington, DC: American Psychological Association, 1994.

Simpson, J. A. and W. S. Rholes. "Stress and secure base relationships in adulthood." In K. Bartholomew, and D. Perlman. Eds., *Attachment processes in adulthood*. London, Penn: Jessica Kingsley, 1994.

Snyder, Douglas K. *Treating Difficult Couples: Helping Clients with Coexisting Mental and Relationship Disorders*. New York: Guilford Press, 2003.

Sroufe, L. A. "The role infant–caregiver attachment in development." In J. Belsky and T. Nezworski. *Clinical implications of attachment*. Hillsdale, NJ: Earlbaum, 1988.

Udry, J. Richard. *The Social Context of Marriage*: Third Edition. New York: Harper, 1974.

Van der Kolk, B., C. Perry. and J. Herman. "Childhood origins of self–destructive behavior." *American Journal of Psychiatry*, Vol. 148. (1991).

Van Ijzendoorn, M. H. and A. Sagi. "Cross cultural patterns of attachment: Universal and contextual dimensions." In J. Cassidy and P. Shaver. Eds., *Handbook of attachment: Theory, research and clinical applications*. New York: Guildford Press, 1999.

Vanaerschot, G. "Empathic resonance as a source of experiencing enhancing interventions." In A. Bohart. and L. S. Greenberg. Eds., *Empathy reconsidered*. Washington, D.C: APA Press, 1997.

Warren, N. C. *Finding the Love of Your Life*. Colorado Springs: Focus on The Family, 1992.

Watson, J. C. "Revisioning empathy." In D. Cain. and J. Seeman. Eds., *Humanistic Psychotherapies: Handbook of research and practice*. Washington, DC: APA Press, 2002.

Weinfield, N. S., L. A. Sroufe, B. Egeland and E. A. Carlson. "The nature of individual differences in infant–caregiver attachment." In J. Cassidy, and

P. Shaver. Eds., *Handbook of attachment: Theory, research, and clinical applications*. New York: Guilford Press, 1999.

Whisman, Mark A. and Lisa A. Uebelacker. "Comorbidity of Relationship Distress and Mental and Physical Health Problems." In Douglas K. Snyder, and Mark A. Whisman. Eds., *Treating Difficult Couples: Helping Clients with Coexisting Mental and Relationship Disorders*. New York: Guilford Press, 2003.

Worthington, Everett L. *Marriage Counseling: A Christian Approach to Counseling Couples*. Madison/New York: Inter Varsity Press, 1989.

2. 국내서적

김경희. 『정서 심리학』. 서울: 박영사, 2004.

김병원. 『목회 상담학』. 한국성서대학교출판부, 2003.

김영근. 『마음 치유 가족 치유』. 서울: 에스라서원, 2001.

김용태. 『기독교 상담학』. 서울: 학지사, 2006.

김현진. 『성경과 목회상담』. 서울: 솔로몬, 2007.

류종훈. 설영익, 노수경. 『가족상담과 치료원리』. 서울: 은혜출판사, 2005.

목회상담센터 역음, 『한국문화와 목회상담』. 서울: 도서출판 목회상담, 2003.

박성덕. 이우경. 『정서중심적 부부치료: 이론과 실제』. 서울: 학지사, 2008.

손운산. 『용서와 치료』. 서울: 이화여자대학교출판부, 2008.

송성자. 『가족과 가족치료』. 서울: 법문사, 1998.

송성자. 『가족관계와 가족치료』수정판. 서울: 홍익제, 1997.

엄예선. 『한국 교회와 가정사역』. 서울: 생명의말씀사, 2007.

오규훈. 『정과 한국 교회』. 서울: 장로회신학대학 출판부, 2010.

오윤선. 『기독교 상담심리학의 이해』. 서울: 예영, 2007.

오윤선. 『목회심리학』. 서울: 국제제자훈련원, 2005.

이관직. 『기독교 상담학』 II. 서울: 강남대학교 출판부, 2006.

이관직. 『성경과 분노 심리』. 서울: 대서출판, 2007.

이규태. 『절망을 희망으로 바꾸는 한국인의 힘 1권: 무한한 잠재의식을 가진 한국인의 재발견』. 서울: 신원문화사, 2009.
이규태. 『한국인의 정서구조: 제1권 해학과 눈물의 한국인』. 서울: 신원문화사, 1994.
이규태. 『한국인의 정서구조: 제2권 인정 · 흥 · 신바람』. 서울: 신원문화사, 1994.
이기춘. "한국인의 심성과 목회상담." 목회상담센터, 『한국문화와 목회상담』. 서울: 도서출판 목회상담, 2003.
이상복. 『기독교 상담학』Ⅰ. 서울: 강남대학교출판부, 2006.
이어령. 『디지로그: 한국인이 이끄는 첨단정보사회, 그 미래를 읽는 키워드 digital + analog』. 서울: 생각의 나무, 2006.
이희경. 『유아 애착에 관한 Q기법적 연구』. 서울 한국학술정보(주), 2008.
임능빈. 『동양사상과 심리학』. 서울: 성원사, 1995.
임태섭. 『정, 체면, 연줄 그리고 한국인의 인간관계』. 서울: 도서출판 한나래, 2002.
전백근. 박원란. "보도자료: 2008년 이혼통계 결과". 서울: 통계청, 2009. http://www.nso.go.kr.
전요섭. 『신학에서 본 심리학』. 서울: 잠언, 2004.
주계영. 『결혼과 가정』. 크리스찬 카운슬링, 2006.
차호원. 『상담의 실제 』. 서울: 신망애출판사, 2000.
최상진. 『한국인 심리학』. 서울: 중앙대학교 출판부, 2009.
홍인종. 『상담의 기초』. 서울: 장로회신학대학교 출판부, 2006.

3. 번역서

Carroll, Anne Kristin. *Together Forever*. 김진우 역. 『부부 갈등과 치유』. 서울: 생명의 말씀사, 2003.
Cramer, Raymond L. *Psychology of Jesus and Mental Health*. 신동훈 역. 『마음을 열어주는 예수 심리학』. 서울: 스타북스, 2007.
Greenberg, Leslie S. and Sandra C. Paivio. *Working With Emotions In Psychotherapy*. 이흥표 역. 『심리치료에서 정서를 어떻게 다룰 것인가』.서울: 학지사, 2008.

Hargrave, Terry D. *Families and Forgiveness: Healing Wounds in the Intergenerational Family*. 문미선 역.『가족치료와 용서』.서울: 하나의학사, 2004.

Johnson, Susan M. *The Practice of Emotionally Focused Couple Therapy, Second Edition: Creating Connection*. 박성덕 역.『정서중심적 부부치료: 부부관계의 회복』. 서울: 학지사, 2006.

Jones, Stanton L. & Richard E. Butman. *A Comprehensive Christian Modern Psychotherapies*. 이관직 역.『기독교적인 평가 현대심리 치료법』. 서울: 총신대학교출판부, 2002.

Kalat, James W. & Michelle N. Shiota. *Emotion*. 민경화 외 4인 역.『정서심리학』. 서울: 시그라프레스, 2007.

Marrone, Mario. *Attachment and Interaction*. 이민희 역,『애착 이론과 심리치료』. 서울: 시그마프레스, 2007.

Marshall, Tom. *Right Relationship*. 채두병 역.『관계』. 서울: 예수전도단, 2004.

Meier, Paul D et al. *Introduction to Psychology and Counseling*. 전요섭 외 5인 역,『기독교 상담심리학 개론』. 서울: 기독교문서선교회, 2004.

Meyer, Paul J. *Forgiveness: The Ultimate Miracle*. 조계광 역,『용서의 심리학』. 서울: 생명의말씀사, 2008.

Nichols, Michael P. and Richard C. Schwarts. *Family Therapy: Concepts and Methods*. 김영애 외 7인 역.『가족치료 개념과 방법』. 서울: 시그마프레스, 2005.

Parrott, L. Ⅲ. and L. Parrott. *Saving Your Marriage Before It Starts*. 정동섭 역.『결혼: 남편과 아내 이렇게 사랑하라』. 서울: 요단출판사, 1998.

Plutchik, Robert. *Emotion and Life: Perspectives From Psychology, Biology, and Evolution*. 박권생 역.『정서심리학』. 서울: 학지사, 2006.

Seligman, Martin. E. P. *Authentic Happiness: Using the New Positive Psychology to Realize Your Potential for Lasting Fulfillment*. 김인자 역.『긍정 심리학: 진정한 행복 만들기』. 서울: 도서출판물푸레, 2007.

Snyder, Douglas K. *Marital Satisfaction Inventory*. 권정혜. 채규만 편역.『결혼만족도검사』. 서울: 학지사, 2007.

Tibbits, Dick. *Forgive to Live*. 한미영 역.『용서의 기술』. 서울: 알마, 2009.

Warren, N. C. *Finding the Love of Your Life*. 김병제 역.『평생의 반려자를 선택하

는 열 가지 방법』. 서울: 요단, 1995.

Worthington, Everett L. *Forgiving and Reconciling*. 윤종석 역. 『용서와 화해』. 서울: IVP, 2006.

Worthington, Everett L. *Marriage Counseling: A Christian Approach to Counseling Couples*. 김병오 역. 『부부 상담: 부부상담의 기독교적 접근』. 서울: 한국장로교출판부, 2001.

Worthington, Everett L. *Marriage Counseling: A Christian Approach to Counseling Couples*. Madison/New York: Inter Varsity Press, 1989.

Wright, H. Norman. *Making Peace With Your Past*. 백인숙 역, 『당신의 과거와 화해하라』. 서울: 죠이선교회 출판부, 2003.

Wynn, John Charles. *Family Therapy in Pastoral Ministry*. 문희경 역. 『가족치료와 목회상담』. 서울: 한국장로교출판사, 2002.

4. 소논문 자료

Bartholomew, K. and L. Horowitz. "Attachment styles among young adults." *Journal of Personality and Social Psychology*, Vol. 61 (1991).

Baucom, D. H., S. L. Sayers, and T. G. Sher. "Supplementary behavioral marital therapy with cognitive restructuring and emotional expressiveness training: An outcome investigation." *Journal of Consulting and Clinical Psychology*, Vol. 58 (1990).

Beutler, L. "The dodo bird extinct." *Clinical Psychology: Science and Practice*, Vol. 9 (2002).

Bowlby, J. "Attachment and loss: retrospect and prospect." *American Journal of Orthopsychiatry*, Vol. 44 (1982).

Bowlby, John. "The nature of the child's tie to his mother." *International Journal of Psycho-Analysis*, Vol. 39 (1958).

Bradley, B. and J. Furrow. "Toward a mini-theory of the blamer softening event: Tracking the moment by moment process." *Journal of Marital and Family*

Therapy, Vol. 30 (2004).

Broderick, J. E. and K. D. O'Leary. "Contributions of affect, attitudes and behavior to marital satisfaction." *Journal of Consulting and Clinical Psychology*, Vol. 54 (1986).

Caffery, T. and P. Erdman. "Conceptualizing parent–adolescent conflict: Applications from systems and attachment theories." *Family Journal: Counseling and Therapy for Couples and Families*, Vol. 8 (2000).

Choi, Sang Chin. "The Nature of Korean Selfhood: A Cultural Psychological Perspective." *Korean Journal of Social Psychology*, Vol. 7, No. 2 (1993).

Clothier, P., I. Manion, J. Gordon Walker, and S. Johnson. "Emotionally focused interventions for couples with chronically ill children: A two year follow-up." *Journal of Marital and Family Therapy*, Vol. 28 (2002).

Coyne, J. C. and H. A. Liddle. "The future systems therapy: Shedding myths and facing opportunities." *Psychotherapy*, Vol. 29 (1992).

Dandeneau, M. and S. M. Johnson. "Facilitating intimacy: A comparative outcome study of emotionally focused and cognitive interventions." *Journal of Marital and Family Therapy*, Vol. 20 (1994).

Dessaulles, A., S. M. Johnson, and W. Denton. "The treatment of clinical depression in the context of marital distress." *American Journal of Family Therapy*, Vol. 31 (2003).

Dunn, R. L. and A. L. Schwebel. "Meta–analytic review of marital therapy outcome research." *Journal of Family Psychology*, Vol. 9 (1995).

Feeney, Brooke C. "The dependency paradox in close relationship: Accepting dependence promotes independence." *Journal of Personality and Social Psychology*, Vol. 92 (2007).

Fisher, H. E. "Evolution in human serial pair bonding."*American Journal of Physical Anthropology*, Vol. 73 (1989).

Fonagy, P. and M. Target. "Attachment and reflective function: Their role in self-organization." *Development and Psychopathology*, Vol. 9 (1997).

Frijda, N. H. "The lawa of emotion." *American Psychologist*, Vol. 43 (1988).

Frosch, C. A., S. C. Mangelsdorf, and J. L. McHale. "Marital behavior and the security of pre-schooler-parent attachment relationships." *Journal of Fmaily Psychology*, Vol. 14 (2000).

Gordon-Walker, J., S. M. Johnson, I. Manion, and P. Clothier. "An emotionally focused marital intervention for couples with chronically ill children." *Journal of Consulting and Clinical Psychology*, Vol. 64 (1997).

Gottman, J. and R. W. Levenson. "Assessing the role of emotion in marriage." *Behavioral Assessment*, Vol. 8 (1986).

Green, R. and P. D. Werner. "Intrusiveness and closeness-caregiving: Rethinking the concept of family enmeshment." *Family Process*, Vol. 35 (1996).

Greenberg, L. S. and J. D. Safran. "Integrating affect and cognition: A perspective on the process of therapeutic change." *Cognitive Therapy and Research*, Vol. 8 (1984).

Gross, J. L. and R. W. Levenson. "Emotional suppression." *Journal of Personality and Social Psychology*, Vol. 64 (1993).

Gurman, A. "Brief therapy and couple and family therapy: An essential redundancy." *Clinical Psychology: Science and Practice*, Vol. 8 (2001).

Harlow, H. "The nature of love." *The American Psychologist*, Vol. 3 (1958).

Hazan, C. and P. Shaver. "Conceptualizing romantic love as an attachment process." *Journal of Personality and Social Psychology*, Vol. 52 (1987).

Hazan, C. "Attachment in an organizational framework for research on close relationship: Targer article." *Psychological Inquiry*, Vol. 5 (1994).

Jacobson, N. S. and M. E. Addis. "Research on couples and couples therapy: what do we know? Where are we going?" *Journal of Consulting and Clinical Psychology*, Vol. 61 (1993).

Jacobson, N. S., W. C. Follett, D. Revenstorf, D. H. Baucom, K. Hahlweg, and M. Margolin. "Variability in outcome and clinical significance of behavioral marital therapy: A reanalysis of outcome data." *Journal of Consulting and Clinical Psychology*, Vol. 52 (1984).

Jacobson, N. S., W. C. Follette, D. McDonald. "Reactivity to positive and negative behavior in distressed and non-distressed married couples." *Journal of Consulting and Clinical Psychology*, Vol. 50.

James, P. "Effects of a communication component added to an emotionally focused couples therapy." *Journal of Marital and Family Therapy*, Vol. 17 (1991).

Johnson, M. D. and T. N. Bradbury. "Marital satisfaction and topographical assessment of marital interaction: A longitudinal analysis of newlywed couples." *Personal Relationships*, Vol. 6 (1999).

Johnson, S. M. "Listening to the music: Emotion as a natural part of systems theory." *Journal of Systemic Therapies*, Vol. 17 (1998).

Johnson, S. M. "Marital problems." In D. Sprenkle Ed., *Effectiveness research in marriage and family therapy*. Washington, DC: AAMFT, 2000.

Johnson, S. M. and E. Talitman. "Predictor of success in emotionally focused couple therapy." *Journal of Marital and Family Therapy*, Vol. 23 (1996).

Johnson, S. M. and J. Lebow. "The coming of age of couple therapy: A decade review." *Journal of Marital and Family Therapy*, Vol. 26 (2000).

Johnson, S. M. and L. Greenberg. "Relating process to outcome in marital therapy." *Journal of Marital and Family Therapy*, Vol. 14 (1988).

Johnson, S. M. and L. S. Greenberg. "Relating process to outcome in marital therapy." *Journal of Marital and Family Therapy*, Vol. 14 (1988).

Johnson, S. M. and L. S. Greenberg. "The differential effects of experiential and problem solving interventions in resolving marital conflict." *Journal of Consulting and Clinical Psychology*, Vol. 53 (1985).

Johnson, S. M. and V. Whiffen. "Made to measure: Adapting emotionally focused couple therapy to partners attachment styles." *Clinical Psychology: Science and Practice*, Vol. 6 (1999).

Johnson, S. M. Judy A. Makinen, and John W. Millikin. "Attachment injuries in couple relationships: A new perspective on impasses in couples therapy." *Journal of Marital and Family Therapy*, Vol. 27 (2001).

Johnson, S., J. Hunsley, L. Greenberg, and D. Schlinder. "Emotionally focused couples therapy: Status and challenges." *Journal of Clinical Psychology: Science and Practice*, Vol. 6 (1999).

Johnson, Susan M et al. "Emotionally Focused Interventions for Corples with Chronically Ill Children: A 2-Year Follow-up." *Journal of Marital and Family Therapy*, Vol 28. No.4. 2002.

Johnson, Susan M et al. "The Development of Core Competencies for the Practice of Marriage and Family Therapy." *Journal of Marital and Family Therapy*, Vol 33. No.4. 2007.

Johnson, Susan M et al. "The Revolution in Couple Therapy: A Practioner-Scientist Perspective" *Journal of Marital and Family Therapy*, Vol 29. No.3. (2003).

Johnson, Susan M et al. "The Development of Core Competencies for the Practice of Marriage and Family Therapy." *Journal of Marital and Family Therapy*, vol 33. No.4. (2007).

Johnson, Susan M. "The Revolution in Couple Therapy: A Practitioner-Scientist Perspective." *Journal of Marital and Family Therapy*, Vol. 29. No. 3 (2003).

Johnson, Susan M., J Hunsley, L. S Greenberg, and D. Schlindler. "The effect of emotionally focused martial therapy: A meta-analysis." *Clinical Psychology: Science and Practice*, Vol. 6 (1999).

Kaplan, M. L. and N. R. Kaplan. "The Linearity Issue and Gestalt Therapy's Theo 교 of Experiential Organization." *Psychotherapy*, Vol. 22 (1985).

Kiecolt-Glaser, J. K., W. B. Malarky, M. Chee, and T. Newton. "Negative behavior during marital conflict is associated with immunological down-regulation." *Psychosomatic Medicine*, Vol. 55 (1993).

Knudson-Martin, C. and A. Mahoney. "Beyond different worlds: A post gender approach to relationship development." *Family Process*, Vol. 38 (1999).

Kowal, J., S. M. Johnson, and A. Lee. "Chronic illness in couples: A case for emotionally focused therapy." *Journal of Marital and Family Therapy*, Vol. 29 (2003).

Kowal, John. Susan M. Johndson and Alison Lee. "Chronic Illness in Couples: A Case for Emotionally Focused Therapy." *Journal of Marital and Family Therapy*, Vol 29, No.3. 2003.

L'Abate, L. N. and S. Sloan. "A workshop formal to facilitate intimacy in married couples." *Family Relations*, Vol. 33 (1984).

Lebow, J. "The integrative revolution in couple and family therapy." *Family Process*, Vol. 36 (1997).

Levy, David. "Primary affect hunger." *American Journal of Psychiatry*, Vol. 94 (1937).

Liberman, R. P. "Behavioral approaches to couples and family therapy." *American Journal of Orthopsychiatry*, Vol. 40 (1970).

Macphee, D. C., S. M. Johnson, M. C. Van der Veer. "Low sexual desire in women: The effects of marital therapy." *Journal of Sex and Marital Therapy*, Vol. 21 (1995).

Mikulincer, M. "Adult attachment style and information processing: Individual differences in curiosity and cognitive closure." *Journal of Personality and Social Psychology*, Vol. 72 (1997).

Mikulincer, M. "Attachment style and the mental representation of self." *Journal of Personality and Social Psychology*, Vol. 69 (1995).

Mikulincer, M. and O. Nachshon. "Attachment styles and patterns of self-disclose." *Journal of Personality and Social Psychology*, Vol. 61 (1991).

Mikulincer, Mario. "Adult attachment style and individual differences in functional versus dysfunctional experiences of anger." *Journal of Personality and Social Psychology*, Vol. 74 (1998).

Millikin, J. and S. M. Johnson. "Telling takes: Disquisitions in emotionally focused therapy." *Journal of Family psychotherapy*, Vol. 11 (2000).

Oatley, K. and J. M. Jenkins. "Human emotions: function and dysfunction." *Annual Review of Psychology*, Vol. 43 (1992).

Owen, M. T. Tresch. and M. J. Cox. "Marital conflict and the development of infant-parent attachment relationships." *Journal of Family Psychology*, Vol. 11 (1997).

Palmer, G. and S. M. Johnson. "Becoming an emotionally focused couple therapist." *Journal of Couple and Relationship Therapy*, Vol. 1 (2002).

Pankepp, J. "The psychology of emotions: The animal side of human feelings." *Experimental Brain Research*, Vol. 18 (1989).

Plutchik, R. *Emotions in the practice of psychotherapy*. Washington, DC: APA Press, 2000.

Reardon, Patrick. "Top Threat to Family: No Time for the Kids." Chicago Tribune, October 11. 1989.

Rempel, J., J. Holmes. and M. zanna. "Trust in close relationships," *Journal of Personality and Social Psychology*, Vcl. 49 (1985).

Ren, X. S. "Marital status and quality of relationships: The impact on health perception." *Social Science and Medicine*, Vol. 44 (1997).

Roberts, B. W. and R. W. Robins. "Broad dispositions, broad aspirations: The intersection of personality traits and major life goals." *Personality and Social Psychology Bulletin*, Vol. 26 (2000).

Simpson, J. A., W. S. Roles, and J. S. Nelligan. "Support seeking and support giving within couples in an anxiety provoking situation: The role of attachment styles." *Journal of Personality and Social Psychology*, Vol. 62 (1992).

Snyder, D. K., R. M. Wills. "Behavioral versus insight-oriented marital therapy: Effects on individual and interspousal functioning." *Journal of Consulting and Clinical Psychology*, Vol. 57 (1989).

Stevenson-Hinde, J. "Attachment within family systems: An overview." *Infant Mental Health Journal*, Vol. 11 (1990).

Stuart, R. B. "Operant-interpersonal treatment of marital discord." *Journal of consulting and Clinical Psychology*, Vol. 33 (1969).

Twenge, J. M. "The age of anxiety?: The birth cohort change in anxiety and neuroticism." *Journal of Personality and Social Psychology*, Vol. 79 (2000).

Verbrugge, L. "Marital status and health." *Journal of Marriage and the Family*, Vol. 41 (1979).

Weissman, M. M. "Advances in psychiatric epidemiology: Rates and risks for major depression." *American Journal of Public Health*, Vol. 77 (1987).

Whisman, M. A. "Marital dissatisfaction and psychiatric disorders: Results from the national co-morbidity study." *Journal of Abnormal Psychology*, Vol. 108 (1999).

박성덕. "감정 중심적 부부치료." 『용인정신의학보』, Vol. 11. No. 1 (2004).

박은미. 박성덕. "애착 이론과 정서중심적 부부치료." 『용인정신의학보』, Vol. 13 (2006).

백석기. 『한국인의 성공 DNA: 글로벌 No. 1으로 가는 한국인만의 6가지 기질』. 서울:

매일경제신문사, 2007.

안동현, 최지은, "Attachment and Psychopathology." 『*Korean J Child and Adolescent Psychiatry*』, Vol. 15. No. 1 (2004).

안동현. 최지은. "애착과 정신병리." 『소아. 청소년정신의학』, Vol. 15. No. 1 (2004).

정동섭. "유교문화와 한국의 가정." B. Litchfield and N. Litchfield, *Christian Counseling and Family Therapy*, Vol. 3. 정동섭. 정성준 역. 『기독교 상담과 가족치료』. 서울: 예수전도단, 2002.

정연득. " 개인, 공동체, 그리고 이디엄적 자기." 『동양사상연구회 20주년 기념 공개 심포지엄: 한국 땅에서 신학하는 사람들』, (2006).

정준. "빨리빨리 문화와 느림의 철학." 『한국논단』, Vol. 144. No. 1 (2001).

최상진. "한국인의 심정심리학: 情과 恨에 대한 현상학적 한 이해." 『한국 심리학회 대외심포지움』, Vol. 1993. No. 3 (1993).

5. 학위논문

김영희. "3세 학급에서 나타나는 유아들의 정서적 요구와 교사반응이 갖는 교육적 의미." 미간행 박사학위논문, 중앙대학교, 2008.

홍창희, "정서경험과 정신건강과의 관계: 정서표현성의 매개모델 검증." 미간행 박사학위논문, 전남대학교, 2003.

1. 설문지 양식

정서적 의사소통 불만족 척도(AFC)

성별: 남. 여

연령: 만   세

이름:

연락처:

검사일자:

지시사항:

이 검사는 당신의 결혼생활에 대한 문항들로 구성되어 있습니다. 각 문항을 잘 읽고 그 문항이 당신에게 해당된다고 생각하면 응답지의 'T'에, 당신에게 해당되지 않는다고 생각하면 'F'에 체크해 주십시오.

각각의 문항에 대하여 하나의 선택을 해 주시고, 만약 선택한 답을 수정하고 싶으시면 이전에 표시한 란에 ×표시를 하신 후에 다른 칸에 표시해 주시기 바랍니다.

모든 문항에 빠짐없이 응답해 주시기 바랍니다.

　** 이 검사는 옳고 그른 답이 없으므로 자신에게 해당되는 것을 솔직하게 답하시면 됩니다.

1. 내 배우자는 그 때 그 때 내 기분을 대부분 이해하고 있다. (T. F)

2. 때때로 나는 고민거리가 생겼을 때 배우자에게 속마음을 털어놓지 못해서 친구, 중요한 사람에게 대신 얘기한다. (T. F)

3. 내 배우자는 때때로 내가 어떻게 느끼는지 이해하지 못하고 무관심하다. (T. F)

4. 내가 슬퍼할 때마다 내 배우자는 나에게 사랑과 행복을 느끼게 해 준다. (T. F)

5. 내 배우자는 나에게 자신의 감정을 잘 드러내거나 표현하지 않는다. (T. F)

6. 내 배우자는 사랑을 표현하기 위해 여러 가지 일들을 한다.(T. F)

7. 내 배우자는 때때로 나를 정말 필요로 하는 것 같지 않아 외로움을 느낀다. (T. F)

8. 때때로 나는 배우자가 나를 정말로 사랑하고, 중요한 사람으로 느끼고 있는지 궁금하다. (T. F)

9. 나는 매우 슬픈 감정, 상처, 약점도 배우자에게 거리낌없이 표현한다. (T. F)

10. 내 배우자는 내가 힘들 때 내가 가치 있는 존재임을 느끼게 해 준다. (T. F)

11. 내 배우자는 기분이 우울할 때마다 나에게 도움이 필요하다고 표현한다. (T. F)

12. 내 배우자는 때때로 나에게 충분한 배려보다 책망과 비난이 앞선다. (T. F)

13. 우리는 결혼생활에서 사랑과 애정 욕구를 많이 표현한다. (T. F)

14. 내 배우자가 나에게 중요한 일을 요청할 때 늘 거절하지 못한다. (T. F)

15. 나는 내 배우자에게 자신의 필요를 당당하게 요청하고 표현하다. (T. F)

16. 내 배우자는 나의 행동을 판단하고 평가한다는 느낌을 갖는다. (T. F)

17. 나는 배우자 앞에서 늘 조심스럽고 굳어 버리며, 자신을 떠날 것 같은 두려운 마음이 든다. (T. F)

18. 나는 배우자가 없으면 불안하여 집안일을 처리하기가 어렵다.(T. F)

19. 나는 배우자 앞에서 압도되어 잘 하던 일도 그르친다. (T. F)

20. 나는 배우자와 같이 있어도 빈껍데기와 같이 공허한 마음이 든다. (T. F)

21. 나는 배우자사이에 관계에 어려움이 발생하여 기분이 상했을 때 분노보다 침묵한다. (T. F)

22. 나는 배우자와 의견이 대립될 때, 솔직하게 숨겨진 감정을 드러내지 못한다. (T. F)